Técnica de la ENTREVISTA PSICODINAMICA

Técnica de la Entrevista PSICODINAMICA

Isabel Díaz Portillo

EDITORIAL
PAX MÉXICO

EL LIBRO MUERE CUANDO LO FOTOCOPIAN

Amigo lector:

La obra que usted tiene en sus manos es muy valiosa, pues el autor vertió en ella conocimientos, experiencia y años de trabajo. El editor ha procurado dar una presentación digna a su contenido y pone su empeño y recursos para difundirla ampliamente, por medio de su red de comercialización.

Cuando usted fotocopia este libro, o adquiere una copia "pirata", el autor y el editor dejan de percibir lo que les permite recuperar la inversión que han realizado, y ello fomenta el desaliento de la creación de nuevas obras.

La reproducción no autorizada de obras protegidas por el derecho de autor, además de ser un delito, daña la creatividad y limita la difusión de la cultura.

Si usted necesita un ejemplar del libro y no le es posible conseguirlo, le rogamos hacérnoslo saber. No dude en comunicarse con nosotros.

EDITORIAL PAX MÉXICO

༜

PORTADA: Marco Antonio García

© 1998   Editorial Pax México, Librería Carlos Cesarman, S.A.
          Av. Cuauhtémoc 1430
          Col. Santa Cruz Atoyac
          México, D.F. 03310
          Teléfono: 5605 7677
          Fax: 5605 7600
          editorialpax@editorialpax.com
          www.editorialpax.com

Primera edición
ISBN 13 dígitos: 978-968-860-350-5
ISBN 10 dígitos: 968-860-350-3
Reservados todos los derechos
Impreso en México / *Printed in Mexico*

CONTENIDO

A MI HIJO GUILLERMO:
FUENTE DE LUZ E INSPIRACIÓN.

A MANERA DE PRÓLOGO

Isabel Díaz Portillo es una mujer inteligente, amiga y colega desde hace muchos años. Estudió Medicina y luego hizo su especialidad en Psiquiatría. Más tarde ingresó a la Asociación Psicoanalítica en donde hizo su formación como psicoanalista; posteriormente ingresó a la Asociación Mexicana de Psicoterapia de Grupo donde también terminó sus estudios.

Ha sido maestra de numerosos alumnos en ambas Asociaciones y también en la facultad de Psicología de la Universidad Nacional Autónoma de México. Su dedicación a la enseñanza es de toda su vida y por sus capacidades intelectuales y conocimientos, lo hace muy bien.

Ha asistido a numerosos congresos nacionales e internacionales en los que ha colaborado con trabajos originales. Es siempre cumplida y pundonorosa en su servicio profesional.

Este libro está dedicado a los estudiosos que se inician en el arduo camino de la psicoterapia. Se refiere a la entrevista psiquiátrica, de la que hace un recorrido exhaustivo en el que pone su experiencia y sus amplios conocimientos en psicopatología y en la psicodinámia, al servicio del lector. Además, el libro resulta ameno en su lectura.

La psicopatología se refiere a la fenomenología de los desórdenes emocionales. Comprende tanto los trastornos neuróticos como las manifestaciones psicóticas y por supuesto los llamados trastornos del carácter. La psicodinamia es una ciencia que trata de explicar el desarrollo integral de un individuo, en este caso un paciente. La doctora Díaz Portillo conoce a la perfección y maneja estos dos elementos científicos, lo que le permitió escribir un excelente libro sobre la entrevista manejada psicodinámicamente. Ella utiliza citas de diversos autores, pero no para hacer una recopilación sino para analizar agudamente lo que ellos han escrito y señalar su acuerdo o no, y esto realza más el valor de los capítulos.

Después de introducir al lector al campo de la psicodinamia, la autora entra de lleno a definir lo que es una entrevista clínica. Señala "que la entrevista y examen del enfermo mental varían dependiendo de aquello que se considera significativo para su diagnóstico y tratamiento, lo que a su vez deriva de la orientación teórica del entrevistador" y entiéndase que la orientación de la autora es psicodinámica.

Abarca en los siguientes capítulos al proceso de la entrevista y los consejos adecuados para el entrevistador ya se trate de pacientes neuróticos, como de trastornos del carácter, fenómenos psicopatológicos o de personas muy perturbadas como las que encontramos en el tereno de la psicosis. Además de ser una bella introducción a la entrevista psicodinámica ofrece una guía para llenar los requisitos de una buena historia clínica, y para la aplicación psicoterapéutica posterior.

Es un libro riguroso, didáctico. Trata de enseñar y bien por todos los caminos y también de alentar a los principiantes a trabajar los problemas conductuales con una aproximación científica para la comprensión del paciente, sea éste visto en consulta privada o institucional.

La autora explica cuidadosamente en el libro qué es la transferencia; cuáles son los aspectos clínicos que denotan sus valencias positivas y cuáles son aquéllos que podemos detectar como negativos desde el principio y que pueden obstaculizar que el paciente permanezca en un tratamiento que le es benéfico. Lo opuesto, lo que llamamos la contratransferencia está muy bien tratada desde los primeros capítulos cuando se dedica a describir las calidades y cualidades que debe tener el entrevistador.

En todo el libro hay también el mensaje de que el psicoterapeuta no es un administrador de la salud mental y el paciente un enfermo que viene a suplicar ayuda, en otras palabras, el loco definido. Más bien trata de enseñarnos que a través de nuestro propio aprendizaje, del largo camino formativo que empieza por nuestro análisis personal, poco a poco vamos aprendiendo de nosotros mismos y adquiriendo la sensibilidad necesaria para desde nuestra comprensión entender al otro y acompañarlo en sus manifestaciones de salud y enfermedad, para poder ayudarlo a modificar conductas que a la postre significan la adquisición de pautas más saludables, adaptativas y gratificantes.

Gracias a su experiencia clínica y conocimientos adquiridos Isabel Díaz Portillo va diciendo al principiante una serie de consejos y estrategias valiosísimos que pueden acompañarlo no sólo en la entrevista sino en toda la fase inicial del tratamiento.

Los capítulos IX y X son una síntesis de este trabajo. Ahí nos presenta dos modelos para hacer una historia clínica psiquiátrica típica y cita a dos autores que la han conceptualizado exhaustivamente: el doctor Menninger en los Estados Unidos y en nuestro medio latino el doctor Bleger. A continuación nos pone como ejemplo una historia clínica hecha a un joven de veintiún años al que llama Juan y que ingresa a una institución psiquiátrica. En nueve entrevistas y con los datos que proporcionó el padre nos da un acabado modelo de un paciente muy perturbado con problemas de homosexualidad cuyo principio provocó tal trauma psíquico que el paciente acabó desquisiándose. El capítulo X, dedicado a los pacientes psicóticos, presenta una segunda historia clínica de un psicótico grave, Fernando de 35 años de edad, también internado en una institución psiquiátrica donde la autora, con una dedicación ejemplar y con mucha paciencia, va tomando poco a poco contacto con él hasta lograr sacarlo de una situación resistencial extrema en la cual rehusaba incluso curarse de una herida que empezaba a infectarse en el cuero cabelludo.

Con los dos ejemplos de historias clínicas completas la doctora Díaz Portillo redondea todo lo expuesto en su libro y demuestra que la entrevista clínica psicodinámica es un procedimiento técnico que tiende siempre a desarrollar un proceso de comunicación en el seno de un vínculo interpersonal que se establece entre terapeuta y paciente y cuya meta es el establecimiento de una relación de trabajo a través del cual se busca esclarecer los conflictos psiquiátricos presentes y pasados que han perturbado el equilibrio psíquico del entrevistado

Doctor José Luis González Chagoyán.

INTRODUCCIÓN

La intención del presente trabajo es la de proporcionar, a quien inicia el camino de la psiquiatría, la enfermería psiquiátrica, la psicología clínica, el trabajo social psiquiátrico u otras disciplinas afines, un texto que sistematice la teoría y técnica de la entrevista clínica, primer paso para el correcto diagnóstico o tratamiento de los padecimientos mentales. Se pretende transmitir en él, el espíritu que debiera regir los encuentros entre el futuro trabajador de la salud mental, y su objeto de estudio y praxis profesional, el paciente neurótico o psicótico, ser lastimado por relaciones interpersonales repetitivamente frustradas, incapaz de resolver sin autolesionarse, las contradicciones a que lo somete la sociedad en la que se encuentra inmerso.

El abordaje que se propone, a través de la visión psicodinámica de las diversas manifestaciones vitales del presente y pasado del entrevistado, tiene la ambición de motivar al entrevistador para desidealizar el rol de "profesionista experto", que suponiendo saberlo todo, sólo escucha y encuentra significativos aquellos datos que confirman la teoría más en boga, o la indicación terapéutica más popular, en un momento dado, que trata de imponer al paciente desde los primeros minutos de la entrevista.

Por otra parte, la carencia de una teoría, cualquiera que ésta sea, que sustente el trabajo clínico, conduce a interrogatorios caóticos, en los que se persiguen con tenacidad datos poco significativos para la comprensión, tanto del padecimiento actual, como de la personalidad que lo sufre, mientras se desatiende a las comunicaciones que llevarían a un correcto diagnóstico y a la indicación terapéutica adecuada.

Como es bien sabido, la concepción de la enfermedad en general, y de los padecimientos mentales en particular, está condicionada por las ideas mágico-religiosas, filosóficas, ideológicas o científicas propias de la sociedad en la que se inserta la práctica clínica. Situación que signa el modo y finalidad del encuentro entre el paciente y el personaje a quien se ha designado el rol de encargarse de él: hechicero, brujo, sacerdote, médico, psiquiatra o psicoterapeuta, que realizará o recomendará la ejecución de ritos mágicos, exorcismo, reclusión, muerte, medicación, o psicoterapia, dependiendo de la etiología de la enfermedad mental aceptada por la sociedad que le encomienda el manejo o usufructo de esta parcela de la existencia humana.

Consecuentemente, el estudio del enfermo mental, a través de la historia, ha evolucionado de la invocación a dioses o espíritus, en busca de la revelación del mal que lo aquejaba, procedimientos en los cuales ni se interrogaba ni exploraba al paciente, a la clínica moderna, derivada en la psiquiatría de los pioneros Pinel y Kraepelin, a cuyas finas observaciones, descripciones y clasificaciones nosológicas, seguía con frecuencia una rudimentaria y empírica, pero eficaz psicoterapia, cuyos antecedentes pueden remontarse a los médicos árabes. Phillipe Pinel (1745-1826) establece que la anamnesis debe incluir la investigación del inicio de la enfermedad actual, la sucesión de los síntomas, la aparición de sus características actuales y de la medicación instituida recomendando el interrogatorio tanto del paciente como de quienes lo rodean, sobre sus hábitos, profesión, la vida pasada, pudiendo así determinar el curso de los síntomas, la aparición de nuevos fenómenos y el efecto de la medicación prescrita. En el siglo XIX se consideraba que en la enfermedad intervenía, tanto la herencia morbosa, claramente detectable a través del examen de los llamados "estigmas", como procesos vitales físico químicos. Así en la formación de Sigmund Freud (1856-1939),creador del psicoanálisis intervienen, tanto el fisiólogo Brücke, como el hipnotista Liebault, o el neurólogo Charcot que consideraba que el método más seguro y exacto para el conocimiento de las enfermedades mentales, era el estudio neurológico.

Freud encontró, junto con Breuer, en su trabajo pionero sobre la histeria, que los síntomas estaban constituidos por recuerdos y afectos impedidos en su descarga, durante el suceso que les había dado origen. Su liberación por medio de la sugestión hipnótica, hacía desaparecer la sintomatología. Al abandonar la hipnosis o la asociación con Breuer, Freud descubre que es posible recuperar tales recuerdos en estado de vigilia, dando así origen al método de la asociación libre, y a la posterior conceptualización de la existencia de fenómenos inconscientes y de un aparato psíquico. Las modificaciones concomitantes a la técnica de abordaje de los padecimientos mentales, puede seguirse paso a paso en la obra de Freud, y en la de sus continuadores. En ella ocupan un lugar primordial los conceptos de desarrollo psicosexual, resistencia y transferencia: repetición en el curso de la terapia del tipo de relación, ansiedades, defensas y fantasías experimentados por el paciente con los objetos significativos de su infancia (Jones, 1953).

Para Freud el conocimiento de la historia clínica es parte del tratamiento, no un paso previo al mismo. En sus historiales, prodigio de minuciosidad descriptiva, encontramos el orden riguroso que rige el relato patográfico. Los antecedentes hereditarios y familiares y las circunstancias vitales del enfermo, se explicitan en términos de explicar la patología existente. Características inaplicables a las condiciones habituales de ejercicio clínico dentro de los servicios de salud mental, en donde frecuentemente un equipo de profesionistas recibe y estudia al paciente, y otro se encarga de su tratamiento.

Tomando en consideración tales circunstancias, esta obra presenta el estudio del paciente dividido artificialmente en capítulos, cuyo orden es el más cercano al de los protocolos de historia clínica usados en México, insistiéndose siempre en que esta división realizada con fines prácticos, no corresponde a la secuencia en que se obtienen los datos en una entrevista de orientación psicodinámica.

Las viñetas que ilustran distintos momentos de la entrevista, constituyen ejemplos reales de aciertos y errores cometidos en el curso de la misma por estudiantes de los diversos seminarios clínicos y supervisiones que ha impartido la autora durante 25 años de ejercicio docente, así como de su propia práctica clínica.

Si de la lectura de esta obra adquiere el clínico bisoño la convicción de que los síntomas psíquicos tienen un significado, sólo desentrañable a través del establecimiento de una relación en la que el paciente se sienta realmente escuchado, respetado, aceptado y entendido en la medida de lo posible; y si además el lector conquista la posibilidad de sistematizar los datos obtenidos a través de los procedimientos aquí reseñados, en un todo coherente y con un cierto sentido, se habrá cumplido plenamente la labor propuesta. Considero de elemental justicia reconocer la invaluable ayuda que, en la revisión de este manuscrito me brindaron, generosa y desinteresadamente, mis siempre solidarios amigos y colegas, doctores Mario Campuzano y Jorge Llanes, a quienes agradezco profundamente su colaboración.

Dra. Isabel Díaz Portillo

Capítulo I

PRINCIPIOS PSICODINÁMICOS

Este capítulo, totalmente prescindible para quien se encuentre adentrado en los conceptos psicoanalíticos, tiene por objeto presentar ante el lector ajeno al campo, una serie de términos que se utilizan en el texto, cuyo conocimiento facilitará la lectura y comprensión del mismo. Como resumen de la teoría psicoanalítica es incompleto, simplista, e injusto con las aportaciones de Sigmund Freud, sus seguidores y cuestionadores. Para un más amplio panorama sobre ellos, el estudioso debe referirse a la literatura especializada, de la cual encontrará algunos títulos en la bibliografía correspondiente.

El punto de vista psicodinámico considera a los fenómenos psíquicos como la resultante de un conflicto entre fuerzas psíquicas opuestas. Este enfoque implica la existencia de una estructura psíquica de la que emanan y en la que se controlan, canalizan y dirigen aquellas fuerzas.

El aparato psíquico es una división hipotética de la mente en varios sistemas o instancias, constituidas por grupos de funciones, que pueden conceptualizarse como conjuntos de contenidos mentales (recuerdos, pensamientos, fantasías). Las tres instancias que lo componen, *ello, yo y superyo*, se encuentran dotadas de energía propia, capaz de actuar de consuno, o de entrar en oposición, dando por resultado, en este último caso, al *conflicto psíquico*, cuya solución puede desembocar en la formación de síntomas o rasgos de carácter.

El ello es el depositario de la energía que pone en movimiento al aparato mental y contiene la expresión psíquica de las pulsiones, (recuerdos, fantasías y afectos) y es totalmente inconsciente. Las *pulsiones* son procesos dinámicos originados en el propio organismo, consistentes en un impulso (carga energética), que hace tender al sujeto hacia un fin: suprimir el estado de tensión o excitación que se produce por su acumulación, a través de la búsqueda de descarga por mediación de un objeto del mundo externo, que permita la satisfacción de la necesidad emergente. La *pulsión* es un concepto ubicado en el límite de lo somático y lo psíquico, es incapaz de acceder directamente a la conciencia, encontrando su descarga a través de sus derivados o representantes: pensamientos, deseos, fantasías, afectos, alteraciones corporales, movimientos, acciones y síntomas somáticos o psíquicos.

Algunas corrientes psicoanalíticas postulan la existencia de un solo tipo de energía psíquica, susceptible de expresarse en forma de *libido* o de *agresión*, mientras otras consideran que desde su origen orgánico, se encuentran diferenciadas en *pulsiones sexuales, o de vida*, que lleva a la integración de las funciones psíquicas en unidades cada vez más coherentes y eficientes en términos adaptativos, así como al establecimiento de una vinculación predominantemente amorosa y creativa con las personas y objetos del mundo externo, y una *pulsión de muerte*, que conduce a la desintegración psíquica, al establecimiento de ligas agresivas, destructivas, voraces, envidiosas y vengativas, que pueden llevar al suicidio o al homicidio.

El *yo*, agencia más coherente u organizada que el *ello*, regula o se opone a las pulsiones, mediante diversos mecanismos defensivos y es el mediador entre aquéllas, radicadas en el *ello*, y las demandas del mundo externo para lo cual, debe cumplir las funciones de percibir las necesidades del individuo, las cualidades y actitudes del medio ambiente, evaluar e integrar estas percepciones para aliviar la tensión de las necesidades y deseos, a través de la desviación o disminución en la intensidad de las pulsiones, o de modificaciones realistas de la situación externa para lo cual es necesaria la integridad de otras de sus funciones, tales como: la percepción, memoria, inteligencia, anticipación, pensamiento, lenguaje, motricidad y tolerancia a la demora. El *yo* posee funciones conscientes: percepción, memoria, inteligencia, etc. E inconscientes, entre las cuales, las más relevantes en cuanto a la comprensión psicodinámica de los síntomas, se encuentran los mecanismos de defensa que serán descritos posteriomente.

El *superyo* resulta de la internalización de las demandas de las normas morales de la sociedad en la que vive el sujeto. Se desarrolla gracias a la identificación con los padres y con otras personas significativas en la infancia. Designa a las funciones psíquicas que en su expresión manifiesta constituyen las actitudes y conciencia moral y el sentimiento de culpa. El *superyo* propiamente dicho, abarca las funciones críticas o de oposición en contra de los deseos derivados de las pulsiones provenientes del ello, esta lucha da por resultado una tensión que se manifiesta en forma de sentimientos de culpa o remordimientos de conciencia. Tiene además funciones de protección y recompensa, que se establecen en forma de ideales y valores (*ideal del yo*), modelo al que intenta ajustarse el sujeto y con el cual se compara, derivando de tal comparación un mayor o menor grado de autoestima, dependiendo de la distancia existente entre el ideal y el yo real, actual. Partes de superyo son conscientes, mientras otras son inconscientes.

La *conciencia* es un fenómeno subjetivo, consistente en el estado de alerta a las percepciones que vienen tanto del mundo externo, como del interior del cuerpo y de la mente (afectos y pensamientos). Estas percepciones ocupan temporalmente el campo consciente, quedando almacenadas en la memoria, en un estado preconsciente, cuyo acceso a la conciencia se logra a través de dirigir a ellas una cantidad de energía suplementaria que conocemos como atención. Cuando debido al choque en contra de las demandas del superyo, debe evitarse el paso a la conciencia de ciertos afectos y pensamientos, el yo utiliza una energía que los sepulta en el inconsciente, denominada *represión* y que puede visualizarse como el reverso o negativo de la atención. Clínicamente la evidencia de la represión se manifiesta a través del olvido de ciertos segmentos de la experiencia vital del sujeto. En el curso del tratamiento psicoanalítico, la represión constituye una de las fuentes de la *resistencia*, oposición o interferencia a la prosecusión de la terapia.

Desde el punto de vista dinámico, el *inconsciente* está constituido por aquellos contenidos y procesos mentales incapaces de lograr el acceso a la conciencia debido a la existencia de la *represión*. El contenido del *inconsciente* está formado por las representaciones pulsionales y los deseos inaceptables para las normas morales, éticas e intelectuales del individuo; contenidos organizados bajo una lógica distinta a la formal, en la que las huellas mnémicas (recuerdos) se organiza a través de formas primitivas de asociación: *proceso primario*.

Los términos *proceso primario* y *proceso secundario* se refieren tanto al modo de descarga de la energía psíquica, como a un tipo de pensamiento. Sólo tocaremos aquí lo referente al segundo punto. En relación con él, el *proceso secundario* labora con conceptos, en el preconsciente o la conciencia. Es predominantemente lógico y utiliza cantidades mínimas de energía desligada, en gran medida de componentes afectivos, por lo que puede funcionar introduciendo una demora considerable y una cierta evaluación de la realidad, condiciones necesarias del pensamiento lógico.

El *proceso primario* se refiere a un tipo de pensamiento primitivo, regido por las leyes de la lógica arcaica, ampliamente descritas por Arieti, (1965), cuya meta es la realización de deseos. Trabaja básicamente sobre imágenes. Se encuentra dominado por las emociones y se caracteriza por hacer uso de la condensación, el desplazamiento y la simbolización, lo que permite el libre paso, y la descarga masiva, de la energía psíquica en fantasías totalmente libres, así como la substitución de una representación por otra.

La *condensación,* mecanismo evidente en los sueños, neologismos, lapsus linguae y chistes, consisten en la reunión de componentes de varias representaciones psíquicas en un solo elemento (palabra, imagen, representación), con el cual se encuentran vinculadas asociativamente. Por ejemplo, en un sueño puede aparecer una persona, que lleva el nombre de otra o el abrigo de una tercera.

En el *desplazamiento* se traslada el afecto, interés o importancia de una representación a otra, lo que en el sueño, en la vida cotidiana y en los síntomas, da por resultado un efecto extraño o inexplicable. Así encontramos, por ejemplo, odios y amores con poca justificación aparente hasta que se descubre su fuente original, totalmente lógica.

La *simbolización* es una forma de representación indirecta, similar a un lenguaje secreto, cuyo código corresponde al pensamiento paleológico. Los objetos más frecuentemente representados simbólicamente son las partes del cuerpo (instrumentos punzocortantes, tubos y chimeneas representan al pene), los miembros de la familia (distintas figuras de autoridad pueden representar a los padres), el nacimiento y la muerte.

Estas características del proceso primario, más la intervención de los mecanismos de defensa puestos en juego por el yo, para oponerse o modificar la tendencia de los derivados pulsionales a acceder a la conciencia y obtener la satisfacción, hacen forzosa su interpretación o traducción, es decir, requieren de una deducción, por medio de la investigación analítica, del sentido oculto (latente) existente en las manifestaciones verbales y de comportamiento de un sujeto. La interpretación permite hacer conscientes tanto el deseo que se formula en toda producción del inconsciente, como la angustia que surge ante la amenaza de su irrupción a la conciencia; y las modalidades defensivas que se oponen a su expresión directa, elementos que se integran en lo que conocemos como *fantasía inconsciente.* conflicto psíquico es la resultante de la oposición de dos fuerzas psíquicas, es decir, de exigencias internas contrarias provenientes bien de requerimientos del ello, que resultan inaceptables para el yo, el superyo o ambos. Bien de la incapacidad del yo para resolver el dilema planteado por la emergencia de deseos, metas, ideales o afectos contradictorios, (uno de los cuales es utilizado como defensa en contra del otro). El *conflicto* implica una ruptura del equilibrio psíquico, cuya solución puede llevar al aparato psíquico a un grado más alto de integración, complejidad y diferenciación, a la estructuración de los diversos tipos de carácter o a la de síntomas. El destino distinto del *conflicto* depende del periodo del desarrollo psicosexual en que se presenta, y por tanto, de los recursos congénitos y adquiridos con los que cuenta el sujeto en ese momento, así como del tipo y magnitud del estímulo que rompe el equilibrio previo.

El desarrollo psicosexual implica el pasaje por y la resolución adecuada de una serie de necesidades y deseos, provenientes de diversas zonas corporales (oral, anal, fálico-edípica y genital) objetos, modalidades específicas de satisfacción y fantasías, que en continuo interjuego con la aparición y maduración de las funciones del yo (percepción, memoria, capacidad de síntesis, juicio de realidad, control de las pulsiones, tolerancia a la demora, motricidad, pensamiento, mecanismos de defensa, etc.) llevan a un manejo cada vez más eficaz tanto de las demandas del mundo interno, como de las del externo.

Las dificultades o gratificaciones especialmente intensas o reiteradas, en cualquiera de las etapas del desarrollo psicosexual, dan lugar a la *fijación*, o persistencia de formas primitivas de satisfacción, de reacción y defensa contra peligros actuales, malinterpretados en términos de antiguas amenazas; o a modalidades de relación interpersonal, que fueron eficaces en el pasado, pero que resultan inadecuadas en el presente. En cualquier etapa del desarrollo, el aparato psíquico puede resultar insuficiente para resolver las demandas contradictorias de los mundos externo e interno.

Si el recurso de la *represión*, que mantendría el derivado pulsional fuera del campo de la conciencia, resulta insuficiente, el yo desarrolla otros procesos energéticos, *mecanismos de defensa*, que los controlan y dirigen hacia metas, objetos y modalidades de satisfacción más viables, y menos ansiógenos (productores de ansiedad), aunque impliquen, en ocasiones, la distorsión de algún aspecto de la realidad o de la eficiencia adaptativa.

Entre estos *mecanismos de defensa* se encuentran la *represión*, y los modos de funcionamiento del proceso primario: *desplazamiento, condensación* y *simbolización* descritos con anterioridad. Incluyen además la *regresión*, o retirada a una fase previa de la organización pulsional y yoica, susceptible de manifestarse en la conducta, la elección de objeto satisfactor del deseo y/o el pensamiento. La *introyección* constituye parte del proceso de internalización a través del cual se reemplazan las interacciones entre el individuo y su medio ambiente por representaciones internas. Constituye una forma de control fantástico sobre los objetos del mundo externo, que visualizados como pertenecientes al sí mismo, se consideran susceptibles de satisfacer, desde dentro de la persona, sus necesidades de dependencia, protección, etc.

La *identificación* es una secuela de la *introyección*, consistente en la adopción, total o parcial, de aspectos, propiedades, modos de funcionamiento, normas y valores de los objetos significativos en la vida del sujeto. Estos mecanismos tienen un papel primordial en la formación del *Superyo* y del *ideal del yo*. Y constituyen la base de la *identidad*, experiencia de sí mismo como unidad única y coherente, cuya continuidad se mantiene a través de los cambios intrapsíquicos y ambientales. La *proyección* es el reverso de la introyección. Gracias a ella los contenidos mentales, deseos, pulsiones y fantasías se atribuyen a objetos del mundo externo.

El *aislamiento* consiste en la separación entre el deseo y su afecto acompañante, de manera que el primero resulta ajeno, extraño al sujeto, porque el sentimiento que debería acompañarlo no existe. Con ello se evitan los sentimientos de culpa que surgirían si ambos se encontraran unidos. En la *escisión* encontramos una disociación entre las funciones del yo, gracias a la cual se oponen o enfrentan unas a otras, debido a identificaciones con objetos contradictorios cuya unión traería por consecuencia la destrucción de uno u otro, siendo ambos necesarios para la sobrevivencia, o estabilidad psíquica del sujeto. Este es el mecanismo que subyace a la personalidad múltiple, en la cual emergen temporal y sucesivamente a la conciencia cada uno de los aspectos escindidos del yo, quedando los restantes latentes, pero prestos a manifestarse cuando la ocasión es propicia.

En la *renegación* se desconoce la realidad de una percepción amenazante (negación). Para sostener esta evasión de una percepción real, se crea una fantasía que borra el suceso desagradable e incómodo (nueva negación, regeneración o control omnipotente). Este mecanismo constituye la base de perversiones, psicosis y del llamado miembro fantasma, en el que, junto con la percepción (inconscientemente negada), de la amputación de un brazo o una pierna, se "sienten " dolores u otro tipo de molestias.

La *anulación* es un mecanismo de defensa consistente en la realización de intentos mágicos de contrarrestar o revertir el significado de determinados pensamientos, palabras, gestos o acciones, a través de la ejecución de otros a los que pretende dotarse de un significado opuesto. Es un mecanismo típico de las neurosis obsesivas, cuyo ejemplo más característico es el acto en dos tiempos: se insulta a una figura representativa de los padres, y a continuación se golpea la boca que profirió la ofensa.

La *transformación en lo contrario* consiste en la expresión de la tendencia o deseo opuesto al que originalmente se trataba de dar satisfacción, conservándose, sin embargo, la liga con el objeto al cual iba dirigida la pulsión inicial. El ejemplo típico lo constituye la sobreprotección de la madre al hijo cuyo nacimiento se rechazó inicialmente, o no intentó impedir. En la *formación reactiva* se da un paso más en la defensa. No sólo se trasmuta el deseo original en su opuesto hacia el objeto motivo del conflicto, sino se extiende a todos los objetos, haciendo una modificación, de una vez y por todas, del afecto o actitud iniciales. Así, por ejemplo, la persona que al principio deseaba la destrucción y denigración de su madre, se convierte en el prototipo del cuidado y amabilidad para todo el mundo. Muy cercana a los mecanismos anteriores se encuentra la *vuelta* (de la pulsión) *contra sí mismo*, mecanismo típico del duelo patológico y las reacciones depresivas, en los que el odio y reproches en contra del objeto que abandona o maltrata, se dirigen en contra del propio sujeto. A través de la *evitación* de situaciones externas y de la *inhibición del yo*, renuncia al ejercicio de determinadas funciones yoicas, el sujeto evade enfrentarse a las circunstancias o actividades que le generan angustia.

La *sublimación* es el cambio en la finalidad o meta y en el objeto de la pulsión, hacia fines y objetos socialmente valorados. Todos los mecanismos de defensa descritos son puestos en juego por el *yo* en forma inconsciente, haciendo irreconocible a primera vista, el deseo contra el que los dirigió el *yo*.

El *síntoma* es el resultado transaccional entre los representantes de los derivados pulsionales reprimidos, y los mecanismos de defensa que pone en juego el yo para evitar su emergencia en la *conciencia*. Expresa, y al mismo tiempo encubre lo reprimido; siendo esta expresión, satisfacción encubierta de la *pulsión*, lo que se conceptualiza como *ganancia primaria* de la enfermedad. Por ejemplo, en la anorexia puede expresarse el rechazo, o darse salida al odio en contra de la madre, primera dispensadora de nutrición. Una vez establecido el *síntoma*, este puede ser utilizado para conseguir otras ventajas o satisfacciones *ganancia secundaria*, que en el ejemplo anterior, podría ser la de conseguir una atención y preocupación especiales por parte de la familia, dedicada a la búsqueda de alimentos estimulantes del apetito del paciente, frecuentemente tomada como la causa y no consecuencia de la existencia del síntoma.

BIBLIOGRAFÍA

Arieti, S. (1965): *Interpretación de la esquizofrenia*. Barcelona: Editorial Labor.

Etchegoyen, R. H. (1988): *Los fundamentos de la técnica psicoanalítica*. Buenos Aires: Amorrortu Editores.

Freud, A. (1946): *The Ego and the Mechanisms of Defence*. Nueva York: Int. University Press.

Freud, S. (1966) *The Complete Psychological Works of Sigmund Freud*. S. E. Londres: The Hogarth Press.

Greenson, R. R. (1967): *Técnica y práctica del psicoanálisis*. Siglo XXI Editores. 4a. edición. México. 1980.

Jones, E. (1953): *Life and Work of Sigmund Freud*. Nueva York. Basic Books.

Laplanche, J. y Pontalis, J. B. (1971): *Diccionario de Psicoanálisis*. Barcelona: Editorial Labor.

Mahler, M. (1968): *Simbiosis humana: Las vicisitudes de la individuación*. México: Joaquín Mortiz. 2a. ed. 1980.

Masserman, J. H. (1955): *The Practice of Dynamic Psychiatry*. Filadelfia: W. B. Saunders Co.

Moore, B. E., y Fine, B. D. (1968): *A Glossary of Psychoanalytic Terms and Concepts*. Nueva York: American Psychoanalysis Ass.

Tarachow, S. (1963): *An Introduction to Psychotherapy*. Nueva York: International Universities Press.

Capítulo II
LA ENTREVISTA CLÍNICA

DEFINICIÓN

Laín Entralgo, 1961, señala con razón que "la forma interna del relato patográfico, aquella de que es vestidura verbal o retórica su forma externa, constituye el término de una imperativa faena de selección. El narrador se ve obligado siempre a elegir las notas más idóneas a los fines de su propia narración." Y, *dependiendo* de estos fines, las modalidades de la entrevista y examen del enfermo mental, variarán, *dependiendo* de aquello que se considere sig nificativo para su diagnóstico y tratamiento, lo que a su vez se deriva de la orientación teórica del entrevistador. A pesar de la diversidad de enfoques existentes en el campo de la salud mental, aun los exponentes más connotados de la corriente organicista, como Vallejo Nájera (1952), consideran que la entrevista debe ir siempre dirigida a establecer el buen "rapport", relación cordial, afectuosa, de confianza, de aprecio y respeto mutuo que debe unir siempre al médico con su enfermo. Pero este buen "rapport" es *para* el autor mencionado, un instrumento *para* provocar en el paciente el estado de ánimo adecuado *para* que se sujete a las indicaciones del médico tratante, no un medio para el establecimiento de una relación que permita la exploración de los motivos inconscientes de la conducta normal y patológica del entrevistado.

Sullivan, (1959) propone en cambio, la siguiente definición: "La entrevista psiquiátrica es, principalmente, una situación de comunicación vocal, en un grupo de dos, más o menos voluntariamente integrado, sobre una base progresivamente desarrollada de experto—cliente, con el propósito de elucidar pautas características de vivir del sujeto entrevistado, el paciente o el cliente y qué pautas o normas experimenta como particularmente productoras de dificultades o especialmente valiosas, y en la revelación de las cuales espera obtener algún beneficio". Caracterización de entrevista que tiene la ventaja de señalar que el verdadero espíritu de la misma, es el establecimiento de una comunicación que permita el esclarecimiento de la conducta del entrevistado. Esto es lo que la diferencia de la realización de interrogatorios exhaustivos, cuya meta es la obtención de datos, que pretendiendo ser "objetivos", sólo exploran lo que el paciente conoce de sí mismo y está dispuesto a revelar. El interrogatorio ignora la existencia de los mecanismos defensivos inconscientes, que operando a través de olvidos, omisiones y desplazamientos, están encaminados a evitar la emergencia de afectos displacenteros, cuando las preguntas del entrevistador se acercan a los conflictos reprimidos generadores de la patología presente o amenazan la autoestima del entrevistado.

El énfasis en el carácter oral o vocal y no simplemente verbal de la entrevista, aunque justo, es limitado. De la entonación, ritmo de la conversación, lapsus, omisiones, etc., se obtienen datos valiosos para la identificación de áreas conflictivas en la vida del paciente. Un "sí" acompañado de una inhalación prolongada o un "no" excesivamente enfático, pueden ponernos sobre aviso en cuanto a la veracidad de la respuesta, o ser indicios de la existencia de conflictos en el área explorada. El tono triunfal al relatar las desventuras de un amigo o familiar, al resultar contradictorio con la verbalización de conmiseración, lleva a la exploración inmediata en profundidad, de la relación referida por el entrevistado, etc. Sin embargo, lo simplemente oral o vocal, excluye todo el campo de lo preverbal, rico en indicios imprescindibles no sólo para detectar elementos que una voz bien educada y controlada pueden ocultar, sino incluso para salvar la vida. Sullivan, que aconsejaba colocar a los pacientes en un ángulo de 90 grados con respecto al entrevistador, confesaba que en tal postura le era difícil observar los pequeños movimientos del rostro del entrevistado, por eso desarrollaba una concentración auditiva tan exquisita. El motivo que aducía para tal conducta, era el considerar que a los psicóticos les perturbaba ser mirados de frente. Ni en mi experiencia, ni en la de terapeutas contemporáneos de Sullivan, tan connotados en el campo de la psicosis, como Fromm Reichmann (1962) y Sechehaye (1964), por no mencionar a los autores más recientes, he encontrado confirmación a la observación del autor en discusión. Podemos pues, suponer que las características personales de Sullivan lo privaron de una fuente de datos de primera mano, los brindados por la visión directa y sin tapujos de su entrevistado. El enrojecimiento o la palidez súbitos pueden hablarnos de ira o temor contenidos. El rictus sardónico acompañante de un relato nos informa del desprecio frente a una persona o situación, el llanto que asoma a los ojos nos confirma el dolor ante una pérdida, pero también un relámpago súbito de odio, sólo expresado a través de un extraño fulgor en la mirada, nos previene de la inminencia del ataque de un psicótico.

Para Sullivan, terapeuta individual, el grupo está constituido por dos personas: entrevistador y entrevistado, considerando "prácticamente imposible explorar la mayor parte de las zonas significativas de la personalidad mientras se halla presente una tercera persona". Afirmación definitivamente descartada gracias al desarrollo del análisis grupal, procedimiento que compite, por la situación regresiva que le es característica, gracias a su encuadre no "estructurado", y a la ausencia de tarea prefijada, con la terapia individual, en cuanto a la emergencia de material reprimido, de las más tempranas épocas de la vida. Nuestro autor señala que, a pesar de su carácter bipersonal, en la entrevista individual quedan inmersas, en el grupo de dos un número, a veces sorprendente de personas, refiriéndose no sólo a la relación que hace el entrevistado con respecto a sus ligas familiares, sociales y afectivas, sino especialmente, a lo que él denominó distorsión paratáxica y que actualmente se engloba dentro de las reacciones transferenciales, distorsión de la figura del entrevistador por la proyección en él de las personas significativas del pasado del entrevistado, que lo hacen reaccionar en una forma que no corresponde a la situación actual, pero que resultó eficaz adaptativamente, en alguna época de su vida.

En cuanto a la "integración más o menos voluntaria del grupo de dos" Sullivan señala que, mientras hay pacientes seriamente interesados en la entrevista, otros sólo asisten a ella bajo presión familiar o judicial. Considera, sin embargo, que la actitud inicial del paciente no debe tomarse muy en cuenta, ya que muchas personas inicialmente resistentes a la entrevista resultan notablemente comunicativas cuando descubren que el entrevistador es sensato en sus preguntas y no se limita a distribuir elogios, culpas y otros comentarios poco técnicos, indiscriminadamente. Pero para hacer de un paciente inicialmente renuente a la entrevista, un compañero colaborador, se requiere algo más que el sentido común y la buena disposición del entrevistador, como podrá apreciarse en el capítulo IV.

Sin detenernos en la connotación ideológica de la caracterización de la relación entrevistador entrevistado, como una entre experto y cliente que lleva implícita la realización de la misma dentro del contexto del intercambio de mercancías: el "saber" del experto y el pago del cliente, en la cual Sullivan resulta a todas luces cuestionable, podemos estar de acuerdo con él en que el profesional de la salud mental debiera poseer la capacidad de comprender el campo de las relaciones interpersonales, desde alguno de los enfoques teóricos actualmente asequibles, pues sin él, en poco se diferencia su intervención de la de amigos y personas plenas de afecto y sentido común, a quienes seguramente ya ha recurrido el entrevistado en busca de ayuda para su problema actual. Más importante aún, ya dentro del ámbito profesional, resulta la advertencia sullivaniana en contra de la tendencia de algunos "terapeutas" a obtener satisfacción personal y prestigio a costa de sus pacientes, ya que, en efecto, si la entrevista ha de resultar en algún beneficio para el paciente, él y no el entrevistador debe ser el objeto de comprensión, de mejoría en cuantos aspectos de su vida sea posible. Siendo el propósito de la entrevista "elucidar las pautas caraterísticas de vivir del entrevistado y qué pautas o normas experimenta como particularmente productoras de dificultades o especialmente valiosas", se pretende en ella descubrir las dificultades de la vida que no encuentran una explicación congruente porque las razones culturales y educativas las han hecho nebulosas, confusas para sí mismo y para los demás. Tales dificultades se destacan más claramente y adquieren significado cuando se descubre qué clase de personas son, qué hacen y por qué. Las pautas de conducta que llevan a los pacientes a las dificultades actuales, surgen de sus experiencias pasadas e interpenetran, en magnitudes diversas, todos los aspectos de las relaciones consigo mismos y con las personas y ambiente que les rodean. La mínima esperanza que tiene quien se somete a una entrevista es la de conseguir algún alivio a su sufrimiento; pretendiéndose con gran frecuencia la resolución inmediata, mágica de dificultades a veces de larga data y que se extienden por casi la totalidad de la vida. Si unimos esta expectativa irracional con la actitud del entrevistador inexperto y preocupado por la recolección de "datos" para llenar un expediente, tenemos los prerrequisitos convenientes para el fracaso de una entrevista dinámica. Sólo en casos excepcionales, como en la Catheryn de Freud, le es dado a un terapeuta hacer desaparecer la sintomatología en una sola entrevista. Aun los viejos terapeutas expertos en terapias breves, se conceden un mínimo de tres entrevistas para planear y realizar su objetivo terapéutico, y en estos casos no se recurre a la exploración del pasado del paciente.

Para MacKinnon y Michels (1971), la entrevista psiquiátrica no es "un encuentro arbitrario o al azar entre doctor y paciente, se desarrolla a partir de las ciencias básicas de la psicopatología y la psicodinamia. Es un intento sistemático para la comprensión de la relación entre psicopatología y conflicto emocional en un individuo dado". Por tanto, al psiquiatra le interesan los síntomas, su fecha de inicio y los factores significativos de la vida del paciente que puedan explicarlos, la vida del sufriente en su totalidad y no sólo el diagnóstico y la indicación terapéutica para el padecimiento actual. El contenido de la entrevista incluye para los autores, tanto los elementos verbales como los preverbales, así como las intervenciones específicas del entrevistador, las que son motivo de un escrutinio, expresado a través de cuestionamientos a sí mismo. Por ejemplo ¿por qué formulé de tal manera esta pregunta? o ¿por qué me provocó enojo, aburrimiento o tristeza esta comunicación del paciente?, etc. Además de, como es natural, tomar en consideración la manera en la que el paciente responde al interrogatorio en forma tal que dependiendo del tipo de respuesta aportada unida a los indicios de desarrollo de afecto que se presentan durante la misma, puedan obtenerse datos sobre los resultados de la interacción entre paciente y entrevistador, que repitiéndose en la relación con otras personas, pueden estar contribuyendo a las dificultades en la vida del entrevistado y en su psicopatología: seducción, distancia, arrogancia, hostilidad, pasividad, sumisión, evasión, etc. Para Bingham y Moore, citados por Nahoum, 1968, "La entrevista es una conversación seria que se propone un fin determinado, distinto del sólo placer de la conversación". Dependiendo del propósito o uso al que se destina la entrevista, las metas de ésta pueden ser: recoger datos, investigar o motivar. En el caso que nos ocupa, la entrevista clínica, deben cumplirse generalmente, las tres metas en forma simultánea, ya que para el diagnóstico e indicación terapéutica, debemos recoger datos sobre el estado de los procesos mentales y afectivos de nuestro entrevistado, investigar las pautas de conducta repetitivas y significativas que le son conflictivas o especialmente valiosas o exitosas y motivarlo a explorar los condicionantes inconscientes de tales conductas.

Nahoum, 1968, menciona como sinónimos de entrevista clínica los de entrevista libre, no directiva, no estructurada y profunda. Apelativos de diversa connotación emocional para quien a ellos se adhiere, pues libertad y falta de estructura pueden sugerir a algunos arbitrariedad, mientras profundidad puede constituir para otros un grado máximo de dificultad, consistencia y seriedad. Para Bleger, 1984, la entrevista es un campo de trabajo en el cual se investiga la conducta y la personalidad de seres humanos. Como tal, es el instrumento fundamental del método clínico y, por tanto, una técnica de investigación científica de la psicología. Persigue un objetivo psicológico (investigación, diagnóstico, terapia, etc.). Intenta el estudio y la utilización del comportamiento total del sujeto en todo el curso de la relación establecida con el técnico, durante el tiempo en que dicha relación se extienda, no la obtención de datos completos de la vida total de la persona, meta de la anamnesis que para el autor, reduce al paciente a un mediador entre su enfermedad, su vida y sus datos por un lado, y el médico por el otro. Según Bleger, la anamnesis opera con el supuesto de que el consultante conoce su vida y está capacitado por tanto, para dar datos sobre la misma. Mientras el supuesto de la entrevista es el de que cada ser humano tiene organizada una historia de su vida y un esquema de su presente, del cual deducimos lo que no sabe, gracias a que su comportamiento no verbal hace emerger lo que es incapaz de aportar como conocimiento explícito.

La ventaja de la caracterización de Bleger, consiste en señalar la necesidad de no confundir un interrogatorio que busca datos supuestamente objetivos e incontrovertibles, con la mirada y escucha del entrevistador con un enfoque dinámico, que tomando en consideración tanto los elementos vocales mencionados por Sullivan como los preverbales, obtiene indicios sobre los acompañantes afectivos de la comunicación que le permiten deducir los diversos mecanismos defensivos puestos en juego por el entrevistado, para preservar su autoestima y equilibrio psíquico.

En un intento por caracterizar claramente con el menor número de ambigüedades posible, la entrevista clínica subtendida por el marco teórico del psicoanálisis, propongo la siguiente definición: La *entrevista clínica psicodinámica, encuentro entre un paciente o grupo de pacientes y un entrevistador, o equipo de entrevistadores, es el procedimiento técnico tendiente a desarrollar un proceso de comunicación, en el seno de un vínculo interpersonal, cuya meta es el establecimiento de una relación de trabajo a través de la cual se busca esclarecer los conflictos psíquicos, presentes y pasados, que perturban el equilibrio actual del o de los entrevistados.*

A partir del desarrollo de las técnicas terapéuticas grupales, no es ya posible sustentar la opinión de Sullivan con respecto a la imposibilidad de expresar los más íntimos y vergonzosos pensamientos y sentimientos frente a un grupo de personas. Este es el motivo por el que comienzo por caracterizar la entrevista clínica como un encuentro entre un paciente o grupo de pacientes y un entrevistador o equipo de éstos. La interpretación grupal e individual de las resistencias que se oponen a la expresión de pensamientos y sentimientos frente al grupo, permite la emergencia de material tan primitivo y cargado afectivamente, como el que se presenta en el curso de la terapia individual, de ahí que se haya desarrollado un modelo de entrevista de selección y diagnóstico grupal, que como mencioné en la introducción, he dejado fuera del presente texto. La técnica que subtiende la entrevista clínica de orientación psicodinámica, se apoya en y es parte de la técnica psicoanalítica. En la mayoría de los casos de ejercicio profesional privado, las entrevistas iniciales con el paciente constituyen ya, de hecho, el comienzo del tratamiento. En la práctica institucional el proceso terapéutico queda con frecuencia, artificialmente dividido en un proceso de recepción, evaluación, diagnóstico y lista de espera, que puede preceder en semanas o meses al tratamiento propiamente dicho, lo que corresponde a las circunstancias del servicio, no a las necesidades reales del que solicita atención. En la entrevista, el método de la asociación libre queda limitado a la tribuna libre que inicialmente ofrecemos al paciente para que exprese el motivo por el que asiste a consulta, y el orden en el cual se explorarán las diversas áreas de su vida, necesarias para la comprensión de su desequilibrio actual y sus dificultades en la vida en general. Se utilizan señalamientos y esclarecimientos y en contadas y bien indicadas ocasiones, se recurre a interpretaciones, con la finalidad de disminuir la intensidad excesiva de la culpa, angustia y otras emociones displacenteras que provocan las diversas situaciones resistenciales que perturban la comunicación.

La entrevista es el medio para lograr el esclarecimiento de los conflictos psíquicos del entrevistado, el entrevistador durante su escucha, encontrará relaciones que le parecen significativas entre el relato del paciente y sus síntomas, el desarrollo de afectos y sus dificultades en las relaciones con el entrevistador mismo o con otras personas. La verbalización de dichos hallazgos constituye un señalamiento o confrontación tendiente a llamar la atención del entrevistado sobre aspectos de su vida de los que no parece ser consciente; este enfrentamiento es el primer paso para las ulteriores interpretaciones que tendrán lugar en el curso del tratamiento propiamente dicho. Los esclarecimientos, aclaraciones o clarificaciones, tienen como finalidad el puntualizar y fijar datos ambiguos, confusos e incluso mal entendidos por el entrevistador, con la mira de poder establecer, a la postre, hipótesis psicodinámicas con ciertas garantías de certeza. Uno de los errores más frecuentes del principiante en las lides clínicas, producto en parte, de su deseo de demostrarse y mostrar habilidad en el campo, consiste en suponer demasiadas cosas con respecto a los entrevistados, apoyándose en sus pretendidos conocimientos teóricos y sentido común, en vez de interrogar directamente sobre lo que no queda suficientemente claro. Pero el esclarecimiento tiene también otras finalidades técnicas como son el disminuir culpa, angustia, temor, vergüenza y otras emociones y fantasías con respecto a la mirada del entrevistador, cuya emergencia interfiere con la capacidad del entrevistado para permitir el paso a la conciencia, al material que permitirá entender su cuadro clínico en el contexto de la teoría psicoanalítica. La aclaración enfoca, finalmente, los fenómenos psíquicos sujetos a escrutinio. Extrae los detalles significativos y los separa del material irrelevante, aísla y separa la variedad o forma especial del fenómeno estudiado.

Las interpretaciones son deducciones del sentido latente de las manifestaciones verbales y preverbales del sujeto. Su valor es el de hipótesis sometidas a ratificación o rectificación a través de la respuesta del entrevistado. Su uso en la entrevista, se restringe a lo que podríamos considerar vencimiento de las resistencias que se oponen o perturban la comunicación. Pero debe tenerse en consideración que, para facilitar el desarrollo de la entrevista, el entrevistador sólo debe interpretar cuando sea técnicamente indicado en función del material emergente en el paciente, y no como un recurso tendiente a descargarse de los sentimientos que dicho material le despierta, lo que constituiría una proyección en el entrevistado, de los propios sentimientos y conflictos. Considerada como proceso de comunicación, la entrevista se caracteriza por tomar en consideración no sólo lo que el paciente dice u omite, sino la manera particular en que se expresa, los afectos que desarrolla en el curso de la entrevista y los temas a los que corresponden. El silencio comunica, a este respecto, tanto como la verbalización excesiva. La repetición de un mismo tema puede ser tanto defensiva como señal del alto valor psíquico del relato reiterativo. El tono de voz, su monotonía o riqueza de inflexiones, la actitud corporal, los movimientos y gesticulaciones, los cambios de coloración cutánea, la sudoración, etc. comunican, propóngaselo el entrevistado o no, una valiosa información al entrevistador, cuya importancia es cuando menos igual, aunque en ocasiones llega a ser más confiable, que la verbalización. Recordemos que la palabra sirve lo mismo para comunicar que para encubrir, mientras que los equivalentes somáticos de los afectos resultan menos ambiguos y confusionantes.

En el encuentro entre entrevistado(s) y entrevistador (es), se establece un vínculo o relación interpersonal en la que entran en juego las personalidades totales de quienes en ella intervienen. A la acción del entrevistador corresponde la reacción del entrevistado y viceversa. De la interacción entre ellos surgen numerosos y valiosos datos que finalmente, sirven para comprender algunas de las dificultades que experimenta el (los) entrevistado(s), en su vivir cotidiano. Quien se dedica a entrevistar, debe ser consciente de que sus características personales: sexo, edad, constitución física, tono y acento de voz, atuendo, etc., despiertan diversas fantasías en los entrevistados, derivadas de su conflictiva y personalidad. Hay para quien la juventud del terapeuta provoca inicialmente desconfianza, lo que a su vez puede suscitar angustia y diversos tipos de defensa en el entrevistador con un excesivo narcisismo, o inseguro sobre su propia capacidad profesional. La reacción del entrevistador ante esta situación, condicionará a su vez, el clima de la entrevista, que puede terminar en una demostración reactiva, de sus conocimientos y habilidades, habiéndose perdido la meta de aprender del entrevistado, la forma en la que maneja su vida y las áreas de ella en las que fracasa. Puesto en juego como personalidad total en la entrevista, el entrevistador debe estar también consciente de los afectos que despiertan en él la personalidad del entrevistado y el contenido y modalidad de expresión del material emergente. De su curiosidad excesiva, fastidio, aburrimiento, pesar, abrumación, molestia, ira, angustia, rechazo, etc., puede llegar a inferencias valiosas con respecto a lo que sucede a su entrevistado y a la forma con que reaccionan ante él quienes lo rodean. Estos sentimientos, que en el curso del tratamiento constituirán la contratransferencia, brújula principal de la interpretación psicoanalítica, en la entrevista deben ser utilizados como herramientas que dirigen el interrogatorio hacia la exploración de los afectos y fantasías del paciente, alrededor del tema que los suscita en busca del esclarecimiento del conflicto entre pulsiones y defensas que, destinadas a ligar la angustia existente, provocan las diversas conductas a las que responde afectivamente el entrevistador.

La meta de la interacción entre entrevistado y entrevistador es el establecimiento de una relación de trabajo, concepto que derivo del de alianza de trabajo de Greenson (1967), relación racional y relativamente poco neurótica entre paciente y analista, que posibilita la cooperación decidida del primero en la situación analítica, y se manifiesta por su disposición para realizar los diversos procedimientos del psicoanálisis y su capacidad de trabajar analíticamente con los *insight* dolorosos y regresivos que provoca. La alianza obedece a una identificación parcial y temporal del paciente con la actitud y modo de trabajar del analista.

Éste lleva a la alianza de trabajo su constante interés en el entendimiento y el *insight*, su continuo análisis de las resistencias y sus actitudes cordiales, empáticas, sinceras y acríticas. Para que los datos aportados por la entrevista sean significativos en cuanto al esclarecimiento de los conflictos psíquicos del entrevistado, el clima de la misma debe favorecer la posibilidad de esa identificación parcial y temporal entre los participantes, en cuanto al deseo de revisar, cuestionadoramente algunos de sus asertos, de volver a juzgar con una nueva mirada hechos pasados, de enfrentar el dolor, vergüenza y culpa por relaciones y fantasías provenientes de distintas etapas de la vida, etc. Aunque tal posibilidad depende en gran medida de la capacidad de *insight* y la motivación del paciente para el cambio, el entrevistador debe proveer, para que esto pueda darse, un ambiente cálido, cordial, de confianza y respeto mutuos, para lo cual debe mantener permanentemente una actitud acrítica, que permita al entrevistado moverse dentro de la comodidad de la distancia y estilo de relación interpersonal que le son manejables. Tal situación implica la necesidad de una flexibilidad importante en el entrevistador que le permita, a su vez, desplazarse con relativa facilidad de relaciones que requieren una gran distancia a otras que exigen de él mayor cercanía. Así como con un anciano, por poner un ejemplo, puede resultar ofensivo el tuteo y despertar por tanto, actitudes devaluatorias hacia el entrevistador, dirigirse a un niño usando el usted., provoca su desconcierto y burla. Frecuentemente se interpreta la recomendación de establecer una atmósfera cálida y cordial en la entrevista, como una sugerencia de adopción de un rol impostado. Nada más lejos de la realidad, aun teniendo en consideración a quienes necesitan mantener una distancia defensiva en sus relaciones interpersonales. Hay muchas maneras de establecer una atmósfera cálida y cordial y el entrevistador debe ser consciente de la forma en la que es capaz de hacerlo. Todos conocemos la manera en la que recibimos en casa a alguien a quien deseamos hacer sentir cómodo, a gusto, libre para hablar de lo que desea. Los pacientes, mientras más núcleos psicóticos poseen en su personalidad, más sensibles son a cualquier indicio de falsedad en la actitud de los otros. Esto, molesto para ellos en circunstancias cotidianas, provoca en el caso de la entrevista su retraimiento defensivo, con lo que se da al traste con la finalidad de esclarecimiento de sus conflictos psíquicos. Por su conocimiento de sí mismo, el entrevistador debería ser capaz de predecir las dificultades que pueden surgir en el curso de la entrevista, con cierto tipo de pacientes. El análisis personal y la experiencia ayudan a enfrentar y resolver estos tipos de dificultades. Sin embargo, debemos ser lo suficientemente humildes como para reconocer que hay pacientes con quienes nos resulta incómodo, angustioso o imposible relacionarnos, respetar y despertar su confianza en nuestra aceptación, pues somos incapaces de proporcionársela. Si tal es el caso, y no logramos superar tales obstáculos mediante la reflexión sobre el significado personal que tiene para nosotros la conducta, actitud, material o actividad del entrevistado, es más honesto y por tanto, benéfico para el paciente su derivación a otro entrevistador, que empeñarnos en cumplir una tarea para la que resultaremos poco adecuados.

La meta última de la entrevista es el esclarecimiento de los conflictos psíquicos, presentes y pasados que perturban el equilibrio actual del o de los entrevistados. Para Laplanche y Pontalis (1971),"en psicoanálisis se habla de conflicto psíquico cuando en el sujeto, se oponen exigencias internas contrarias. El conflicto puede ser manifiesto (por ejemplo, entre un deseo y una exigencia moral, o entre sentimientos contradictorios) o latente, pudiendo expresarse este último de un modo deformado en el conflicto manifiesto y traducirse especialmente por la formación de síntomas, trastornos de conducta, perturbaciones del carácter, etc. El psicoanálisis considera el conflicto constitutivo del ser humano y desde diversos puntos de vista: conflicto entre el deseo y la defensa, conflicto entre los diferentes sistemas o instancias, conflicto entre los instintos, conflicto edípico, en el que no solamente se enfrentan los deseos contrarios, sino que éstos se enfrentan con lo prohibido".

Así definido el conflicto, la meta de la entrevista consiste, finalmente, en la búsqueda de esas exigencias contradictorias, derivadas de las diversas fuentes mencionadas que el entrevistado enfrenta con sufrimiento y pérdida del equilibrio psíquico. El psicoanálisis concibe el conflicto actual como un derivado de los conflictos infantiles y por ello, en la entrevista se intenta el rastreo del desequilibrio presente hasta sus fuentes infantiles. Y es en estos términos en los que debe entenderse y emprenderse la anamnesis. No es que, por ejemplo, el número de hermanos sea significativo en sí mismo, pero si el paciente refiere haber tenido muchos hermanos y poca atención materna, el dato adquiere un carácter de posible confirmación a su aserto. Y digo de posible confirmación porque no necesariamente toda madre prolífica descuida a su descendencia. Así pues, la anamnesis buscada en la entrevista clínica psicodinámica, no es el relato vacío y rutinario de los datos conocidos por el entrevistado; es la investigación regida por los conocimientos de psicopatología, de los condicionantes infantiles y actuales, que en las circunstancias presentes, originan el desequilibrio existente y la demanda de asistencia profesional.

BIBLIOGRAFÍA

Bleger, J. (1984): *Temas de psicología (entrevista y grupos)*. Buenos Aires: Ediciones Nueva Visión. 1986.

Díaz Portillo, I.(1973): "La historia clínica". I. La anamnesis". Tesis de Maestría en Psicología Clínica. U N A M México.

Fromm Reichmann, F. (1962):*Psicoterapia en las psicosis*. Buenos Aires: Ediciones Hormé.

Greenson, R. R. (1967): *Técnica y práctica del psicoanálisis*. México: Siglo XXI Editores. 4a. edición, 1980.

Laín Entralgo, P. (1961): *La historia clínica. Historia y teoría del relato patográfico*. Madrid: Salvat Editores.

Laplanche, J. y Pontalis, J. B.(1971): *Diccionario de psicoanálisis*. Barcelona: Editorial Labor.

Mac Kinnon, R. A., y Michels, R. (1971): *The Psychiatric Interview in Clinical Practice*. Filadelfia: W. B. Saunders Co.

Nahoum, Ch. (1968): *La entrevista psicológica*. Buenos Aires: Editorial Kapeluz.

Sechehaye, M. A. (1964): *La realización simbólica*. México: Fondo de Cultura Económica. 2a. edición.

Sullivan, H. S.(1959): *La entrevista psiquiátrica*. Buenos Aires: Editorial Psique.

Vallejo Nágera, J. A. (1952): *Propedéutica clínica*. Barcelona: Salvat Editores. 3a. edición.

Capítulo III

EL ENTREVISTADOR

Devereux, 1967, afirma que el científico del comportamiento no puede ignorar la acción recíproca entre sujeto y objeto, con la esperanza de hacerla desaparecer si durante un tiempo suficiente la ignora. Más aún, considera que el acceso a la esencia de la situación observacional la proporciona el estudio del observador, no el del sujeto de observación; siendo el debido aprovechamiento de sus actividades y de los llamados "trastornos" o "perturbaciones" creados por su existencia, las piedras angulares de una verdadera ciencia del comportamiento y no —como suele creerse— contratiempos deplorables. Bleger, 1985, por su parte, señala que en la entrevista, el entrevistador forma parte del campo, condicionando en cierta medida, los fenómenos que él mismo va a registrar. Sólo se logra una objetividad máxima cuando se incorpora al sujeto observador como una de las variables del campo. La dependencia de las manifestaciones del objeto de estudio de la relación establecida con el observador, ha sido uno de los argumentos usados para cuestionar el carácter científico de la entrevista, que Bleger rebate señalando que tal objeción se deriva de "una concepción metafísica del mundo, que supone en cada objeto, cualidades dependientes de su propia naturaleza interna; cuando en verdad, las cualidades de todo objeto son siempre relacionales, derivándose de las condiciones y relaciones en las cuales se encuentra cada objeto en cada momento".

Wiener, 1962, nos recuerda lo poco que se ha insistido sobre las marcadas diferencias que existen entre los distintos investigadores del campo psiquiátrico, en lo referente a la obtención de datos relativos a la conducta; diferencias que originan discrepancias diagnósticas importantes.

Siendo tan importante la participación del entrevistador en el tipo, calidad y destino de la relación con el entrevistado, la mayor parte de los textos sobre el tema sugiere una larga lista de cualidades y actitudes necesarias o recomendables que debería poseer aquél. Por ejemplo, Wolff, 1970, haciéndose eco de las recomendaciones del Comité de la Asociación Americana de Psicología, afirma que deben tenerse: "habilidad y juicio intelectual superiores, sentido del humor, originalidad y variedad de recursos". Y la mayoría de los autores elabora listas que pueden resumirse en términos de personalidad madura, carácter genital o yo fuerte, según la terminología acostumbrada. Estos requisitos llevan frecuentemente al principiante a la adopción de roles impostados que perturban la relación interpersonal; pues la energía necesaria para mostrarse inteligentes, llenos de recursos y con sentido del humor, o para sostener cualquier otro tipo de actitudes recomendadas hace del entrevistador, y no del entrevistado, el objeto de atención principal. Además, es necesario tener siempre presente que los entrevistados son personas que han sido objeto de numerosos engaños, rechazos, incomprensiones, humillaciones, agresiones, faltas de respeto, devaluaciones, etc., y que viven el engaño, la adopción de un rol impostado ante ellos, como una nueva herida a su autoestima, a la cual reaccionan con las pautas defensivas que en el pasado les han sido eficaces, y por tanto, les son características: sometimiento, seducción, complacencia, reto, amenaza, desprecio, negativismo, etc., las que a su vez, despertarán respuestas emocionales y defensas en el entrevistador, que al negar su participación en la cadena de reacciones que ha provocado, interpretará mal los fenómenos que se muestran ante sus ojos.

En vista de lo anterior, parece preferible adherirse al punto de vista de Wolberg, 1967, que da como primera regla para psicoterapéutas y entrevistadores, la de ser uno mismo. De Stevenson, 1959, podemos derivar la recomendación al entrevistador de interesarse en el sufrimiento humano. Interés que es deseo de comprensión, y que requiere para ser genuino, de despojarse de todo fervor diagnóstico y de metas de investigación ajenas al paciente. Los elementos más importantes del interés, en nuestro caso, son el impulso epistemofílico y la capacidad de identificación con el otro, que se manifiesta como empatía y comprensión. Identificarse con el otro, sin perder objetividad, finalmente implica una capacidad de disociación en el entrevistador, que sólo se diferencia de las disociaciones de sus entrevistados en que, la suya, está al servicio de una finalidad adaptativa en el mejor de los casos, y no defensiva, aunque puede serlo. Se insiste reiteradamente en la necesidad de que quien se dedica a la clínica, se sujete a su vez, a una psicoterapia o psicoanálisis, con la mira de acrecentar su capacidad de identificación con los pacientes, permitirse el libre acceso a sus sentimientos y fantasías, y por tanto, al contacto interpersonal idealmente poco distorsionado por sus defensas neuróticas. Es imposible subestimar tanto la utilidad de este recurso como el de la supervisión de la práctica clínica. Pero tampoco es factible esperar a que tales procedimientos provean al entrevistador de la honestidad e interés en sus entrevistados, cuando inicia su práctica. Me referiré a la primera dentro del inciso: el entrevistador como sujeto; y al segundo bajo el rubro de: el entrevistador en su interacción.

EL ENTREVISTADOR COMO SUJETO

La honestidad del clínico comienza por la exploración de los motivos que lo llevan a su elección vocacional. Uno de los motivos más frecuentes, consciente o inconsciente, es la necesidad de reparación de objetos internos o externos significativos, o de partes de la propia personalidad que se perciben dañados.(Bicas, 1984). Estos Intentos de reparación, pueden ser en términos kleinianos, maniacos o depresivos. En el primer caso se habla de seudoreparaciones. En ellas priva la angustia persecutoria y el rechazo del entrevistado se vive, como confirmación de la incapacidad para reparar, y por tanto como corroboración de la destrucción interna y maldad del entrevistador. Para evitar tal catástrofe, anunciada por la presencia de angustia, el entrevistador puede adoptar actitudes seductoras, falsamente amistosas u ofrecer consuelo, estímulo, apoyo y ayudas irreales y extemporáneas, con la mira de obtener la aceptación y afecto del entrevistado. Cuando sus intentos tienen éxito consigue además, bloquear la emergencia del material que el entrevistado considera arruinaría la presunta buena opinión y disposición que hacia él presenta su interlocutor. O bien tal ofrecimiento puede despertar, en personalidades paranoides, una intensa desconfianza porque se interpreta como treta destinada a tomarlos desprevenidos, por sorpresa, con las defensas bajas, ante los fines aviesos del entrevistador. En otras ocasiones, especialmente cuando el encuentro es con un psicótico, puede suceder lo mismo que aconteció a Fromm Reichman con uno de los pacientes al que ofreció su amistad, siendo rechazada en los siguientes términos: "cómo quiere ser mi amiga si no la conozco". En el campo de las seudoreparaciones se incluye también la búsqueda del ejercicio clínico como negación maniaca de la propia patología. La delegación social del cuidado del enfermo mental, a un grupo de trabajadores, les hace depositarios del rol de "guardianes y depositarios de la salud mental", que lleva con cierta frecuencia, a asumirlo con gran entusiasmo, pues refuerza la posibilidad de negación antes mencionada. Uno de sus indicios conscientes, es el deseo de "entenderse", a través de lecturas y comprensión intelectual de la causa y solución de la conflictiva de otras personas. La decepción que provocan tales expectativas en el encuentro con los pacientes, provoca angustia y rabia, que pueden dar por resultado sesiones en las que el entrevistado resulta maltratado, acusado y sujeto a un interrogatorio cuasi policiaco, pues los argumentos con los que intenta explicar las dificultades de su vivir cotidiano, no esclarecen en nada las del entrevistador. Las contradicciones del primero, compartidas por este último, llevan a cuestionamientos persecutorios, que hacen que el paciente termine sintiéndose criticado, tildado de mentiroso, amnésico o poco cooperador.

Si el futuro clínico reconoce en sí mismo la necesidad de cambiar o entender ciertos aspectos de su personalidad, debe abandonar la fantasía de lograrlo a través de su ejercicio profesional. La mayor parte de los institutos de formación o capacitación para trabajadores de la salud mental, no incluye dentro de sus requisitos, la ausencia de psiconeurosis, por el contrario, se considera que la conciencia de la problemática personal, es un buen índice con respecto al correcto funcionamiento del yo observador del futuro terapeuta, función imprescindible para la discriminación del origen de las reacciones afectivas que despiertan, *siempre*, las relaciones interpersonales. Por tanto, no debe avergonzar la búsqueda de la terapia susceptible de esclarecer lo que el trato con los pacientes no aportará. De hecho, en ocasiones sucede que quienes acuden a consulta con la mira de "mejorar su actividad profesional y entender a sus pacientes", terminen reconociendo que la negación de su patología los llevó a una elección vocacional inadecuada a sus verdaderas capacidades e intereses.

De lo anterior no debe deducirse que, ante inexactitudes, ambigüedades o contradicciones, la conducta del buen entrevistador sea pasiva y no aclaratoria, pero es muy diferente expresar:

"no me queda claro si se sentía a gusto en el internado a pesar del mal carácter de X.", que decir: "¿cómo podía estar a gusto, si lo maltrataban en el internado?" La primera intervención abre el campo para que el paciente explicite los motivos que lo hacían apreciar su estancia en el lugar, mientras en la segunda se descalifica la posibilidad de estar bien donde se es maltratado. Confusiones, omisiones, contradicciones y aun la simulación, son producto de disociaciones en el interior de la personalidad del entrevistado, y no puede pretenderse resolverlas confrontando al paciente bruscamente con ellas. Más aún, el señalamiento de la confusión puede generar gran angustia en algunas personas, pues las remite a su temor a la locura. Para evitar tal situación, pueden recurrir a respuestas escuetas, que dan poco lugar a contradicciones, o adoptar actitudes defensivas retadoras que perturban el desarrollo de un buen clima de trabajo.

Cuando a través de la asunción del rol de trabajador de la salud mental, se consigue negar la patología personal, la conflictiva relegada al inconsciente es claramente percibida por otros a través de los gestos, actitudes e intervenciones del entrevistador. En estas circunstancias resulta imposible percatarse del momento en que un paciente, inicialmente cooperador, se torna resistente. No es factible reconstruir la situación que trocó al entrevistado en un ser irritado, culpable, perseguido, rechazado o devaluado. Perplejo frente al cambio, el examinador, incapaz de cuestionarse, porque de hacerlo se verían amenazadas sus negaciones y represiones, racionaliza o proyecta sobre el paciente su conflictiva personal y se tranquiliza con seudoexplicaciones del siguiente tenor: "es resistente a hablar de su sexualidad"; "la culpa ante su agresión se expresa en enrojecimiento, cuando se le pregunta si el buen trato a su mujer incluye los golpes que le propina", etc. En la siguiente viñeta puede verse, con claridad, lo que intento explicar. Después de haber hecho el paciente (P), un amplio y eficaz relato de su sintomatología, la entrevistadora (E), intenta aclarar algunos aspectos de su vida que pueden estar relacionados con el padecimiento actual.

E.– ¿Cuándo se casó su mamá por segunda vez?

P.– No se casó, se juntó con mi padrastro cuando yo tenía 11 años, por eso nos fuimos a vivir a X. Mi padrastro fue muy bueno, como un padre para nosotros, por él tengo el oficio que tengo. El vivía en X y nos llevó a todos para allá, ya entonces mi mamá dejó de trabajar y estuvo todo el tiempo en la casa.

E.– ¿Era él un hombre casado o soltero?
P.– No sé, supongo que soltero, porque vivía con nosotros.
E.– ¿Y dormían ellos dos juntos en el mismo cuarto?
P.– Sí.
E.– ¿A qué edad se casó usted?
P.– A los veinte.
E.– ¿Cuánto tardaron en tener hijos?
P.– Un año.
E.– ¿Cómo se lleva sexualmente con su mujer?
P.– Bien.

Como puede apreciarse claramente, la comunicación del paciente inicialmente tan buena que, ante preguntas concretas, no sólo informa sobre lo que se le pide, sino que aporta datos importantes para entender qué tipo de persona es y qué vida ha llevado, se va mostrando cada vez más parca, hasta terminar siendo prácticamente monosilábica. La intervención en un encuentro subsecuente, con otro entrevistador, restaura la comunicación fluida, gracias a una actitud sexual desprejuiciada, que hace sentirse nuevamente al entrevistado escuchado acríticamente:

E.– Así que estuvo usted. cuatro años de novio con su actual esposa.
P.– Sí.
E.– ¿Tuvieron relaciones sexuales antes de casarse?
P.– No.
E.– Y ¿por qué no?
P.– Bueno...sabe...sí. Su mamá de ella no me quería a mí, porque decía que mejor debía casarse con otro que ya le tenía dispuesto, más guapo y más rico que yo. Entonces me la llevé y a los quince días nos casamos, mi suegra se enojó mucho, pero ya después se contentó. Yo con el que tenía pena era con mi cuñado, porque él me presentó a mi esposa y yo no lo respeté llevándomela, lo fui a ver para decirle que ya nos habíamos casado y lo tomó bien. Somos amigos.

En la discusión de la primera entrevista, como es habitual, la entrevistadora reconoció que sus preguntas con respecto al colecho de la pareja y el estado civil del padrastro del paciente, eran irrelevantes en cuanto a la comprensión de la patología existente, pero inicialmente no pudo explicar por qué las había hecho. Ante cuestionamientos más o menos directos de sus compañeros, hubo de reconocer que su sólida formación religiosa le impedía ver

desprejuiciadamente la existencia de relaciones sexuales extra-
matrimoniales, aunque hasta ese momento había considerado que
tal situación en nada afectaba su actividad profesional. De no
haberse realizado esta entrevista ante la mirada de un grupo de
compañeros, muy probablemente nos encontraríamos con un
relato de la misma, en el que el paciente sería objeto de la proyección de los prejuicios sexuales de su entrevistadora, conscientes
para ella, pero escindidos de los efectos que provocan en su
conducta. La proyección de la conflictiva personal en los pacientes,
tiene la obvia finalidad de mantener reprimido el conflicto existente en el entrevistador, que así puede seguir escindido en una
parte "sana", que ejerce una profesión y una "enferma", depositada
en quienes buscan su ayuda. Con el ejemplo anterior, en el que la
substitución de entrevistador, lleva consigo una actitud distinta
con respecto a la sexualidad, se confirma, sin lugar a dudas, que la
existencia de prejuicios, sistema de valores y conflictos inconscientes, llevan a la adopción de una actitud frente al material del
paciente, que se transmite a través de las preguntas que se le
formulan, y de las diversas formas de comportamiento preverbal,
de los que el entrevistador es totalmente inconsciente, pero que son
percibidas tanto por el paciente, como por quienes puedan estar
atestiguando el encuentro. Sólo una supervisión cuidadosa por
mite, a quien se encuentra en tales condiciones, hacerse consciente
y responsable de la problemática que puede estar depositando en
sus entrevistados.

En algunas ocasiones, la motivación para dedicarse a la
práctica clínica se deriva de la fantasía de satisfacer, a través de
ella, tendencias escoptofílicas, de manipulación y control sobre los
demás, o de obtener amistad, afecto y otras ganancias secundarias.
Estas motivaciones corresponden al uso del entrevistado como
medio para obtener la compensación de antiguas frustraciones en
la curiosidad infantil, o de situaciones igualmente pretéritas, de
impotencia e indefensión. Como hemos empezado a ver, es difícil
emprender la investigación científica de la vida sexual de otras
personas, si la propia resulta insatisfactoria o presenta verdaderas alteraciones. En ambos casos, puede pretenderse substituir
la práctica perturbada, por la contemplación de la ajena, derivando de ello el placer ausente en la vida personal. En la entrevista
surge la sexualidad como uno más de los temas que requieren
exploración, siendo ésta más o menos complicada, dependiendo
tanto de la patología como del contexto social del cual proviene el

entrevistado; pero si quien la investiga tiene en ella un interés más allá de lo profesional, el paciente al percibirlo, puede reaccionar con angustia, al interpretarlo como intento de seducción; o bien, intentar satisfacer la curiosidad de su interlocutor y su propio exhibicionismo, haciendo un relato detallado y exagerado de sus proezas sexuales. En cualquiera de los casos, se habrá perturbado la relación de trabajo, en función de satisfacer una necesidad del entrevistador y no necesariamente del entrevistado. La extensión cubierta por los pormenores de la sexualidad, dejará en la penumbra otros aspectos de la vida del consultante, en los que frecuentemente se encuentra la posibilidad de comprender su conflicto, el cual no se genera en, sino que es causa de las modalidades de la sexualidad. La necesidad de manipular y someter a otros, se deriva frecuentemente de la compulsión a controlar omnipotentemente, a los objetos internos persecutorios, a los que no puede permitirse la menor movilidad espontánea, so pena de resultar destruido o abandonado por ellos. Una de sus manifestaciones más frecuentes en la entrevista es la necesidad de hacer decir al paciente, lo que el entrevistador espera oír, para corroborar sus hipótesis teóricas. Aquí encontramos una insistencia excesiva en los intentos por hacer que el entrevistado acepte ciertas explicaciones, relaciones o conclusiones. Desde Freud sabemos que ni un sí, ni un no aislados del contexto en que se producen, confirman o refutan nuestras interpretaciones, pero no debemos olvidar tampoco, que aun la interpretación aparentemente más completa y abarcativa es solamente una hipótesis de trabajo, sujeta a la corroboración o rectificación, aportadas por el material subsecuente. El resultado de la conducta controladora omnipotente, depende de la estructura de personalidad del entrevistado. Quien por su historia, tiene la tendencia y necesidad de colocarse al amparo de figuras poderosas, buscando congraciarse con ellas para lograr afecto, protección o seguridad, se sentirá agradecido si el entrevistador ofrece tomar, o toma decisiones por él. Para otros, los intentos de manipulación o sometimiento, constituyen la repetición de su dependencia de padres que en vez de satisfacerlos los usaron para gratificar sus necesidades de control, prestigio, y realización de metas incumplidas. En este caso, la respuesta puede ser rabia expresada a través de falta de cooperación, agresiones verbales, ironía o resistencia pasiva. Menos frecuente en la entrevista que en el proceso terapéutico propiamente dicho, gracias a la brevedad de la primera comparada con el segundo, es la posibilidad de manipular y someter a los pacientes de manera que tomen decisiones, partido, o asuman actividades siguiendo la dirección del terapeuta. Las tendencias mágicas y omnipotentes del entrevistador pueden manifestarse, tanto en la actitud dogmática anteriormente señalada, como en la necesidad de impresionar al paciente con la presentación del curriculum, despliegue de citas bibliográficas, y arreglos, supuestamente decorativos, de títulos, diplomas y constancias de asistencia a cursillos y congresos. Actitudes que no podemos menos de equiparar a las de los antiguos hechiceros y brujos del capítulo I, que con su atuendo e invocaciones, intentaban alejar a los malos espíritus del cuerpo de sus pacientes. Al igual que éstos, los enfermos actuales pueden quedar tan impresionados, que se coloquen muellemente en manos del todopoderoso ser que tienen enfrente, esperando que realice todo el trabajo de aliviar sus sufrimientos en cuanto los expresan. La frustración de tales expectativas lleva, como es natural, a la imposibilidad de realizar la exploración de los elementos que intervienen en la producción del conflicto psíquico.

La necesidad de encontrar a través de la práctica clínica, amistad y afecto, es como cualquier otra demanda neurótica, una búsqueda irreal. El requisito, no siempre cumplido pero no por ello descartable, de una buena terminación de análisis es la resolución de la neurosis de transferencia, lo que implica la disolución de los vínculos irreales, derivados de las relaciones objetales previas, que ligan al paciente con su terapeuta. Una vez realizada tal labor, poco queda de real que compartir entre ambos y la separación, aunque dolorosa, se asienta sobre la base de la limitada posibilidad del terapeuta para satisfacer las demandas del paciente; situación estrechamente unida a la capacidad adquirida por el analizando, de lograr la gratificación realista de sus necesidades en el mundo externo. De todo lo anterior se deduce que, en el mejor de los casos, el terapeuta sólo pueda esperar que sus tratamientos bien terminados tengan como resultado la partida de sus pacientes. Nada pues, más alejado de la búsqueda de afecto o amistad, de la que inicialmente hablamos, cuya expresión en la entrevista puede variar, desde el ofrecimiento directo hasta formas más sutiles, en las que el despliegue de "bondad", bloquea en el paciente toda posibilidad de expresar sentimientos o fantasías que pueden resultar ofensivas o criticables para el amistoso y necesitado de afecto entrevistador. La desaparición de la posible hostilidad del entrevistado, da por resultado, como es lógico suponer, un cuadro totalmente distorsionado de las causas de su patología.

Hemos tratado hasta aquí, de la honestidad del entrevistador para consigo mismo, lo que no agota el tema. Tanto o más importante es la honestidad que debe tenerse para con los entrevistados. En ningún caso es justificable el engaño. Ni aun si los angustiados familiares de personas resistentes por su propia patología a asistir, o dejarse llevar a una consulta profesional, solicitan se examine al paciente en una pretendida visita social. La negativa a asumir una falsa identidad y motivación para entrevistar a un paciente, no implica imposibilidad para realizar una entrevista que permita llegar a conclusiones diagnósticas iniciales. Debemos recordar, por lo señalado en el capítulo correspondiente a la definición de entrevista, que la palabra es sólo una de las formas de comunicación, y que tanto podemos deducir de un silencio como de una excesiva verbalización. La actitud del paciente, el tipo de respuesta a nuestra conducta, su aspecto, gestos, actitud, etc., son datos que permiten hacerse una idea sobre su contacto con la realidad externa e interna. Por tanto, es innecesario el empleo de subterfugios que sólo constituyen una herida más a la dañada autoestima del paciente y llevan además, el riesgo de aumentar la confusión y persecución que pueda estar padeciendo ya.

Cuando la entrevista se realiza con fines de enseñanza, sea en cámara de Gesell, o directamente frente al grupo de estudiantes, el paciente debe ser informado de dicha situación antes de ingresar al lugar de la entrevista, con el objeto de darle el espacio y tiempo necesarios para expresar su renuencia o negativa a sujetarse a tal procedimiento. Es relativamente simple disipar la resistencia inicial a ser entrevistado en público, pero si persiste, debe respetarse la decisión personal de no colaborar en el aprendizaje de otros. A pesar de los cuestionamientos desde distintos puntos de vista, especialmente humanitarios e ideológicos que provoca este tipo de práctica docente, su utilidad sigue siendo indiscutible, incluso contando con la existencia cada vez mayor de material filmado, que enseña cómo hacen otros, bien o mal sus entrevistas, pero que lamentablemente no puede mostrar como evidencia indiscutible, de primera mano, los llamados "puntos ciegos" y errores del aprendiz. Especialmente el paciente hospitalizado en nosocomios asistenciales es bastante accesible a prestarse de buen grado a colaborar en entrevistas con fines de aprendizaje, debido al largo condicionamiento social al someti-miento, y el prolongado abandono y descuido por parte de familiares y amigos, durante su internamiento. Tener la oportunidad de ser escuchado con atención y deseo de comprender el motivo de su reclusión y las características de su vida, resulta en ocasiones una gratificación suficiente para colaborar de buen grado a la entrevista. Pero el engaño y el mal manejo de ésta, perturban la buena disposición inicial. Como ejemplo puedo mencionar el de un alumno que, a sabiendas de lo anterior, frente a la demanda preverbal del paciente para que iniciara la entrevista, lo hizo de la siguiente manera:

E.– Vengo a ayudarlo.

P.– (*Dirigiéndome una mirada de complicidad*) Yo creía que usted era un estudiante.

E.– Pero tengo la preparación suficiente.

P.– Yo tengo mi doctor que me trata. ¿En qué va a ayudarme usted?

E.– A resolver sus problemas. Cuénteme de ellos.

El paciente respondió inicialmente con sorna, enlistando una serie de necesidades concretas que tenía en ese momento: permisos diversos para abandonar la sala, cambio de medicamentos, tramitación de pago de sueldos retenidos debido a trámites burocráticos que no podía realizar desde el hospital, etc., llevando finalmente al entrevistador a un estado de impotencia y a sí mismo a una frustración y enojo importantes, que dieron al traste con la finalidad de la entrevista.

Ningún terapeuta honesto y con una mínima experiencia, se atreve a afirmar, sin conocer en lo más mínimo a su entrevistado, que va a ayudarlo, a menos que posea dosis de omnipotencia y narcisismo fuera de lo común, porque la ayuda que puede ofrecerse a alguien, depende tanto de sus necesidades como de nuestras capacidades, y poco puede saberse de las primeras sin haberlas escuchado. En la relación interpersonal que se establece con los entrevistados, la presencia de terceros, sea en el mismo lugar de la entrevista, sea a través de la cámara de Gesell, se convierte en un elemento más al que reaccionan todos los que en ella toman parte. Además de la natural angustia ante encuentros nuevos en tales condiciones, el alumno se encuentra sobrecargado tanto por la supervisión de que es objeto como porque se vive, en ocasiones, como ladrón que va a apropiarse del material de los entrevistados para sus propios fines, ya que habitualmente, no proseguirá el contacto terapéutico con ellos, a través del cual podría brindarles algo a cambio de su cooperación. Además que, colocarse en cierta medida en una situación que invierte el rol profesional de dispensador de ayuda, en objeto de la buena disposición de un enfermo mental, puede despertar ansiedades y defensas con respecto a la propia identidad. Algunos o todos estos factores intervienen en el ejemplo anterior, produciendo en el entrevistador una actitud negadora de sus ansiedades al presentarse como una persona preparada que puede brindar ayuda. Otra práctica que aleja de la ética que debiera sustentar el profesional de la salud mental, es la infidencia, la comunicación del material de sus entrevistados, sin su autorización previa. La mayor parte de los servicios de salud mental institucional, enfrenta esta contingencia haciendo llenar a quienes acuden a ellos, formas de rutina, en la que asientan su consentimiento para que la totalidad, o partes de su expediente, sean usadas con fines de enseñanza, grabados o filmados. En la práctica privada se acostumbra, dado el caso, pedir a los pacientes su autorización para usar el material de sus sesiones, con los encubrimientos necesarios del caso, para ser publicados. Pero también se da el caso, tanto en instituciones, como en el consultorio, en que son los familiares quienes solicitan información sobre sus enfermos.

Cuando el estado del entrevistado lo permite, es muy fácil indicar al pariente, que el paciente es totalmente capaz de informar sobre su situación y con respecto a lo acontecido en la entrevista. En el caso de niños, adolescentes y psicóticos, resulta muy útil entrevistar primero a los familiares, para obtener de ellos tanto su visión del padecimiento actual y características del paciente, como para aclarar las dudas y disminuir las culpas y angustias que naturalmente despierta en ellos la condición del miembro de la familia afectado. Esta conducta disminuye la presión para revelar lo sucedido en la entrevista, dejando sólo por determinar la conducta a seguir a partir de ella, y permite cuando la demanda de información persiste, apoyar las respuestas que se nos piden, en lo dicho por el familiar y no en lo aportado por el entrevistado.

EL ENTREVISTADOR EN SU INTERACCIÓN

Hemos revisado en el inciso anterior algunas de las motivaciones que subyacen a la elección vocacional del trabajador de la salud mental, que constituyen el substrato frecuentemente inconsciente de su opción profesional. Conscientemente, nos enfrentamos a su interés por proporcionar ayuda a otros seres humanos, y cuando el clínico tiende hacia el campo de la psicodinamia, nos encontramos también con su interés por las fuerzas y mecanismos puestos en juego para provocar una determinada conducta o síntoma. El placer por el conocimiento, impulso epistemofílico, es requisito imprescindible en todo investigador. Pero en el caso que nos ocupa, su dirección, meta, la mente humana, implica la imprescindible necesidad de ponernos en el lugar del otro, de identificarnos con él para entenderlo. Pero identificarse, con un desconocido y más aún si éste es un enfermo mental, despierta diversas ansiedades que, naturalmente, tratamos de contrarrestar a través de nuestros mecanismos defensivos habituales. La ansiedad más frecuente en el encuentro con un desconocido se despierta por el temor a la imposibilidad de identificación con él; sea por su rechazo a la relación, sea porque nos resulta tan ajeno y lejano que no encontramos puntos en común con él para identificarnos y por tanto, entendernos. La defensa habitual es la negación de las diferencias y del desconocimiento mutuos, lo cual puede llevar a actuar inconscientemente, como si ya se hubiera entablado una relación, haciendo innecesaria cualquier presentación. Si socialmente provoca ya, cierta incomodidad iniciar una conversación con alguien de cuya identidad no estamos seguros, para algunos pacientes la incomodidad puede transformarse en ansiedad severa o verdadero pánico, pues dudosos de su propia identidad, necesitan que el "otro" y el ambiente, los definan al definirse. Todos somos susceptibles de proyectar en situaciones poco definidas, en las que perdemos nuestro marco de referencia habitual, aunque podemos con mayor o menor rapidez, recobrar nuestro juicio de realidad y diferenciar ésta de lo que ponemos en ella. En cambio, el paranoide, difícilmente puede discriminar a un perseguidor o alucinación, de cualquier desconocido, que de pronto pretende obtener informes sobre él.

El tuteo indiscriminado es otra forma de negar las diferencias entre entrevistado y entrevistador, aunque en ocasiones, trate de justificarse aduciendo la procedencia de lugares en donde es de uso general. Hablo de tuteo indiscriminado, porque dirigirse de usted a un niño o adolescente, no sólo resulta ridículamente ampuloso, sino es una vez más la negación de la diferencia de edades, que prescribe ciertas normas de comportamiento social, que incluyen el tuteo del viejo al niño. Aunque en la actualidad, muchos adultos ya no esperen ni deseen el supuesto respeto que implica dirigirse a ellos empleando el usted, otros viven el tuteo proveniente de alguien más joven que ellos, como devaluación, agresión, o repetición de la situación asimétrica entre amos y esclavos, en la que los primeros tutean sin tolerar reciprocidad alguna. En la entrevista una conducta similar por parte del entrevistador, puede llevar a pacientes dependientes a intentos de agradarlo, aceptando aparentemente cuanto sale de su boca, pero ocultando cuidadosamente los aspectos de su vida que pueden resultar lesionados por el juicio de la autoridad a la que se someten. Otros, resentidos por el trato, intentarán disminuir al entrevistador cuestionando su habilidad, preparación, edad, experiencia, etc., invirtiendo los roles de interrogador e interrogado. O bien, negar la utilidad que pudiera proporcionarles el encuentro con el entrevistador, resistirse al procedimiento, aduciendo cansancio o molestias diversas, o reducir sus respuestas a un mero trámite para salir de la molesta situación a la que se ven sujetos. En cierta ocasión, una segunda entrevista con un paciente de unos 50 años de edad, aparentemente renuente al contacto con un alumno, reveló que el tuteo lo hacía sentirse "un caso", no una persona digna de respeto y consideración. Es menos frecuente y más difícil de descubrir, la actitud defensiva que consiste en la adopción de una actitud de falsa soltura, en la que se reciproca el tuteo y se produce un clima juguetón, lleno de bromas, con los que el paciente encubre el dolor por el mal trato recibido.

La angustia generada al contacto con el enfermo mental, cuya patología hace resonar la del entrevistador, puede ser de tal magnitud que diluya la escisión necesaria entre identificación y diferenciación con el paciente, perturbándose la función técnica que debe realizarse. El interrogatorio se vuelve entonces caótico o repetitivo, el entrevistador no sabe qué preguntar, la entrevista se convierte en un intercambio de miradas perplejas, en consulta de notas que aporten las preguntas necesarias para interrumpir el angustioso silencio, o en petición de detalles insignificantes, que alejan del esclarecimiento de los patrones de conducta conflictivos, que subyacen a la patología, como puede verse en el siguiente fragmento de entrevista:

E.– (*Después de las presentaciones de rigor*) ¿Por qué motivo se encuentra en el hospital?

P.– Desde hace 3 meses he tenido muchos problemas en el trabajo, me he sentido abatido, deprimido. Mi esposa es muy comprensiva y ha tratado de ayudarme, pero no puedo dejar de pensar que mi situación es triste e injusta. Sabe usted, soy (profesión), y trabajo en X desde hace 22 años. Comencé trabajando bajo las órdenes del señor B., un señor de unos 50 años, blanco, del Bajío él, que vivía en Z, y me cobró una gran estimación, porque yo he sido siempre puntual, cumplido, responsable y honesto. Llegó a depositar en mí toda su confianza...

El paciente prosigue, con el relato ordenado y pormenorizado de su historia laboral, mostrando toda una serie de situaciones en las que se ha sentido injustamente tratado, aportando abundantísmos detalles sobre las características personales y arreglo, tanto de los jefes que substituyeron a B., como de quienes fueron favorecidos en detrimento propio. Cuando, finalmente parece haber terminado su narración, y permanece en un silencio en el que es evidente su espera de la respuesta de la entrevistadora, ésta, que hasta el momento parecía comunicar a través gestos de asentimiento, su atención y comprensión, interviene pidiendo más detalles de la última dificultad relatada por el entrevistado, y los obtiene en abundancia, pero sin que aclaren en absoluto las características de la depresión bastante obvia, que presenta el enfermo, terminándose el tiempo de la entrevista sin que se conozca la gravedad del padecimiento actual.

Una semana después, otra entrevistadora investiga lo que la anterior fue incapaz de hacer:

E.– Tantas injusticias y falta de aprecio por su buena labor parecen haberlo deprimido. ¿Se sentía usted muy, muy triste o como ahorita?

P.– Hasta vergüenza me da decirle (*se enronquece su voz y se le llenan de lágrimas los ojos*) Es una cobardía, no me explico cómo pude llegar a esos extremos, qué ejemplo para mis hijos... Llegué a intentar suicidarme.

E.– Debe haberse sentido terriblemente mal... ¿En qué forma intentó suicidarse?

P.– Con una pistola. Me encontraba yo abatido, desalentado, pensé en mi situación como sin remedio, porque con el solo sueldo de la institución no cubro mis gastos y tengo un despacho privado.

El cambio me hubiera arruinado al perder mi clientela. Sentí que le fallaba a mi familia, y en un momento de cobardía, tomé la decisión. Esperé a quedarme solo en la casa. Mi esposa tenía que ir al mercado, llevaba un vestido azul que le regalé en navidad, porque gusta mucho de arreglarse a la moda...

E.– (*Interrumpiéndolo con un tono de voz amable e interesado, previendo que el paciente continuará, como ya es conocido, aportando detalles circunstanciales para evitar el desarrollo del afecto que comenzaba a surgir*): "¿Regresó a casa alguien antes de darle tiempo a llevar a cabo su decisión, o tuvo tiempo para reconsiderarla por usted mismo?".

P.– Ella regresó porque olvidó algo, me notó raro y me desplomé llorando en sus brazos... (*Y en la entrevista también rompe a llorar*).

Defensivamente, frente a la ansiedad despertada por la identificación temida con el enfermo, el entrevistador puede aferrarse a lo que considera parte del rol profesional, según los textos a los que ha tenido acceso, lo que no es más que un intento de salvaguardar la identidad amenazada. Así encontramos, desde la máscara perennemente sonriente, y la apariencia falsamente bonachona de quien cree que el entrevistador debe ser amable y cálido, hasta la actitud pseudoanalítica, supuestamente fría, objetiva y distante como debe serlo el espejo que sólo refleja lo que entra en contacto con él; y que transforma la entrevista en un intercambio intelectual, que excluye los afectos del entrevistador y hace caso de los del entrevistado sólo cuando éste se refiere directamente a ellos. La adopción de esta pose, va frecuentemente acompañada de la necesidad de transmitir también en forma intelectual, dada la oclusión afectiva, la comprensión al material aportado por el paciente, a través de lo que supone es una "interpretación profunda", dado que va al "contenido" de las comunicaciones u "origen" del conflicto. El resultado es, con frecuencia, totalmente opuesto al que se propone el entrevistador, pues en vez de impresionar como objetivo y conocedor, es vivido como frío, desconsiderado, arbitrario y agresivo, lo que produce resistencias diversas e incluso el abandono de la búsqueda de ayuda. Tal fue el caso de una madre muy joven, que asistió en una ocasión a consulta por sentirse incapaz de lidiar con su hija mayor, cuya cercanía y apego excesivos no podía tolerar. Se desesperaba al ver que la niña no podía separarse de ella en ningun momento y lloriqueaba continuamente reclamando su presencia, por lo que terminaba golpéandola y gritándole totalmente fuera de control.

Todo esto la llenaba tanto de culpa y vergüenza que había intentado suicidarse en tres ocasiones en los dos últimos años. Tres años antes intentó buscar ayuda psicoterapéutica, pero huyó despavorida, cuando el terapeuta le informó después de oírla, que su problema era el odio que tenía por su hija. Recuerda haber llorado desesperada sintiéndose acusada y llamada "madre desnaturalizada", mientras el terapeuta permanecía contemplándola impasible. Como pudimos ver posteriormente, era cierto que su impotencia frente a la hija la hacía odiarla, pero en tanto que también la amaba, se sentía culpable cuando la maltrataba, e intentaba resolver el problema buscando ella misma tratamiento, sin deshacerse de la niña ni delegar en otros su responsabilidad en las dificultades con ella. La imposibilidad del primer terapeuta para identificarse con el conflicto entre amor y odio de la paciente, lo llevó a una formulación incompleta de la psicodinamia del caso. Pero la comunicación de tal comprensión, cae a mi manera de ver, dentro de una categoría de comportamiento técnico que se origina, tanto en la necesidad de aportar explicaciones "profundas", como en la identificación, no con el paciente, sino con uno de sus objetos, en este caso la hija maltratada.

Tal situación nos lleva a uno de los temas de más difícil manejo en el trato con el enfermo mental, ya que incide directamente sobre el inconsciente, y por tanto, sobre aspectos desconocidos del propio entrevistador. En la cura psicoanalítica, se conoce como contratransferencia al conjunto de las reacciones inconscientes del analista frente a la persona del analizado y, especialmente, frente a la transferencia de éste. Aunque en términos estrictos, algunos autores restringen el concepto exclusivamente a los aspectos inconscientes en la relación con el analizando, otros incluyen también las reacciones conscientes, y todo aquello que, por parte de la personalidad del analista puede intervenir en la cura. Como contrapartida de lo anterior, es necesario hablar de la transferencia del paciente, o sea el proceso en virtud del cual los deseos inconscientes se actualizan sobre ciertos objetos, dentro de un determinado tipo de relación establecida con ellos y, de un modo especial, dentro de la relación analítica. (Laplanche y Pontalis, 1971).

La capacidad de transferir, es inherente al ser humano, y por tanto el entrevistador es objeto, en ocasiones incluso antes de tener contacto con el paciente, de la proyección de alguno de los objetos significativos de su pasado, lo que puede expresarse a través de fantasías conscientes o inconscientes. No es infrecuente que nuestro nombre, tono de voz a través del teléfono, ubicación del consultorio, etc. hagan surgir en quien acude por primera vez a consulta, pensamientos con respecto a nuestro aspecto físico, nacionalidad, clase social, etc., que configuran frecuentemente, una relación previa con un objeto temido o necesitado, que se reafirma o desecha en el contacto directo con nosotros. Esta disposición transferencial es contestada, inconscientemente, por nosotros, con actitudes que pueden constituirnos, si no nos cuestionamos con respecto a ellas, precisamente en los objetos buscados o temidos por los pacientes, lo que en un tratamiento constituiría la contratransferencia propiamente dicha, y que en el caso de la entrevista, designaremos simplemente como identificación con el paciente o con sus objetos.

Cuando nos identificamos con el paciente, entendemos sus fuerzas en conflicto, y por tanto, si como en el ejemplo últimamente mencionado, nos referimos al odio, lo señalaremos en conflicto, o mezclado con el amor. En cambio si nos identificamos con uno de los objetos, actuales o pasados del entrevistado, nos colocaremos en el lugar del niño maltratado, el padre decepcionado o la madre que critica, corrige o castiga; y por tanto nuestras intervenciones tendrán tono de reproche, crítica o acusación y despertarán la culpa, angustia o rabia del entrevistado; añadiendo una sobrecarga más a su psique ya de suyo abrumada.

Es natural que mientras más enferma se encuentra una persona, más distorsiona las percepciones de la realidad actual, a través del desplazamiento y proyección de sus relaciones con diversos objetos de su pasado. Situación válida tanto para el entrevistador como para el entrevistado. De ahí la recomendación de análisis para el primero. Pero en la situación de entrevista, el desconocimiento que tiene el paciente, en cuanto a la persona del entrevistador, facilita más aún dicha distorsión, lo que se suma con la situación regresiva que provoca, generalmente, el colocarse en el rol de paciente que espera, como el niño, ser aliviado del sufrimiento, a través de la intervención de adultos dotados de cualidades mágicas y omnipotentes, amados o temidos, que se proyectan en el entrevistador, y por intermedio de los cuales se establece la relación con él.

Tal situación provoca, a su vez, diversas respuestas en el entrevistador, (la contratransferencia de la situación terapéutica) a las cuales debe prestarse atención, para ponerlas al servicio del encuentro con el paciente, en vez de permitir que, su desatención lleve a que ellas marquen el sino de la relación. Así pues, ante la simpatía que sentimos inicialmente por el paciente, debemos preguntarnos si en su actitud se encuentran presentes elementos de seducción, con los que intenta disminuir el temor ante la figura autoritaria que representamos para él. Si nos divierten sus chascarrillos, forma de expresión y actitud juguetona, es pertinente interrogarnos sobre la posibilidad de intentos de convertirnos en aliados en la lucha contra afectos displacenteros, mediante técnicas maniacas. Si nos sentimos próximos a tomar partido con ellos en contra del mal trato de que son objeto, debemos investigar si, identificados con la víctima, no estamos negando la participación que tenemos nosotros mismos en las "injusticias" que sufrimos, en forma aparentemente sin motivo, etc. Poner nuestras reacciones al servicio de, y no como regidoras de la entrevista implica, en primer lugar, ser permeables a ellas, permitir su acceso a la conciencia y hacerlas, como he mencionado, objeto de escrutinio. Y en segundo lugar, utilizarlas como brújula que dirige nuestra investigación, gracias a la entrada y salida de identificaciones con el paciente y sus objetos, que permite entender las fantasías que gobiernan las relaciones entre ellos. Así por ejemplo, el paciente esquizoide e incluso ciertos esquizofrénicos, con escasa perturbación en el curso del pensamiento, provocan una sensación de aburrimiento, de dificultad del entrevistador para mantenerse atento al relato desprovisto de afecto de sus dificultades en la vida. Si, preguntándose sobre su aburrimiento y distractibilidad, el entrevistador no encuentra en sí motivos para tales hechos, puede con relativa seguridad, considerarlos como un dato que nos habla del intento de mantenerse y mantener a distancia a los objetos, internos y externos, por lo destructiva que resulta su cercanía afectiva. Y tal percepción puede llevar a manifestarle al paciente una hipótesis sobre su necesidad de protegerse de encuentros que como el actual, lo colocan frente a desconocidos, cuyas intenciones ignora. Por el contrario, el enojo que despierta en algunos entrevistadores, el paciente que se sienta en el sitio que reservan para sí, desprovisto de cualquier otro dato de observación sobre la conducta del enfermo, y sin el análisis de lo que en sí mismo provoca el enojo, puede llevar a la equivocada conclusión de un reto del paciente a la autoridad, o de su falta de consideración para con los otros, con lo cual, el entrevistador a su vez, tratará muy probablemente de defender su lugar de "experto", y de encontrar y perseguir cualquier indicio que le permita hacer patente al paciente su desconsideración con los demás. O bien, sin ninguna demora, comunicará su hipótesis inicial, sólo para encontrar que se enfrenta a un paciente confuso, desorientado, tan atento a sus procesos internos que no percibe grandes segmentos del mundo externo, y que por lo tanto, no se ha percatado del saco del entrevistador sobre el respaldo de su asiento. La capacidad de respuesta del entrevistador al tipo de relación que el paciente es capaz de establecer, varía según el tipo de personalidad y el momento vital en el que el primero se encuentra inmerso. Desde que, en 1895, en *Psicoterapia de la histeria*, consignó Freud que era inconveniente tratar a aquellos pacientes que resultaran desagradables al terapeuta, su recomendación ha recibido el aval de cuantos han escrito sobre el tema. Sin embargo, la entrevista, aunque puede tener, ya en sí, cierta intención terapéutica, no es en sí el tratamiento propiamente dicho, y sin ella es imposible determinar si el paciente, inicialmente desagradable, llega a sernos a través de su conocimiento, una persona comprensible, respetable y totalmente aceptable. Por tanto no debemos apresurarnos a concluir, sin saber más de nuestros entrevistados, si podemos o no trabajar con ellos. En cambio, sí podemos inferir del encuentro con ellos, algo de nuestra problemática personal, si siempre que nos enfrentamos a un determinado tipo de actitud, relato o patología, presentamos la misma reacción estereotipada, independientemente de las diferencias personales de quienes las presentan. Y aun así, nuestras reacciones pueden ser útiles en el diagnóstico de la patología que nos perturba, si estamos atentos a su presencia habitual con cada caso que las hace surgir. Como ejemplo recuerdo a una estudiante que presentaba cefalea cada vez que entrevistaba a un psicótico, síntoma en el que confiaba, tanto o más que en su exploración de las funciones mentales de sus pacientes.

Por último mencionaré los requisitos académicos que debe poseer el entrevistador con orientación psicodinámica. Como es lógico suponer, es deseable que tenga, como lo señala Kolby, 1951, sólidos estudios de psicopatología y psicodinamia. Su ignorancia lleva al descuido de la investigación sintomatológica y sindromática, que permite el diagnóstico diferencial entre entidades nosológicas susceptibles de confusión y a interrogatorios caóticos, en los que se carece de la guía que conduce a la determinación de los factores constitucionales, históricos y ambientales que, como los hizo notar Freud desde 1904, conducen al desequilibrio actual. Pero también es necesario contar con amplios conocimientos sobre las formas de pensamiento y acción consideradas normales en la cultura en la que se ejerce la actividad profesional, debiendo confrontarlas con las del entrevistado, si éste procede de un ambiente diferente, con la mira de no encajonar dentro de un cuadro patológico, lo que sólo constituye una diferencia cultural. En nuestro propio país resulta obvio que no podemos diagnosticar como psicótico, al indígena cuyo pensamiento calificado por nosotros de mágico y animista, lo hace atribuir su patología a la intervención de ciertos espíritus, que en su cultura, son los responsables de la enfermedad. Más aún debemos estar alertas, antes de calificar de agresiva la conducta verbal directa y cuestionadora de quienes no se han criado dentro de las normas de cortesía del altiplano mexicano, tan distintas a las de las costas y el norte de nuestro país y a las de otras naciones.

El entrevistador debe tener además, la capacidad para adaptar su tiempo y tipo de verbalización a los del paciente, esperando con paciencia las lentas respuestas de los deprimidos o confusos, sin intentar detener a histéricas y maniacos, en su discurso carente de silencios reflexivos. Debe saber que, a un doctor en letras, por ejemplo, le resultará chocante que se le pregunte "hasta que edad se hizo pipí en la cama"; mientras un alarife se quedará perplejo frente a lo que pueda querer decir "control de esfínteres". En general, queda excluido el uso de palabras técnicas, de la jerga psicológica, incluso si las usa el paciente, a menos que estemos dispuestos a investigar si ambos entendemos lo mismo cuando usamos un término técnico. En cambio, el empleo de los mismos términos coloquiales que emplea el paciente, facilita el surgimiento de los afectos unidos a tales vocablos.

El entrevistador debería dejar su teoría, donde los antiguos obstetras decían que deberían colocarse los fórceps: a trescientos kilómetros de distancia. Porque la teoría, imprescindible para regir nuestras indagaciones, debe funcionar en nosotros preconscientemente, no ocupar el campo de la conciencia, que debemos tener disponible para las percepciones provenientes tanto de nuestro paciente como de nosotros mismos. Cuando se oye a la teoría en vez de al paciente, se da por "sabido" mucho sobre él, llenándose con aquélla las lagunas existentes en el relato del entrevistado, y que constituyen con gran frecuencia, índices de la existencia de represiones, o conflictos propositivamente suprimidos, con la mira de evitar efectos displacenteros, o respuestas temidas por parte del entrevistador. Como mencionamos anteriormente, el refugio en la pose profesional, y en este caso en los conocimientos teóricos, constituye un artefacto defensivo, en contra de la ansiedad que provoca el contacto con el paciente, sus comunicaciones y los intensos afectos que lo poseen. Dar por sentado que nuestras hipótesis son más válidas que cuanto pueda decir el paciente sobre sí mismo, revela una actitud omnipotente que perturba definitivamente el establecimiento de la relación de trabajo necesaria al esclarecimiento real, no hipotético, de la conflictiva del paciente como puede verse en el siguiente ejemplo:

El entrevistador había reiterado incansablemente, sobre temas que el paciente había expresado con amplitud y claridad, buscando la confirmación de su hipótesis sobre la etiología del conflicto, en la homosexualidad latente del entrevistado.

P.– Todo me ha preguntado menos una cosa.

E.– Ah, ¿sí?, dígame.

P.– Yo creo que hubo una coincidencia en mi enfermedad, fue que vine a México de vacaciones y tuve temor de encontrarme a mi ex–esposa y volver a tener dificultades con su familia.

E.– Y ¿cuál es la coincidencia?

P.– (*obviamente irritado*). Si usted dice que nada, pues nada. Entonces ¿por qué me enfermaría?

A partir de este momento, la actitud cooperadora del paciente se tornó retadora, pasando de entrevistado a inquisidor. Dando al traste con la entrevista.

Como regla, no debemos interrumpir al paciente mientras aporta material nuevo y relevante, ni polemizar sobre los intentos de explicación que intenta ofrecernos, por delirantes que éstos sean, pues no es la finalidad de una entrevista inicial, rectificar delirios ni ofrecer juicio de realidad a los pacientes. Estas metas terapéuticas, requieren de cierta habilidad que no es lógico pedir a quien se inicia en las lides clínicas. Para finalizar, el entrevistador debe ser capaz de recibir, con verdadero espíritu de investigación, las comunicaciones de sus entrevistados, explorándolas con el cuidado y respeto que merece la confianza de quien pone en sus manos sus más íntimos sentimientos y pensamientos. Este cuidado no debe confundirse con rodeos y circunloquios evasores de la palabra directa, precisa, que designa a las cosas por su propio nombre; pues si el entrevistado percibe la duda de su interlocutor, deducirá que para éste es tan penoso el tema como para sí mismo, y difícilmente superará sus iniciales resistencias para explayarse sobre el mismo. Con el resultado consiguiente de una comunicación penosa, difícil e incompleta.

CONDICIONES MATERIALES DE LA ENTREVISTA

Greenson, 1967, define el encuadre analítico, como el contexto físico y los procedimientos acostumbrados de la práctica psicoanalítica que son parte integrante del proceso de psicoanalizar. Aunque es de sobra conocido el que tanto la historia del paciente, como la actitud de pasividad, incógnito y neutralidad del analista, determinan el curso de las reacciones de transferencia del paciente, la mayoría de los elementos del encuadre se encaminan al favorecimiento de la regresión, situación no deseable necesariamente, en la situación de entrevista, en la que la regresión incontrolada puede provocar mayores perjuicios que beneficios, por presentarse antes de que el entrevistador conozca los recursos del paciente a los que puede apelar para ayudarlo a salir de tal condición. Y, sin embargo, el mantenimiento de su incógnito y de una cierta pasividad, son elementos deseables en su actitud, porque ambos favorecen la expresión de los conflictos del paciente, que se ven bloqueados o se distorsionan, si el entrevistador relata fragmentos de su vida, se pone como ejemplo de lo que idealmente debería hacerse frente a determinadas situaciones o pontifica sobre los procesos del desarrollo normal y patológico. En cambio, la práctica habitual en el psicoanálisis clásico de hacer que el paciente se recueste en un diván mientras el analista permanece a sus espaldas, fuera de su vista, asemejándose al estado de sueño, favorece la regresión y constituye, por tanto, una conducta indeseable en la entrevista.

Así pues, ésta se realizará siempre cara a cara, en las condiciones que permitan la mayor comodidad posible para los que en ella participan. En la situación de entrevistas grupales, es conveniente sentarse en círculo, sin mesas y objetos que, desde el centro del mismo, impidan la visión de los participantes entre sí. En este caso como en el de la entrevista individual, resultan totalmente artificiales las recomendaciones con respecto al arreglo del lugar de la entrevista, excepto en lo que se refiere al suministro de asientos adecuados para permitir la permanencia en ellos durante una hora aproximadamente. Asimismo, el lugar debería ser idealmente poco ruidoso, sin luces molestas, convenientemente aislado del exterior como para garantizar al paranoide, el que sus comunicaciones sólo serán escuchadas por quienes intervienen en el procedimiento. Al igual que nuestra actitud y gestos faciales revelan, querámoslo o no, una buena parte de lo que somos y sentimos, el arreglo de nuestro consultorio también devela partes de nuestra personalidad, incluso si, pretendiendo llevar al absurdo la prescripción de mantener el incógnito, nos insertamos en un ambiente de severidad monacal. Por tanto, en este aspecto, como ya lo mencionamos anteriormente, para nuestra actitud en general, la recomendación más consistente es la de ser nosotros mismos, saber qué y cómo somos, y mantenernos alertas a las observaciones que al respecto, podrán hacer nuestros consultantes: nuestro orden o desorden, buen o mal gusto en cuanto a decoración, cuadros, plantas, colores, etc. Recogeremos sus observaciones como indicios de la relación que comienzan a establecer con nosotros y si de ellos inferimos el inicio de una transferencia negativa, que interferirá con el buen éxito de la entrevista, exploraremos tal material como cualquier otro, con la finalidad de desvanecer, desde el principio, la interferencia que preveemos se opondrá a nuestra labor de investigación. Por el contrario, si el comentario resulta aparentemente elogioso, estaremos prevenidos, aunque no lo comunicaremos al paciente, de una posible actitud seductora o apaciguadora de su parte, que intentaremos delimitar y entender en el curso de la subsecuente interacción con él.

Aunque es imposible hacer un recuento de las múltiples eventualidades que pueden interferir, desde el paciente, con el establecimiento de una relación de trabajo adecuada en el curso de la entrevista, reseñaré algunas de ellas en el capítulo siguiente.

BIBLIOGRAFÍA

Bicas, K. L.; Díaz Portillo, I.; Döring, R.; Enciso, C.; Jinich de W., A.; Lasky de D., L.; y Lenz, I. (1984): "La mujer como terapeuta en A. M. P. A. G." Trabajo presentado en el XIII Congreso Internacional de la I. G. A. México.

Bleger, J. (1985): *Temas en Psicología. Entrevista y grupos.* Buenos Aires: Ediciones Nueva Visión. 1986.

Devereux. G. (1967): *De la ansiedad al método en las ciencias del comportamiento.* México: Siglo XXI . 1977.

Freud, S. (1895): *The Psychotherapy of Hysteria.* S. E. II: 253–307. Londres: The Hogarth Press. 1966.

——— (1904): On Psychotherapy. Ibid. VI: 257–270.

Greenson, R. R. (1967): *Técnica y práctica del psicoanálisis.* México: Siglo XXI 4a. edición. 1980.

Kolby, K. M. (1951): *A Primer for Psychotherapists*. U. S. A. The Ronald Press Co.

Laplanche, J. y Pontalis, J. B. (1971):*Diccionario de psicoanálisis*. Barcelona: Editorial Labor.

Stevenson, I. (1959): The Psychiatric Interview. en: Arieti, S.: *American Handbook of Psychiatry*.Nueva York: Basic Books.

Wiener, H. (1952): Diagnóstico y sintomatología. En: Bellak, L: *Esquizofrenia*. Barcelona: Editorial Herder.

Wolberg, L. R. (1967): *The Technique of Psychotherapy*. Nueva York: Grune & Stratton.

Wolf, W. (1970): *Introducción a la psicopatología*. México: Fondo de Cultura Económica.

Capítulo IV

MANEJO TÉCNICO DE ACTITUDES RESISTENCIALES

Greenson, 1967, señala que "resistencia significa oposición, conjunto de fuerzas que obstruyen los procedimientos y procesos del análisis, estorban la libre asociación, obstaculizan los intentos del paciente por recordar y lograr y asimilar insight, que operan contra su yo razonable y su deseo de cambio. La resistencia puede ser consciente, preconsciente o inconsciente, y expresarse por medio de emociones, actitudes, ideas, impulsos, pensamientos, fantasías o acciones. Como señaló Freud en 1912, cada una de las ocurrencias del sujeto y cada uno de sus actos, tiene que contar con las resistencias y se presenta como una transacción entre las fuerzas favorables a la curación y las opuestas a ella. Todo tipo de comportamiento puede desempeñar una función resistencial. Incluso la comunicación de material inconsciente, impulsos instintivos, o recuerdos reprimidos". La identificación de la resistencia y su interpretación, son puntales de la técnica analítica, que es conveniente conocer para el desempeño adecuado de la entrevista con orientación psicodinámica. Interpretación es, como lo señalan Laplanche y Pontalis, 1971, "la deducción, por medio de la investigación analítica, del sentido latente existente en las manifestaciones verbales y de comportamiento de un sujeto. La extracción a la luz de las modalidades de su conflicto defensivo, el deseo que se formula en toda producción del inconsciente". Aunque podamos identificar y señalar, en el curso de la entrevista, la presencia de la resistencia que se opone a nuestra labor, en contadas ocasiones nos será dado poder interpretarla realmente, y nunca seremos capaces de interpretarla sistemáticamente, en los 60 o 90 minutos con que contamos para realizar una primera entrevista, a pesar de lo cual tendremos que resolver los obstáculos que se opongan a nuestra labor de investigación.

La oposición más obvia a la entrevista es la de quien acude a ella por la presión de alguna otra persona. Caso frecuente en niños y adolescentes. Con los primeros, el abordaje a través de la técnica de juego, permite muy frecuentemente, la superación de esta resistencia inicial. Ante el adolescente carecemos de recursos similares, por lo que tenemos que iniciar nuestra investigación de otra manera; preguntando, por ejemplo, por qué creen que sus padres los envían a tratamiento. Si no obtenemos el relato de las dificultades que motivan la consulta, sino como es frecuente un: "no se, yo no tengo nada" es posible que encontremos una vía de acceso si aliándonos momentáneamente a la defensa presente, interrogamos sobre lo que el joven considera como el problema que sus padres tratan de resolver enviándolo a consulta. Al respecto, siempre es útil tener una entrevista previa con los progenitores, con la finalidad de recabar tanto los datos del desarrollo del paciente, como los referentes a la conflictiva presente. Contando con ellos podemos, si los pasos antes mencionados no bastan para iniciar la relación de trabajo con el joven, confrontarlo con los informes que poseemos sobre él, esperando sus comentarios. Si nos mantenemos libres de una identificación con los padres críticos y acusadores, que finalmente se viven como perseguidores, no resulta imposible establecer la relación requerida con el adolescente desde la primera entrevista.

Lina, jovencita de 13 años, fue traída a consulta por su madre, preocupada por su retraimiento social, temor a estar sola en casa, y rebeldía y denigración continuas hacia ambos padres. Después de las presentaciones de rigor realizadas por la madre, a solas la chica y yo, le pedí me contara cuál era su versión del motivo de la consulta:

L.– Yo no tengo nada ni me siento mal, es mi mamá la que necesita tratamiento, porque todo lo ve mal.

E.– Cuéntame ¿cómo está eso de que todo lo ve mal?

L.–Sí, nada mío le parece, pero ese es su problema, yo así me siento a gusto, así que trátala a ella....

E.– Y ¿cómo podría decirle que ella necesita tratamiento si lo único que tú me dices es que nada tuyo le parece, y ella puede decirme que no le parece porque tú eres la que está mal. Y de ahí no salimos?

L.– Ya te dijo ¿no?, lo de que no salgo, pero no me gusta salir.

E.– A ti no te parece problema no querer salir de casa, ¿aunque te pierdas de ir al cine, a fiestas y de ver a los muchachos?

L.– Los veo en la escuela, y no me interesan.

E.– Sí, todavía eres muy jovencita para que te interesen, pero ¿y el resto de lo que te pierdes metida en casa?

L.– No voy a salir nada más que por darle gusto a mi mamá.

E.– Por supuesto que no, pero ¿no estarás privándote de divertirte por darle en la torre a ella?

L.– No es por darle en la torre, es porque no me interesa.

E.– ¿Qué cosas sí te interesan?

L.– La escuela, ahí si la paso muy bien, me llevo casi con todo el salón, y tengo una amiga, X, con la que me llevo muy bien, nos juntamos en casa a hacer la tarea y luego todavía tenemos mucho que hablar por teléfono todas las noches".

E.– "Ah, qué bien, así que tienes una excelente amiga, entonces realmente, por ese lado no hay razón para la preocupación de tu mamá. ¿Qué crees que pasa entre ustedes?

L.– Ella es tonta, no entiende que para hacer algo en la vida hay que estudiar, como ella ni siquiera terminó la Secundaria, se cree que en un ratito uno acaba de hacer la tarea, pero a mí me gusta mucho salir bien, soy una de las tres mejores siempre, y para ella eso no cuenta, me quiere ver como ella, metida siempre en estupideces de jueguitos tontos, como los que a ella le gustan, y yo no quiero ser de grande como ella, que no sabe nada y es ilógica y absurda. Mira, siempre quiere decirme cómo llevar mi vida, y yo no voy a hacerle ningún caso. Sabes, ningún caso. (*Con un tono de voz airado*).

E.– Te enoja mucho que una gente como ella, a la que consideras inferior a ti, quiera dirigir tu vida.

L.– ¿A ti no?

E.– Bueno, no lo sé, porque no estoy en tu caso. Pero me gustaría saber en qué otras cosas se mete tu mamá contigo y qué haces para evitarlo.

A partir de este punto, en que Lina dejó, cuando menos de momento, de considerarme aliada de su madre, para hacerla reconocer sus errores, cooperó de buen grado con la entrevista, aportando abundante material sobre las dificultades familiares, aceptando,después de tres encuentros, la conveniencia de sujetarse al tratamiento que le propuse.

Hay adultos que presentan una resistencia similar a la entrevista que preveen constituirá el primer paso para un tratamiento, que en el fondo temen, porque no desean enfrentarse con ciertos aspectos de su conducta y carácter. Esta situación es frecuente ante conflictos matrimoniales que amenazan con la terminación del vínculo, en los cuales uno de los cónyuges presiona al otro a buscar tratamiento, bien sea porque deposita en él toda la responsabilidad de las dificultades, bien porque, a raíz de su propio tratamiento, se encuentra con que la unión ha dejado de ser satisfactoria, y busca a través del cambio en la pareja, preservar la relación (Díaz Portillo, 1986). En tales circunstancias, el consultante niega en un principio su patología o participación en la problemática conyugal, debiendo iniciarse la entrevista, como en el ejemplo antes mencionado, por la exploración de las características de la pareja, a través de lo cual se llegará, finalmente, a las perturbaciones afectivas y conductuales del entrevistado.

El enfermo psicosomático carece frecuentemente de la conciencia de sufrimiento psíquico, necesaria para permitir una primera aproximación fluida y fácil, en términos de entrevista psicodinámica. El sufrimiento físico, consciente, se mantiene aislado de los conflictos psíquicos que lo producen, gracias al refuerzo de la represión a través de la somatización. Así pues, nos enfrentamos con frecuencia a personas referidas por diversos especialistas, a quienes se envía a consulta sin mayores explicaciones, con la demanda de resolver "los problemas emocionales que agravan sus úlceras gastroduodenales, hipertensiones, asmas o dermatitis". El paciente acude a nosotros como recurriría al brujo, sin la más mínima idea del procedimiento al que se le sujetará, como un último recurso para librarse, mágicamente, de sus sufrimientos. Ante tal situación, el enfermo requerirá, después de la habitual presentación, petición del motivo de la consulta, y exploración de los síntomas físicos existentes, de información por parte nuestra, sobre los fines y modalidades de la entrevista. Así podemos explicarle que su padecimiento tiene relación con diversos afectos que no puede descargar adecuadamente, y que por ello buscan salida a través de su organismo, motivo por el cual necesitamos conocer todo cuanto de su vida pueda relatarnos, aunque lo que se le ocurra parezca intrascendente en cuanto al mal que lo aqueja. Durante su relato, tendremos el cuidado de llamar su atención y despertar su curiosidad con respecto a los indicios de afectos ausentes o distorsionados, presentes en él, con la finalidad de interesarlo en la exploración de sus conflictos. En cierta ocasión me fue referido a consulta un hombre que sería intervenido quirúrgicamente para aliviarlo de crisis intratables de asma bronquial.

Después de realizar la investigación completa de su sintomatología, hasta el momento actual, le pedí hablarme de su vida, y especialmente de los aspectos de ésta que le preocuparan o angustiaran. Afirmó carecer de problemas, y relató en forma ordenada y totalmente desprovista de afectos, una infancia transcurrida dentro de serias penurias económicas, así como la muerte de su madre, cuando él tenía 6 años de edad. Al hacerle notar su imposibilidad,obtuve el comentario de que no había que dejarse llevar por las pasiones, porque estas son "la perdición del hombre". Le pedí explayarse sobre este tema, y me dio una serie de ejemplos en los que amigos, familiares, y conocidos suyos, habían sido llevados a la ruina o a dificultades severas, por su pasión por el juego, la política y las mujeres. Suponiendo, sobre la base de tales datos, que su matrimonio no debía ser muy satisfactorio, le pregunté cómo era la relación con la esposa. Me refirió una elección de pareja, noviazgo y matrimonio realizados en forma totalmente racional, cuyas mayores satisfacciones eran la tranquilidad, la ausencia de discusiones, la paz; la unión se desenvolvía en un clima de mutua consideración, con afecto, pero sin amor. Respondió con gran risa a mi señalamiento de que, frente a la paz sepulcral de su vida, la única conmoción, ruido y movimiento que se permitía era su asma. Le parecí "una doctora muy chistosa, con la que se sentía muy a gusto hablando, porque era fuera de serie", y decidió pedir su alta del hospital en el que iba a ser intervenido quirúrgicamente, buscar otra solución médica, y ver que lográbamos hacer en la psicoterapia que lo hacía sentirse "descargado y con ánimos de vivir". En ésta descubrimos, mucho tiempo después, el impacto que sobre él había hecho mi señalamiento de estar viviendo en la paz de los sepulcros, lo que, indudablemente tenía relación con la muerte de su madre. El asma se había iniciado aproximadamente 8 meses después de su casamiento, al comprobar la insatisfacción afectiva existente en el mismo, aunque tal relación permaneció, como es natural, inconsciente, hasta que el tratamiento logró hacer aflorar el intenso anhelo por la madre muerta, a la que había intentado reemplazar con una esposa tan fría y rígida como un cadáver.

El ejemplo anterior nos sirve para introducir el tema del establecimiento de una relación de trabajo, destinada a la búsqueda de las relaciones significativas entre las condiciones vitales del paciente y sus síntomas, investigación de las fuerzas en conflicto en su interior, ligadas a objetos significativos afectivamente, que motivan su conducta normal y patológica. Esta búsqueda, y la curiosidad que tal tipo de relaciones despiertan en el paciente, habitualmente no se presentan espontáneamente, debiendo ser inducidas o enseñadas por el entrevistador, tanto en los pacientes que acuden por su propia iniciativa a consulta, conscientes de la existencia de perturbaciones afectivas, mentales o conductuales, como en aquéllos a los que me referí anteriormente, que asisten presionados, o por sometimiento a figuras significativas de su presente. Lo habitual es tener que comenzar por separar lo relevante de lo accesorio, pidiendo, después de escuchar al paciente sin interrupción durante un tiempo prudente, ejemplos o aclaraciones sobre los temas que ha tocado, tan vagamente o en términos tan generales, que no logramos explicarnos el carácter y modalidad de sus relaciones interpersonales, dificultades cotidianas, razones para determinadas acciones, etc. Así pedimos ejemplos de las injusticias a que se les somete en el trabajo, de las agresiones, manipulaciones, sometimientos o seducciones de los que se sienten objeto o de las actitudes que se adjudican como características propias, en su interacción con los demás.

Con algunos entrevistados es suficiente una sola demanda de aclaración para que posteriormente, aporten la explicación buscada, con sólo pedirles que hablen más de lo que sienten, piensan, o sucede cuando se enojan, deprimen o se sienten devaluados, sometidos, manipulados, etc. Muchas veces basta una mirada interrogante para que nos aporten el material necesario. En otros casos, especialmente tratándose de pacientes obsesivos, que tratan de evadir la emergencia de afectos a través de relatos pormenorizados de detalles intrascendentes, que les permiten mantener a raya las emociones mientras logran controlarlas mediante el expediente de aislar y fraccionar el material afectivamente significativo, a través de la introducción de minucias insignificantes, es necesaria la reiteración frecuente de la demanda de aclaración, la petición de descripciones en susbtitución de los adjetivos y generalizaciones, a través de los cuales categorizan las situaciones más diversas para ordenar su mundo de manera que se sientan a salvo de las sorpresas que perturban su precario equilibrio psíquico. El empleo de eufemismos, tecnicismos y minimización de situaciones generadoras de afecto, requieren de la constante atención del entrevistador, ya que señalan con frecuencia, puntos especialmente vulnerables en el paciente, cuyo descuido puede llevar a que al final de la entrevista, se desconozcan tanto las causas del desequilibrio presente, como la intensidad de la perturbación existente.

Sabiendo que el entrevistado evade tanto como puede la comunicación de sus afectos, el entrevistador debería ser capaz de inferirlos y confrontarlo con ellos preguntando, por ejemplo, si no lo enojan las "discusiones" con la esposa, cómo consigue mantenerse calmado en medio de los gritos de ésta, qué siente cuando su jefe le rechaza un escrito, etc. Con este tipo de pacientes es necesario ser especialmente directos, no correspondiendo a sus vaguedades con las fórmulas habituales de "hábleme más de...", o "¿qué pasa cuando...?. Porque con ellas sólo se obtiene una nueva serie de detalles circunstanciales e irrelevantes, evasores del afecto temido. Si bien el exceso de angustia puede dar al traste con la entrevista, su carencia absoluta la convierte en una situación muy cercana a lo social, en donde tocar ciertos temas resulta impropio, porque provocan incomodidad y por tanto, son muestra de mala educación. La entrevista tiene como meta explorar, y la mejor forma de hacerlo es contemplar lo que sucede cuando el paciente se enfrenta a situaciones que frustran su necesidad de protección neurótica. Así pues, a menos que el entrevistador esté dispuesto a pasarse mucho tiempo separando la paja de los detalles irrelevantes del oro de los indicios de conflicto afectivo, será necesario interrumpir al paciente después de haberle concedido tribuna libre, para intentar suprimir los defensivos detalles circunstanciales.

Estas interrupciones requieren tacto y no deben ser muy frecuentes, para evitar que el paciente se sienta rechazado por un impaciente entrevistador al cual, como a la mayoría de la gente, temerá estar aburriendo. Puede intentarse interrumpir, adelantándose a lo que se cree podría decir el sujeto al final de sus circunloquios, como se vio en el ejemplo de entrevista en que se pregunta al paciente si su esposa llegó antes de que consumara sus intenciones suicidas. Si después de dos o tres interrupciones de este tipo, el entrevistado no suprime los detalles por sí mismo, será necesario hacerle notar lo minucioso de su relato, interrogándole sobre el motivo que lo lleva a aportar tal cantidad de pormenores. De tal exploración pueden surgir racionalizaciones que indican puntos conflictivos. Por ejemplo, si se nos responde que es necesario dejar todo bien claro, para evitar confusiones, podemos preguntar qué sucede cuando se presentan confusiones. Si se nos informa que el material abundantísimo es expresión del deseo de cooperar, intentaremos esclarecer por qué es tan importante hacer las cosas a la perfección, etc. Si después de estos señalamientos continúan los detalles irrelevantes, puede ser útil asegurar al paciente que se expresa con suficiente claridad sin necesidad de tantos pormenores. Mac Kinnon y Michels, 1971, refieren una forma peculiar del aislamiento emocional del obsesivo, consistente en la repetición de las palabras del entrevistador. Consideran que, con esta técnica, el paciente anula al entrevistador, preguntándose o comentándose a sí mismo, en vez de permitirse el contacto con el otro. Sugieren abordar esta "aburrida forma de incomunicación", señalando al paciente: "He notado que repite todo lo que digo, ¿por qué?" A lo que el interpelado responde, frecuentemente, que desea estar seguro de haber entendido bien. Lo que permite investigar qué sucedería si se equivoca, invitándolo a ponerlo a prueba, contestando lo que oiga, entienda bien o mal. Más que en obsesivos, he encontrado esta conducta en pacientes inseguros y severamente angustiados con respecto a su integridad mental, que la abandonan, en cuanto logra abordarse su temor a enloquecer. Estas personas comparten con los obsesivos, aunque por una distinta razón, la necesidad de presentar por escrito sus problemas, síntomas y dudas. Retener en una hoja de papel la memoria evanescente, la atención dispersa, la claridad de pensamiento, es un diseño tendiente a controlar la angustia que produce la percepción de alteraciones en las funciones antes mencionadas, que frecuentemente se viven como indicios de alienación mental. En el obsesivo, cuya confusión interna está profundamente reprimida, los escritos tienen como finalidad evitar el contacto directo con el interlocutor, al que se le lee algo sobre la persona que es el paciente. En cualquier caso, aceptamos el tipo de comunicación que inicialmente es capaz de ofrecernos el entrevistado, con la confianza de que nuestra actitud permitirá romper, tanto el intento de aislamiento obsesivo, como la necesidad de reaseguramiento de quien teme estarse volviendo loco porque la angustia perturba sus funciones mentales.

Siempre nos adaptamos inicialmente al tipo, estilo o modalidad de comunicación que el paciente puede permitirse. Intentar que un niño o un adulto severamente angustiados, se separen de su acompañante para enfrentarse a solas con el entrevistador, puede impedir en forma temporal, o permanente, la entrevista que pretende llevarse a cabo. En tales circunstancias es conveniente, durante toda la primera entrevista, o parte de ella, unirse a la defensa del paciente, utilizando al acompañante para que amplíe o confirme los fragmentos del relato de aquel que parezcan confusos o insuficientes. Algunos pacientes obsesivos u oposicionistas, tienden a expresar sus comunicaciones en forma negativa: "no es que me enoje la desobediencia", "no es que me sienta incómoda en reuniones sociales", etc. Sabiendo que en el inconsciente no existe la negación, seguimos el conocido refrán de "a explicación no pedida, acusación manifiesta", y tomamos como afirmación lo dicho por el paciente, preguntándole qué sucede cuando lo desobedecen o se encuentra en reuniones sociales, sin cuestionar su negación directamente. El silencio es una de las formas más frecuentes y evidentes de resistencia, pero puede ser también señal de elaboración reflexiva de las relaciones o significados nuevos que se encuentran durante la entrevista. El entrevistador debería ser capaz de tolerar silencios aún más largos que los de sus pacientes, y no romperlos por ansiedad, sino porque es técnicamente pertinente. Frente a un primer silencio, es conveniente esperar cuanto sea necesario, para ver qué material surge inmediatamente después de la pausa. Es frecuente que, tras el relato de la sintomatología que motiva la consulta el paciente calle, esperando las instrucciones del entrevistador. La abstinencia de éste permite, bien el surgimiento de la demanda expresa, bien el enojo o la angustia porque la ausencia de preguntas es vivida como rechazo o abandono. No es válido presuponer que la pregunta ¿qué más quiere que le diga? expresa forzosa y necesariamente una actitud dependiente o resistencial. Si el entrevistado carece de sofisticación psicológica y desconoce lo que el entrevistador espera de él, su silencio corresponde a la perplejidad y desconocimiento frente al procedimiento en curso, no a resistencia ni dependencia. Tal situación debe abordarse proporcionando la información necesaria, explicitando nuestra necesidad de conocer el mayor número de aspectos de la vida del entrevistado para intentar entender su padecimiento actual.

Pacientes inseguros o ansiosos, requieren inicialmente una activa ayuda por parte del entrevistador para llegar a comunicarse con fluidez. A veces resultan insuficientes los gestos y monosílabos con los que se les invita a explayarse sobre determinado tema; y es necesario estimularlos para hacerlo, empleando la llamada técnica del "eco", que consiste en repetir la última frase o palabra emitida por ellos, en un tono y con una actitud que evidencian el deseo de obtener más información sobre el tema. Por ejemplo: "¿estaba molesto?"; "y se fueron a vivir en casa de su suegra..."; etc. Si después de algunas intervenciones de tal tipo, el paciente no modifica sus comunicaciones escuetas, podemos hacer motivo de exploración su parquedad expresiva o bien pedirle directamente, antes de enfrentarlo con ella, que nos aporte más detalles sobre las personas o sucesos que consideramos importantes para comprender su estilo de vida y la relación que ésta pueda tener con su patología. Después de tales indicaciones, y espontáneamente en otros casos surge, a continuación del silencio, diverso material. Hay quien dispara pregunta tras pregunta sobre los modos, fines y motivos de la entrevista, características del entrevistador y la institución que alberga el procedimiento en curso, lo que nos habla de la necesidad de mantener el control sobre los objetos, invirtiendo la situación de entrevistado—entrevistador. Posteriormente hablaré del manejo de esta eventualidad.

El silencio puede terminar con la emergencia de un relato en el que son otros los protagonistas de situaciones conflictivas, que el entrevistado contempla con una supuesta objetividad o preocupación. Tal conducta es indicio no sólo de la importancia que tienen determinadas personas en la conflictiva motivo de consulta, sino también de la existencia de intensos mecanismos proyectivos y negadores, con la consecuente carencia de insight; (conocimiento subjetivo experiencial de la existencia de conflicto psíquico, que incluye la puesta en juego de las funciones yoicas de autoobservación, síntesis, percepción, memoria, prueba de realidad, control sobre la regresión, la descarga afectiva y la integración; Moore, 1968.) En otras ocasiones, el silencio termina con la emergencia de comunicaciones que tienen que ver directamente con la problemática cotidiana del sujeto. O por el contrario, dejan paso inmediato a la defensa, en forma de sobrecompensaciones de aquellos aspectos de la conflictiva existente, que se teme pudieran provocar el juicio adverso, rechazo o devaluación por parte del entrevistador. El interjuego, en el curso de la entrevista, entre develaciones de sí mismo y defensas, permite la valoración de la eficiencia y magnitud de la represión existente, así como el de los mecanismos defensivos puestos en juego para reforzarla y aumentar su eficacia. En cualquier caso, ante la presencia de un silencio, observamos el momento de la entrevista en el que se produjo y las características que presenta, pues de ello dependerá el manejo subsecuente que daremos a esta conducta sintomática. En ocasiones su presencia corresponde a una evidente interrupción de la comunicación con el entrevistador por la imperiosa necesidad de atender a estímulos internos o externos, cuya intensidad esfuma durante un tiempo variable, la importancia o posibilidad de interacción con el entrevistador. Esto sucede habitualmente con pacientes alucinados, maniacos o que presentan síntomas físicos diversos (dolor, vómitos, etc.). Ante silencios de este tipo, deben investigarse los evidentes motivos de su emergencia: alucinaciones, dolores, hiperalerta a estímulos externos, etc. haciendo de éstos y no del mutismo, el motivo de exploración, buscándose las características de los fenómenos patológicos presentes. Cuando no existen motivos tan evidentes, se investiga el porqué determinada pregunta parece haber perturbado, molestado, angustiado o enojado tanto al paciente, que lo ha hecho perder el deseo de comunicarse con el entrevistador; situación que hemos deducido de la observación de la conducta, actitud, gestos y miradas del paciente consecutivos a una determinada pregunta o área de exploración, que señala la emergencia de afectos que interfieren la comunicación. En ocasiones las expresiones corporales del afecto provocador del silencio permiten señalar directamente la vergüenza, rabia o dolor que nuestras intervenciones, o los recuerdos por ellas provocados, han producido en el paciente; siendo lo pertinente explicitar la comprensión que creemos tener sobre el motivo por el cual surgen el afecto y la interrupción de la comunicación. Por ejemplo: "Todavía es muy doloroso recordar la muerte de su padre". O "Le avergüenza tanto recordar los insultos de su jefe que quisiera desaparecer de aquí, y ya que no puede hacerlo físicamente, se sepulta en el sillón y enmudece", etc.

En otros casos no existen indicios que permitan entender el surgimiento del silencio, por lo que después de un tiempo razonable, se investigarán los posibles motivos que lo generan. ¿Por qué surge ahora el silencio? ¿Qué cosa puede estar causando la ausencia de ocurrencias, la mente "vacía", etc? Si después de reiterados intentos de suprimir la resistencia a la comunicación que constituye el silencio, no obtenemos una verbalización fácil y fluida, deberemos suponer la existencia de la transferencia al entrevistador de alguna figura proveniente del pasado del paciente, cuya crítica o rechazo se teme o bien adjudicar su presencia a la existencia de pensamientos perturbadores con respecto al aspecto, actitud y características del entrevistador, local en que se desarrolla la entrevista, etc., cuya expresión se teme sea ofensiva. En estas circunstancias será necesario explicar que es imposible tener la "mente en blanco" y que la falta de ocurrencias corresponde al deseo de evitar comunicaciones que se teme provoquen la crítica, rechazo, enojo u ofensa del entrevistador, pero que el intento de omitirlas provoca la incapacidad para proseguir la labor de investigación, por lo que es necesario expresarlas para entenderlas. Sin embargo, hay ocasiones en que las diversas aclaraciones, confrontaciones e incluso posibles interpretaciones no logran vencer la persistencia de silencios reiterados, requiriéndose intervenciones un tanto más enérgicas, en las que se procurará responsabilizar, sin culpar al entrevistado, de la imposibilidad de realizar una entrevista sin su adecuada cooperación; preguntándole, por ejemplo, si tiene alguna idea sobre lo que puede estar interfiriendo con la posibilidad de entablar una conversación más fácil, menos tensa, que nos ayude a comprender el origen y significado de sus síntomas. Para finalmente, enfrentarlo con la imposibilidad de llegar a tal comprensión sin su colaboración, en términos de mayores datos sobre sí mismo, sus circunstancias y quienes le rodean y acompañan en ellas.

En general, no interrumpimos el silencio sugiriendo un tema de exploración ajeno a él, incluso si el paciente lo pide, después de habérsele explicado los fines y modalidad de la entrevista. El motivo para no ceder a su demanda es el conocimiento de que ciertas personalidades, con profundo temor a sus pulsiones y deseos, ceden el control de sus actos a otras personas, de las que dependen y a quienes, consciente o inconscientemente, responsabilizan tanto de sus acciones como de sus pensamientos. Hay sin embargo, situaciones en las que, a petición del paciente o por propia iniciativa, es necesario sugerir temas de exploración, verdaderas evasiones de situaciones severamente ansiógenas, que ofrecen el tiempo necesario al entrevistador para intentar comprender los motivos generadores de la ansiedad en ese momento, capacitarlo para actuar sobre ellos, disminuir el sufrimiento presente despertado por la entrevista. Así por ejemplo, si después de interrogar al paciente sobre lo que lo angustia, asusta, o perturba a tal grado que se retuerce impotente en su asiento, camina agitadamente por el consultorio o muestra evidente desorganización del pensamiento, no logramos ninguna respuesta o las obtenidas no nos permiten comprender su estado, valoraremos qué tan tranquilos, real y no fingidamente nos podemos sentir observando sin intervenir, manifestaciones tan intensas de ansiedad. Para algunos pacientes puede resultar muy importante mostrar su desorganización frente a una persona realmente serena, que a diferencia de sus padres parece con su tranquilidad, transmitir confianza en su capacidad de autocontrol. Pero en otras ocasiones, la calidad de la angustia llevará a la necesidad de intervenir, antes de entender la génesis de la perturbación, para intentar suprimirla, señalando que en vista de lo perturbador que parece el tema, se dejará su exploración para otro momento, preguntando al paciente si se siente capaz y deseoso de continuar la entrevista o prefiere interrumpirla; respetando su decisión, si opta por suspenderla. Si decide quedarse, podemos pedirle que hable de cualquier tema de interés para él o introducir nosotros mismos preguntas "neutras" y más o menos banales, sobre los aspectos de su vida que han quedado por explorar en el curso de la entrevista: edad, lugar de procedencia, estado civil, etc. La apelación al juicio y posibilidad de autocontrol del paciente, son siempre actitudes recibidas por éste como muestras de aceptación y valoración, que permiten proseguir la comunicación con el entrevistador, de inmediato, o tras un determinado intervalo de tiempo en términos de una satisfactoria relación de trabajo.

En el extremo opuesto del silencio, como situación resistencial, se encuentra el intento de susbtituir la exploración de sí mismo por preguntas sobre el entrevistador, el método de la entrevista, el lugar y fines de la institución donde se realiza la misma, etc. Esta actitud cuestionadora es diferente de las preguntas formuladas al inicio de la entrevista por pacientes confusos, desorientados, que buscan a través del interrogatorio de que hacen objeto al entrevistador, puntos de referencia que les permitan volverse a ubicar en sus circunstancias actuales. En ellos se observan fácilmente los signos de su desconexión total o parcial con respecto al mundo que les rodea: su desaliño, mirada errante, dificultad para concentrar la atención en las preguntas del entrevistador, la lentitud de sus respuestas, etc., apuntan hacia la existencia de desorientación y confusión. No la aumentaremos pretendiendo hacerla objeto de investigación. Contestaremos directa, clara y concisamente lo que se nos demanda y sólo después de comprobar que el paciente ha asimilado nuestras respuestas, intentaremos explorar los posibles motivos de consulta que pueda aportarnos, además de los signos ya evidentes para nosotros.

Como resistencia, las preguntas pueden presentarse desde el inicio de la entrevista o en el curso de la misma y generalmente, como ya indiqué con anterioridad, se refieren a aspectos específicos referentes a la persona del entrevistador y las circunstancias que lo rodean. El manejo es el mismo en ambos casos, pero mientras ya iniciada la entrevista, podemos inferir la posible relación entre el afecto generado por la comunicación interrumpida y el contenido o función de las preguntas, su presencia sin tales antecedentes dificulta su más amplia comprensión al iniciar la interacción; por lo que en términos generales, la resistencia inicial, en forma de preguntas, resulta más difícil de manejar; produciéndose con frecuencia, verdaderos forcejeos verbales, en los que el entrevistador, asume una supuesta abstinencia con la que pretende no gratificar las necesidades del paciente, por lo cual responde, monótona y repetitivamente a cada una de las preguntas con un estereotipado "¿Ustd qué cree?"; terminando ambos participantes molestos, distantes, mutuamente incomprendidos y desconocidos. Como señalamos en el capítulo anterior, el estudio del paciente está profundamente interconectado con la personalidad real del entrevistador. Resulta pueril suponer que con sólo abstenernos de contestar al paciente las preguntas personales que nos hace en cualquier momento de la entrevista, nos libramos de interferir con nuestra personalidad sobre la suya, o empañamos el supuesto espejo que para él deberíamos representar. Lo que resulta necesario reconocer es que algunas preguntas nos perturban, porque inciden sobre nuestros conflictos personales. Así por ejemplo, a terapeutas jóvenes e inexpertos les molesta que algunos pacientes les pregunten su edad, porque se viven igualmente poco capaces como seres humanos y como terapeutas. Cuando la pregunta incide sobre puntos vulnerables del entrevistador, éste tiende a defenderse, conteste o no la pregunta del paciente, en vez de explorar el motivo de la misma

En cualquier caso, enfrentar las preguntas como resistencia implica conocerlas, no pasarlas por alto y por tanto, es necesario saber por qué resulta importante para el paciente nuestro lugar de origen, edad, estado civil, etc. Muchas de las preguntas iniciales tienen la intención de hacernos conocidos y por tanto, menos temibles. No contestarlas puede provocar mayor angustia, sensación de rechazo o enojo que perturbarán el establecimiento de la relación de trabajo característica de la entrevista. Pero limitarse simplemente a contestar, sin investigar el porqué de los interrogantes expresados, o explayarse tan ampliamente en la respuesta que el entrevistador termine hablando más que el entrevistado, puede convertir la entrevista en una charla de café más o menos agradable e insustancial.

Otras preguntas no son resistenciales, pero su manejo también implica una cierta habilidad técnica. Se busca la expresión o confirmación de un diagnóstico, consejo o impresión del entrevistador sobre el paciente, su enfermedad, pronóstico, destino, etc., estas demandas expresan angustia y necesidad de consuelo. Es necesario valorar cuidadosamente, a través de los datos obtenidos en el curso de la entrevista, las posibles repercusiones que puede tener la explicitación del diagnóstico nosológico sobre el paciente, teniendo en consideración la connotación peyorativa de que se encuentra revestido para muchas personas. Para otras, en cambio, el obtener del entrevistador su diagnosis exacta, se constituye en signo de la consideración igualitaria del profesional para con él, de su confianza en la posibilidad del paciente para enfrentarse a la verdad, por más dura que ésta sea.

Frente a estas situaciones responderemos como siempre, explorando qué significa el diagnóstico que desean obtener de nosotros. Qué significa para ellos el ser neurótico, esquizofrénico, paranoide, etc. En qué forma afectan estos calificativos su autoestima, eficiencia adaptativa y relación con los demás. Si se teme que el paciente se angustie excesivamente, se desorganice o desmoralice al conocer su diagnóstico, le proporcionaremos en vez de él, una formulación descriptiva, tentativamente psicodinámico si es posible, en vez del correspondiente a la nosología psiquiátrica. Así, por ejemplo, podremos expresar que "existen problemas en el manejo y expresión de la agresión; o ante figuras investidas o representantes de la autoridad, que perturban la capacidad de trabajar, relacionarse socialmente, formar pareja", etc. Igualmente actuamos cuando se nos pide expresar la opinión que tenemos sobre el entrevistado. Primero exploramos cuál puede ser la importancia de nuestra opinión y si en la exploración no cesa la necesidad, emitiremos un resumen de lo dicho por el paciente, que le permita contemplarse sin necesidad de comprometernos en juicios valorativos sobre lo que nos ha comunicado. Los pacientes hipocondriacos y delirantes pueden pedir se confirmen sus percepciones distorsionadas. No aceptaremos la complicidad en el alejamiento de la realidad que implicaría afirmar que vemos u oímos lo que para nosotros no es evidente. Pero tampoco trataremos de imponer al paciente nuestros puntos de vista. Simplemente expresaremos que nuestras percepciones son diferentes e intentaremos explorar la reacción del paciente frente a tal confrontación.

Ante la solicitud de consejo, exploramos por qué es tan urgente decidir hoy mismo si deben divorciarse, elegir carrera, pareja, etc. De la exploración surgen, generalmente elementos que permiten tanto entender la premura de la demanda, como resolverla tomando en consideración los recursos, necesidades y limitaciones del paciente en el momento de la entrevista. No pretendo haber agotado, con la exposición anterior la reseña de las posibles resistencias y dificultades técnicas que se presentan en el manejo de la entrevista con orientación psicodinámica, aunque considero que, tratándose de las más frecuentes y habituales, el conocimiento de su existencia, y la propuesta de algunos recursos para superarlas, ayudarán al principiante a enfrentar con menor angustia el primer encuentro con su entrevistado.

BIBLIOGRAFÍA

Díaz Portillo, I. (1986): "La terapia individual en el conflicto matrimonial." Trabajo presentado en el Congreso L Aniversario de la Soc. Mex. de Neurol. y Psiq. Morelia, Mich.

Greenson, R. R. (1967): *Técnica y práctica del psicoanálisis.* México: Siglo XXI. Editores. 4a. edición. 1980.

Laplanche, J. y Pontalis, J. B. (1971): *Diccionario de psicoanálisis.* Barcelona: Editorial Labor.

Mac Kinnon, R. A. and Michels, R. (1971): *The Psychiatric Interview in Clinical Practice.* Filadelfia: W.B. Saunders Co.

Moore, B. E., and Fine, B. D. (1968): *A Glosary of Psychoanalytic Terms and Concepts.* Nueva York. The Amer. Psychoanal. Ass.

Capítulo V

EL INICIO DE LA ENTREVISTA

El inicio de la entrevista es el primer contacto formal, cara a cara, entre entrevistado y entrevistador. Encuentro precedido frecuentemente por concertación de citas telefónicas, epistolares o telegráficas, que constituyen en su caso, el inicio de una relación que debido a la imposibilidad de corregir de inmediato las fantasías generadas por el contacto a distancia, se desenvuelve en los terrenos del inconsciente signando, durante un tiempo más o menos prolongado, la interacción entre los participantes en el proceso en curso. Duración que depende, tanto del buen funcionamiento del juicio de realidad del entrevistado que permite la rápida rectificación de sus distorsiones perceptuales y conceptuales, como de la habilidad con la que el entrevistador se enfrente a ellas.

El futuro entrevistado utiliza los aspectos reales de su primer contacto con nosotros, para construir una fantasía sobre el encuentro que tendrá lugar próximamente. Fantasía siempre anclada en sus deseos y temores inconscientes, pero no necesariamente explicitada en los inicios de la incipiente relación. Algunos pacientes deducirán, del sitio en que se ubica el consultorio, datos sobre la situación socio–económica del entrevistador. Mientras para algunos, el consultorio situado en un barrio residencial de la clase alta constituye una promesa de las riquezas que el poderoso padre–entrevistador–terapeuta le transmitirá, si se comporta como un buen niño; para otros este mismo hecho constituirá el signo inequívoco de tenerse que enfrentar a un comerciante desalmado, que tratará de esquilmarlo, explotarlo y usarlo al menor descuido.

Lo mismo puede decirse de las fantasías que despierta nuestra voz. Para el paciente necesitado y deseoso de un terapeuta con características de una madre cálida, aceptante y generosa, aun la más enronquecida voz de fumador, sonará cual suave arrullo. En cambio, para quien lleno de culpa y necesidad de castigo espera y por su propia problemática necesita, críticas, acusaciones y rechazos, el más pulido y cortés mensaje grabado en una contestadora telefónica,es muestra de frialdad, desinterés o indiferencia. Los pacientes con buen contacto con la realidad corrigen rápidamente sus distorsiones previas una vez que entablan una relación cara a cara con el entrevistador, comunicando en no escasas ocasiones, en tono jocoso, haber pensado después de su inicial llamado telefónico, que el o la entrevistadora era un anciano, persona muy circunspecta, excesivamente joven e inexperta, etc. La imposibilidad de llevar a cabo tal rectificación es uno de los signos indicativos de severo alejamiento de la realidad y por tanto de la existencia de psicosis, situación que trataremos en el capítulo X. Cuando tenemos la fortuna de llegar en la primera entrevista con un paciente dado, al conocimiento de estas distorsiones y las fantasías acompañantes, se abre ante nosotros un rico campo de la exploración, el de la primera deformación transferencial que facilita el acceso inmediato a una de las relaciones objetales significativas del sujeto, bien sea la más temida, bien la más necesitada, que surge a la conciencia como protección ante encuentros deseados, pero peligrosos. El entrevistador debe abordar tal material, por molesto que pueda parecerle inicialmente, como cualquier otra comunicación del entrevistado, explorando su posible significado.

Una joven terapeuta, recibió a un hombre 4 años menor que ella, poseedor de una amplia información psicológica y buen nivel cultural que en un momento de la entrevista, después de un silencio, indicativo de considerar terminada una revisión panorámica tanto de su vida como de su padecimiento actual, comentó que el nombre de la entrevistadora le "sonaba como el de una cocinera gorda". Ésta, molesta por la adjudicación de tal rol y características físicas, no encontró mejor actitud que pasar por alto la observación que le pareció agresiva y descortés, atribuyéndola a la hostilidad del paciente hacia la mujer, dada su condición manifiestamente homosexual. Después de descargar su molestia en una supervisión, pudo invitársele a explorar con el paciente el porqué de la inhabitual figura con que la había investido, preguntándole a quién le recordaba una cocinera gorda. Surgió así al relato, la imagen de una abuela española obesa, buena cocinera, que expresaba su afecto a los nietos en general y al paciente en particular, rodeándolos con sus suculentos brazos y platillos, lo que hacía de ella una figura cálida, acogedora y presente afectivamente aunque, como lo había percibido la entrevistadora, intelectualmente devaluada, situación que permitió mostrar desde el inicio del tratamiento, la defensa del paciente frente a sus necesidades afectivas a través de refugiarse en actividades y relaciones intelectuales. Comprensión que no se hubiera logrado, de persistir la escotomización de la imagen transferida a la entrevistadora aun antes de la primera entrevista. En otras ocasiones, no sólo la percepción sino la interpretación que dan los entrevistados a datos captados a la distancia en el entrevistador, resultan totalmente acertados, situación que de no constituir un juicio favorable para él, despierta frecuentemente, las diversas actitudes defensivas que encontramos en el capítulo correspondiente al entrevistador.

Una inquietud común en el principiante en las tareas clínicas, es el retener en la memoria los datos que aporta el entrevistado, con la finalidad de rendir el informe que sus maestros o jefes exigen de él. En sus *Consejos al médico en el tratamiento psicoanalítico*, Freud (1913), se declaró contrario a la toma de notas en el curso de las sesiones, por considerarla una labor distractora de la actividad necesaria para mantener la "atención flotante" y la capacidad interpretativa del analista, además de constituir un procedimiento forzosa y necesariamente selectivo, y por tanto, tan sujeto a distorsiones como la reconstrucción a posteriori de las sesiones psicoanalíticas. A partir del señalamiento freudiano, las opiniones se multiplican y dividen. Mac Kinnon (1971), considera que el entrevistador que toma notas elude la comunicación afectiva, en la misma forma en la que evita el contacto emocional el obsesivo que se refugia en los escritos que presenta a su interlocutor. Wolberg (1967) se adhiere a la corriente que encuentra útil, cómodo y nada criticable el liberar a la memoria y atención del trabajo que implica retener lo dicho por el entrevistado a través del registro de los datos en el curso mismo de la sesión y Menninger (1962), en su *Manual para el estudio de casos psiquiátricos*, es definitivo al expresar que: "se han dicho muchas insensateces con respecto a tomar notas...muy pocos pacientes se resisten a tal procedimiento después de los primeros minutos de entrevista, llegando incluso a impresionarse favorablemente al percatarse de que, el interés del entrevistador, lo lleva a consignar por escrito lo que dicen...". Podemos concluir, por tanto, que en este caso como en lo referente a la actitud del entrevistador, arreglo del consultorio, etc., las indicaciones existentes obedecen a las preferencias personales, conceptualizadas técnicamente, y que, por tanto, son un apoyo valioso para quienes comparten tales predilecciones y justificaciones, pero constituyen un artificio que resta espontaneidad para todos aquellos que poseen caracteres diferentes y se adhieren a distintos presupuestos teóricos. El entrevistador que rehuye el contacto afectivo, será incapaz de acercarse a sus interlocutores por el simple expediente de omitir tomar notas. Más aún, es predecible que se verá forzado a recurrir a otros diseños defensivos, más perturbadores del establecimiento de una buena relación de trabajo, como puede ser el adoptar una pose seudoanalítica o falsamente cordial o afectuosa, si se siente constreñido a adherirse a la norma de mantener su "atención flotante" sin interferencias. Cuando la compulsión a anotar cuanto el paciente dice, corresponde a la angustia frente a las diversas figuras de autoridad que demandan un reporte de la entrevista: jefes, maestros, supervisores, etc., la pretensión de manejar la entrevista sin escribir durante ella, constituye una sobrecarga que limita, en vez de favorecer, la posibilidad de mantener la atención flotante y la capacidad interpretativa. Cuando las condiciones laborales demandan la realización de muchas entrevistas sucesivas, sin tiempo para reconstruirlas, es necesario elegir entre la adhesión a la norma ideal recomendada, y el sacrificio del descanso y la recreación tan necesarios para la salud mental de quien se enfrenta diariamente con conflictos psíquicos que resuenan en y perturban, el propio equilibrio emocional.

Iniciamos la entrevista saludando al paciente y presentándonos ante él esperando que, como es lógico en todo contacto social del cual la entrevista aún no ha comenzado a deslindarse, corresponda a nuestra iniciativa saludando y presentándose a su vez, si no lo hemos llamado por su nombre tomado del expediente correspondiente. La omisión de las presentaciones favorece la emergencia de confusión en el paciente con núcleos psicóticos importantes, lo que constituye una situación indeseable como inicio de la entrevista aunque permita, por supuesto, arribar a conclusiones válidas sobre la incapacidad del paciente para enfrentarse a circunstancias en las que pierde el control y se desorganiza. Constituye, a pesar de las justificaciones teóricas al respecto, una perturbación iatrogénica innecesaria, ya que en el curso de una entrevista no directiva, la emergencia de temas cargados afectivamente permitirá la observación de esta misma condición espontáneamente surgida. Muy distinto es el caso del paciente inicialmente confuso, debido a su condición patológica, que abordaremos en el capítulo correspondiente a la entrevista con psicóticos, en quien observamos, sin provocar la perturbación ya existente. El entrevistado neurótico no se desorganiza por la ausencia de presentaciones, pero interpreta, siguiendo su educación o conflictiva existente, la omisión como falta de educación, desinterés, rechazo o realización de una labor burocrática, en la que el interés del entrevistador se centra en "el caso", "el conejillo de indias" o en llenar un expediente, más no en su persona. Interpretaciones que, como es lógico suponer, despiertan resistencias iniciales a entablar una relación de trabajo. Desde el momento en que establecemos contacto visual con el entrevistado observamos la dirección de su atención: hacia nosotros, hacia el lugar de la entrevista, hacia el vacío, hacia un punto específico, cuya observación consume todo su interés. Observación que nos permite inferir el deseo o temor de relacionarse con nosotros, la apatía hacia el mundo circundante y la existencia presuntiva de alucinaciones. La falta de respuesta a nuestro saludo y presentación indican igualmente, un trastorno de la atención que será necesario determinar si corresponde a perturbaciones sensoperceptuales (sordera), a distractibilidad maniaca, a condiciones orgánicas o alucinatorias. Mientras el entrevistado penetra al consultorio observamos su marcha y, como seguiremos haciéndolo en el curso de la entrevista, detalles de su actitud, expresión facial, constitución, integridad corporal, conducta e indumentaria.

El paciente con buen contacto con la realidad se conduce habitualmente en la forma convencional prescrita socialmente para su edad, sexo y circunstancias. Así, por ejemplo, una mujer puede esperar a que se le ceda el paso, un hombre permanecer de pie ante una entrevistadora que aún no toma asiento y un adolescente tirarse, de cualquier manera, en el asiento que le parece más cómodo. En la mano que se nos extiende, a manera de saludo, podemos percibir la sudoración y el temblor de la angustia, el frío del temor, la incapacidad de desprenderse del depresivo y el dependiente, la falta de calor humano del obsesivo, la fuerza del deportista o de quien necesita reafirmar una seguridad tambaleante, etc. Los pacientes muy perturbados con angustia severa, como los esquizofrénicos y algunos orgánicos, comienzan frecuentemente, a hablar desde la sala de espera, haciendo abstracción de la presencia de otras personas. Desconexión de la realidad que Tarachow (1963) encuentra relacionada muy frecuentemente con la existencia de situaciones delirantes, en las que los pacientes creen que sus pensamientos son conocidos por todo el mundo, por lo que la falta de privacía los deja impertérritos. Esta sensación de transparencia del pensamiento, constituye una repetición de la situación infantil, en la que los padres jugando a ser dioses, decían al niño que podían leer sus pensamientos. Exista tal condición o trátese simplemente de una severa retracción de la atención hacia el mundo interno, algunos pacientes son incapaces de percatarse de dónde termina la sala de espera y de la apertura o cierre de las puertas del consultorio.

La existencia de anomalías en la marcha es un hecho de observación que requerirá de exploración propositiva, en algún momento de la entrevista, si el paciente no hace espontáneamente, referencia a ella. Los trabajadores de la salud mental provenientes del campo de la medicina, han sido entrenados para reconocer diversas deambulaciones patológicas a simple vista. A pesar de lo cual el interrogatorio siempre es necesario. Pacientes histéricos y con variados síndromes neurológicos: traumáticos, vasculares, tumorales, etc., presentan alteraciones en la marcha cuya causa es el padecimiento que motiva la consulta, por lo que su investigación surge desde los primeros momentos de la entrevista. En otros casos, padecimientos originados en diversas partes del organismo, igualmente evidentes a simple vista, provocan a la postre, perturbaciones psicológicas que desencadenan o complican los conflictos psíquicos ya existentes. Así tenemos que las secuelas poliomielíticas, los defectos corporales obvios (enanismo, prognatismo, estrabismo, cifosis, escoliosis, cicatrices, tumoraciones, falta o malformación de algún segmento corporal o de los órganos de los sentidos, etc.), constituyen severas agresiones a la imagen corporal y autoestima del individuo, colocándolo en no pocas ocasiones, en condiciones de crítica, discriminación, rechazo, etc., todo lo cual puede desembocar en resentimiento, envidia, sentimientos de inferioridad o actitudes de reto autoafirmativo compensatorio, que a su vez llevan a perturbaciones en las relaciones interpersonales y a desadaptaciones sociales, laborales e incluso sexuales. En otros casos el conflicto psíquico produce modificaciones somáticas evidentes, como son las alteraciones de piel, (dermatitis, vitiligo), cuero cabelludo (alopecia areata, tricotilomanía), parálisis facial, etc. La edad aparente del entrevistado es otro dato de observación importante. Algunas personalidades inmaduras y esquizofrénicos parecen más jóvenes de lo que indica su edad cronológica, mientras los deprimidos y esquizofrénicos con deterioro representan mayor edad que la real, al igual que los pacientes con síndromes psicóticos consecutivos a enfermedad de Alzheimer, en los que el diagnóstico requiere de una cuidadosa investigación física y de exámenes de laboratorio.

La actitud del entrevistado, constituida por la postura corporal, porte, ademanes, gestos y expresión facial, proporciona indicios sobre su estado mental y su disposición frente al entrevistador y la entrevista, que es necesario contrastar con el contenido de sus comunicaciones. Es difícil creer que el paciente se sienta muy a gusto frente a nosotros si entró al consultorio pegado a la pared, como protegiéndose de un ataque, salta en su asiento cada vez que le dirigimos la palabra y permanece tensamente asido a los brazos del sillón, en cuyo borde se apoya, mientras lanza furtivas miradas a la puerta, dispuesto aparentemente, a huir en cuanto la ocasión lo propicie. Tal contradicción, que señalaremos si la desconfianza expresada corporalmente interfiere con el desarrollo de la entrevista o no cede en el curso de la misma, nos llevará a explorar en el momento adecuado, tanto la posible existencia de otras manifestaciones de disociación ideo–afectiva, de represión o negación de emociones, como los temores despertados por la entrevista. No señalar inicialmente la contradicción entre actitud y discurso tiene la finalidad de evitar tanto el aumento de la resistencia a la exploración, que podría presentarse por la irrupción brusca sobre la defensa disociativa, como la desaparición del indicador corporal de la existencia, intensificación o disminución de la angustia en el curso de la entrevista. En cambio, si el paciente inicia su comunicación haciéndonos partícipes de los temores expresados a través de su actitud, nos encontramos ante una persona sin disociaciones, que permite el abordaje y frecuentemente, la rápida disminución de la angustia en la relación con el entrevistador a través de la exploración del temor manifiesto.

Siendo nuestro cuerpo el asiento, lugar de origen y medio de expresión de las emociones, su relación total con el espacio y la disposición que guardan entre sí sus partes componentes, constituyen signos más confiables que la palabra para inferir el estado afectivo del sujeto. Así observamos que el deprimido camina lentamente; mantiene los hombros, las comisuras bucales, los párpados y la voz bajos, como expresión de la tristeza predominante que abate a la personalidad entera. Mientras la rabia reprimida puede llevar a una continua preparación al ataque que produce la actitud provocativa, altanera, orgullosa en la que, cuerpo y voz se ponen al servicio de intimidar a los posibles contrincantes. Y la existencia de intensas y numerosas disociaciones lleva en el esquizofrénico a la falta de coordinación entre sus diferentes segmentos corporales, que se expresa a través de posturas, gesticulaciones y expresiones faciales bizarras, desconectadas entre sí y del contenido del discurso. Actitudes totalmente diferentes a las del obsesivo tan controlado y rígido en sus afectos como en su postura y movimientos corporales. En cuanto a la constitución física, es importante considerar más que la determinación del biotipo, cada vez más en desuso, el estado nutricional del entrevistado. El enflaquecimiento extremo y la obesidad son acompañantes frecuentes de la enfermedad mental. Pacientes deprimidos de larga data, psicóticos con delirios de envenenamiento y otros trastornos de la alimentación consecutivos a su regresión oral y pacientes anoréxicos, pueden llegar a grados de desnutrición tan severos que requieran de atención médica inmediata. Pero también es necesario recordar que, algunas avitaminosis como la pelagra presentan igualmente, severa desnutrición y perturbaciones mentales.

Asimismo, la obesidad cuya etiología varía de la presencia de trastornos hormonales a la adopción de una capa de grasa como defensa contra o sustituto del contacto corporal, debe diferenciarse de la presencia de síndromes orgánicos que cursan con trastornos mentales y aumento de peso considerable. En el inicio de la entrevista, como en todo el curso de la misma, el entrevistador debe estar alerta al surgimiento de los afectos acompañantes del discurso, que serán motivo de investigación cuidadosa. Para el estudio del paciente resulta tan valiosa la observación de la ausencia de manifestaciones emotivas, característica del aplanamiento afectivo, como los cambios repentinos y más o menos súbitos de la labilidad afectiva; o la concordancia o discordancia entre sentimiento y discurso que se expresan a través de la postura corporal y expresión facial. La angustia puede llevar a la necesidad de disipar la tensión interna insoportable a través de movimientos continuos de las extremidades o de deambulación a lo ancho y largo del sitio de la entrevista. Una incapacidad similar para permanecer sentado que provoca una marcha continua y característica corresponde a la acatisia, síntoma de intoxicación por perfenazínicos. Conducta que contrasta con la poca movilidad del depresivo y la inmovilidad del catatónico estuporoso.

La conducta del paciente al inicio de la entrevista puede proporcionar indicios sobre su contacto con la realidad, su información psicológica, su relación previa con otros servicios de salud e incluso con la autoridad. El sometimiento, la seducción, el reto o los intentos iniciales de apaciguamiento al entrevistador, se expresan, tanto a través de actitudes corporales, como en la conducta verbal. Así los pacientes necesitados de apaciguar al entrevistador, vivido como figura amenazante, serán extremadamente corteses y aduladores con él, mientras aquellos cuya pasividad y dependencia requieran para mantenerse reprimidas de la expresión reactiva de la actitud opuesta, se mostrarán retadores, cuestionadores y poco cooperadores, etc. La indumentaria del entrevistado puede aportar elementos para valorar su condición socioeconómica y muy a grandes rasgos, su contacto con la realidad. El buen o mal gusto en el atuendo, el cuidado en el arreglo, la limpieza, el seguimiento o abandono de la moda, la congruencia entre vestuario y accesorios, y entre éstos y la situación de la entrevista constituye, en ocasiones, el elemento que lleva a buscar propositivamente la existencia de incongruencias personales, oposición a las normas sociales, a la identidad genérica, etc. Sin embargo, siendo las perturbaciones de la conducta y las peculiaridades en la indumentaria más evidentes y frecuentes en las psicosis, reservaremos su discusión para el capítulo correspondiente.

Mientras observamos cuanto nos es posible de nuestro entrevistado, lo conducimos al interior del cuarto donde se realizará la entrevista y si no lo hace por propia iniciativa, lo invitamos a sentarse sin asignarle un lugar concreto. Si las condiciones lo permiten, es conveniente disponer de varios asientos para que el entrevistado seleccione libremente entre ellos. Elección que a su vez, será registrada sin comentarios por el entrevistador, como indicio de la distancia que establece con él, de su interés por la comodidad, o la posibilidad de huída etc. Si ya sentados el entrevistado permanece en silencio, esperando la indicación del entrevistador con respecto a qué debe hacer, será necesario ayudarlo, preguntándole el motivo de su consulta o de ser el caso, de su estancia en el hospital.

Generalmente, los pacientes inician su comunicación relatando, con mayor o menor extensión, la sintomatología que los lleva a solicitar nuestros servicios. En algunos casos, referidos por otras personas, preguntan si éstas han informado ya al entrevistador del motivo de la consulta. Esta situación que puede constituir un indicio de su temor a enfrentarse solos a la entrevista, se manejará dando la información solicitada acompañada de la petición de que sea el entrevistado quien nos entere de lo que, a su modo de ver, motiva su visita.

Mientras nos relatan su versión de la búsqueda de atención psicológica permanecemos en silencio, mostrando nuestro interés solamente a través de gestos, miradas y movimientos que invitan a continuar la exposición que no deberá interrumpirse, ni siquiera para precisar fechas o circunstancias ambiguas, pues esta primera narración espontánea permite observar la sucesión de temas asociativamente vinculados, que posteriormente puede perderse si las intervenciones del entrevistador despiertan el temor a ser descubiertos en acciones, afectos o fantasías que se teme sean objeto de crítica o rechazo. Así pues, nuestra intervención en este momento de la entrevista, se reduce exclusivamente a la observación de con qué, (temas) cómo, (tono de voz, lapsus, omisiones, rectificaciones, repeticiones) en qué orden; (cronológico, por similitud formal, intentos de explicación causal, etc.) y con qué manifestaciones afectivas, (actitud, expresión facial, gestos, movimientos corporales, etc.), responde el entrevistado a nuestro primer movimiento. Hay pacientes con una verbalización fluida, cierta capacidad de insight y sofisticación psicológica que pueden consumir solos, sin la ayuda del entrevistador, el tiempo disponible para el primer encuentro aportando valiosos datos sobre su padecimiento actual y la forma en que consideran se encuentra relacionado con sus características personales y estilo de vida. Con ellos es posible no intervenir en absoluto hasta el cierre de la entrevista sin que surja angustia desorganizante, se sientan desatendidos o frente a un entrevistador indiferente a sus sufrimientos. Por el contrario, más o menos conocedores de la técnica psicoanalítica, agradecen el ser considerados capaces de sujetarse por sí mismos, al método de exploración que valoran por sobre los demás. Sin embargo, lo más frecuente es que nos enfrentemos a personas desconocedoras o contrarias al método psicoanalítico que imbuidas del modelo médico, consistente en un interrogatorio directivo precedido por una muy breve tribuna libre, esperan ser igualmente conducidas en la entrevista actual. Así, con gran frecuencia depués de la narración más o menos detallada de los síntomas o conflictos intra o interpersonales que motivan la entrevista, surge el primer silencio que evidencia la demanda de indicaciones sobre qué más queremos saber de ellos y su padecimiento o la pregunta que explicita lo anterior. Pero antes de satisfacer la petición que se nos hace explícita o implícitamente, a través del silencio, iniciando el interrogatorio semiológico, observaremos si la interrupción y demanda de ayuda del entrevistado sobrevienen depués de un relato de situaciones conflictivas o se acompaña de muestras evidentes de angustia u otros afectos displacientes. Circunstancias que obligan a explorar qué puede angustiar, enojar o deprimir al paciente en lo que nos narra o por qué, mientras habla de su divorcio, dificultades con el patrón o temas similares suspende su relato. Estas maniobras constituyen resistencias, bien al desarrollo de afectos penosos, bien a la exposición de temas que se teme provoquen la crítica o el desprecio del entrevistador. Y la conducta ante ellas es señalarlas y explorarlas haciendo notar por ejemplo, que antes de interrumpir el relato sobre las dificultades con la esposa, empezó a secarse el sudor de las manos, a cambiar inquieto de postura, estaba al borde del llanto, etc., interrogando sobre el motivo de tales manifestaciones. Al terminar esta investigación muy probablemente la resistencia habrá quedado superada y nos encontraremos investigando aspectos de la vida del entrevistado que éste podría haber omitido como no importantes o sin relación con su padecimiento actual, pero que en ocasiones proporcionan la clave del mismo.

Si el silencio revela que el paciente considera agotadas sus comunicaciones referentes al motivo de la entrevista, no muestra señales de angustia y expresa con su actitud o demanda abiertamente se le indique cómo debe continuar, intentaremos en primer lugar obtener más datos sobre su padecimiento actual o sobre las dificultades interpersonales a que haya aludido en el curso de su anterior exposición con expresiones similares a: "cuénteme más de...sus voces, revelaciones, bola en la garganta", o "cómo son esas molestias, alteraciones, problemas o preocupaciones", etc. Buscando siempre emplear los términos que el paciente utilice para referirse a su sintomatología o problemática. Esta conducta del entrevistador es susceptible de disminuir la ansiedad del paciente con respecto a su posibilidad de comunicarse con el entrevistador, permite una sensación de cercanía y aceptación, y favorece la aparición de procesos afectivos, ya que el lenguaje cotidiano lleva una carga emocional de la cual están desprovistos los términos técnicos, las fórmulas convencionales y la necesidad de adaptarse al lenguaje de los demás, en busca de la necesaria comunicación.

Con tales invitaciones se intenta transmitir una primera diferenciación entre la entrevista de orientación psicodinámica, en la cual la comunicación no directiva es de un valor fundamental; de la aplicación de cuestionarios más o menos extensos en los que un sí o un no son respuestas adecuadas y suficientes. Si de la anterior invitación obtenemos nuevos datos sobre los síntomas ya referidos, un nuevo listado de ellos o la comunicación de diversos conflictos en las distintas áreas de su expresión vital, podemos continuar alentando la participación con gestos y ademanes, o estímulos verbales tan simples como "y qué más" y "después",etc., si resulta evidente que el entrevistado necesita escucharnos para sentir que nos interesamos en él. Situación que señala una posible dependencia, necesidad de estímulo constante para mantener la atención u otros trastornos que deberán ser objeto de investigación subsecuente.

Esta actitud, que en el desarrollo de un interrogatorio sería criticada como desordenada, en la entrevista de orientación psicodinámica constituye la técnica adecuada para permitir tanto que el paciente comience a familiarizarse con la asociación libre, sin necesidad de explicitarla como tal, como que de sus comunicaciones espontáneamente encadenadas podamos extraer conclusiones con respecto a sus deseos y temores inconscientes.

Del inicio de la entrevista depende la posibilidad de establecer un clima de trabajo que favorezca la comunicación fluida del entrevistado. Por tanto, las intervenciones del entrevistador, sean verbales o preverbales, deben poseer un tono que permita al paciente sentir que sus aparentes disgresiones con respecto al tema tratado, constituyen un material valioso para su comprensión, alentándolas con la actitud mientras efectivamente aporten material útil, e interrumpiéndolas sólo cuando se desvían hacia lo irrelevante como quedó señalado en el capítulo anterior, o cuando es necesario aclarar puntos confusos u omitidos en el relato y necesarios para ubicar con precisión, los hechos significativos que se nos refieren.

Una vez que el paciente ha ampliado la descripción de su padecimiento actual con sus diversas manifestaciones sobre las áreas de su vida afectadas o cuando, a pesar de nuestros intentos de ampliar comunicaciones tan escuetas como: "tengo angustia, me duele la cabeza, no duermo bien, se me ha ido el apetito, y ya...", no obtenemos la respuesta deseada, comenzamos a realizar la investigación semiológica que describiremos en el capítulo siguiente.

Pero antes, durante y después de dedicarnos a tal exploración, continuamos observando al paciente, añadiendo ahora a nuestro registro mental, los datos sobre el tipo de lenguaje que emplea. Esto nos permite obtener información sobre su nivel cultural, la región geográfica de la que proviene, su profesión o intereses vocacionales y recreativos, el grado de sofisticación psicológica, etc. Asimismo, a través del estudio del lenguaje, obtenemos datos sobre los procesos de pensamiento que se expresan a través de él. En el deprimido con retardo psicomotriz, la verbalización es de ritmo lento, carente de fluidez, escasa, se expresa en un tono de voz bajo, en ocasiones difícilmente audible, acompañada de escasos movimientos y gestos. Mientras en la hipomanía y en la angustia severa, que cursa con hiperactividad, la necesidad de expulsar a través de pensamiento y lenguaje la tremenda presión interna, lleva a un parloteo que difícilmente permite interrupciones, generalmente acompañado por un tono de voz elevado y por continuos movimientos de las extremidades y múscu los faciales. En el francamente maniaco, la expresión verbal resulta insuficiente para transmitir la rápida producción de pensamientos, con la resultante de un habla atropellada que deja a la mitad las palabras y llega en casos extremos a constituir una verdadera "ensalada de palabras". En el paciente orgánico se observan interrupciones del discurso por la existencia de afasias que hacen perder la memoria de sustantivos por ejemplo, susstituyéndose el vocablo perdido por perífrasis o descripciones del uso del objeto cuyo nombre se ha olvidado, siendo también comunes los trastornos en la articulación del lenguaje. En el esquizofrénico el bloqueo del pensamiento que se expresa igualmente por interrupciones súbitas de la plática, corresponde a la emergencia de afectos e ideas contradictorios que pueden expresarse también a través de lapsus y disociación ideoafectiva. A veces se encuentran además neologismos, palabras aparentemente "inventadas" producto de la condensación de varios vocablos e incluso de frases completas. En esta afección y en algunos padecimientos orgánicos es posible encontrar también un lenguaje incoherente, desorganizado, aparentemente carente de propósito, expresión de la perturbación del pensamiento debida a la regresión del funcionamiento psíquico del proceso secundario al primario*. La observación desde el inicio de la entrevista de las características del lenguaje, con su cortejo de gestos, expresiones faciales y actitudes corporales, permite detectar el surgimiento de afectos o situaciones conflictivas durante el relato subsecuente del enfermo, gracias al registro de las variaciones en su ritmo, rapidez, entonación, fluidez, congruencia y coherencia. Teniendo en mente los datos que haya sido posible observar en el entrevistado desde el primer contacto con él hasta el momento en que se agotan sus comunicaciones, procedemos a investigar bien la semiología de sus síntomas, bien las circunstancias de su historia familiar, susceptibles de explicarnos la etiología de su padecimiento actual, incisos que serán expuestos en los capítulos siguientes.

---

*Los términos proceso primario y proceso secundario se refieren tanto al modo de descarga de la energía psíquica, como a un tipo de procesos de pensamiento. Sólo tocaremos aquí lo referente al segundo punto. En relación con él, proceso primario se refiere a un tipo de pensamiento primitivo, regido por las leyes de la lógica arcaica, tan bien estudiadas por Arieti, 1965, cuya meta es la realización de deseos. Se encuentra dominado por las emociones y se caracteriza por hacer uso de la condensación, el desplazamiento, la simbolización, que permiten el libre paso y la descarga masiva, de la energía psíquica en fantasías totalmente libres y de una representación a otra. Trabaja predominantemente sobre percepciones, en el campo del inconsciente, mientras el secundario labora con conceptos, en el preconsciente o la conciencia, es predominantemente lógico y utiliza cantidades mínimas de energía neutralizada, por lo que puede funcionar introduciendo una demora considerable, condición obvia del pensamiento lógico.

BIBLIOGRAFÍA

Arieti, S. (1965): *Interpretación de la esquizofrenia*. Barcelona: Editorial Labor.

Freud, S. (1913): On Beginning the Treatment. (Further Recommendations on the Technique of Psycho–Analysis, I)." *S. E.* XII: 121–144. Londres. The Hogarth Press. 1966.

Kolb, L. C.(1971): *Noyes psiquiatría clínica moderna*. México: Prensa Médica Mexicana. 4a. edición.

Mac Kinnon, R. A. y Michels, R. (1971): *The Psychiatric Interview in Clinical Practice*. Filadelfia: W. B. Saunders Co.

Menninger, K. A. (1962): *A Manual for Psychiatric Case Study*. Nueva Yor: Grune & Stratton. 2a. edición.

Tarachow, S. (1963): *An Introduction to Psychotherapy*. Nueva York: Internacional Universities Press, Inc.

Wolberg, L. R. (1967): *The Technique of Psychotherapy*. Nueva York: Grune & Stratton.

Capítulo VI

INTERROGATORIO DE LOS SÍNTOMAS

Ningún síntoma aislado tiene valor diagnóstico. Es el síndrome, es decir, el conjunto de síntomas el que nos permite llegar a la determinación de la diagnosis. Además, en la patología mental a diferencia de lo que sucede en medicina general, la existencia de cuadros clínicos puros es excepcional. Tal situación resulta fácilmente comprensible si tenemos en consideración que las transiciones entre "salud mental", neurosis y psicosis son graduales, además de que en los tres casos, los mecanismos de dedefensa empleados para enfrentar las demandas opuestas del mundo interno y de la realidad son las mismas, siendo sólo su rigidez, permanencia, extensión y eficiencia, las que permiten determinar si su resultado es una adecuada adaptación o la presencia de patología mental. Si por otra parte, tomamos en consideración el concepto de regresión*, encontramos que los pacientes en sus esfuerzos por buscar una solución a su conflic-

---

*El concepto de regresión se encuentra íntimamente ligado a la hipótesis de que el individuo pasa a través de una serie de fases madurativas, (desarrollo psicosexual), en su camino hacia la adultez. Cada una de estas fases se encuentra constituída por una organización pulsional y mental determinada. Cuando la organización adecuada de cada fase se perturba en forma sustantiva, ocurre la regresión, la cual es una retirada a una fase previa de la organización pulsional y yoica. La regresión sirve como defensa para proteger al individuo contra la ansiedad intolerable. Puede deberse a sentimientos displacenteros (ansiedad o culpa), trastornos orgánicos, intoxicaciones, etc. Y es susceptible de manifestarse en la conducta y/o el pensamiento parcialmente, de evolucionar a consecuencia de insuperables conflictos (fijación). Regresión y fijación no abarcan todas las áreas de expresión vital del sujeto, por lo que encontramos, en diferentes síndromes, síntomas procedentes de distintos niveles del desarrollo psicosexual. Así

tiva, retroceden a los niveles previos de su adaptación, en los que lograron, así fuera parcial y transitoriamente, enfrentar con éxito otras situaciones de ansiedad, o dejaron, también.

Por lo anteriormente expuesto, en la anamnesis es imprescindible obtener el cuadro sintomatológico del paciente, en la forma más completa y amplia posible. Rastreando hasta donde el recuerdo lo permita sus antecedentes y las perturbaciones previas que lo precedieron en el curso de la vida del sufriente.

Los síntomas psiconeuróticos se derivan de un conflicto psíquico inconsciente surgido del enfrentamiento entre distintas fuerzas psíquicas. Éstas son los derivados reprimidos (fantasías, deseos, impulsos) de las pulsiones*infantiles (tanto sexuales como agresivas), y las estructuras psíquicas, yo y superyo engendradas a través de mecanismos de identificación por las figuras parentales, que se oponen al ingreso de los derivados pulsionales al pensamiento o acción conscientes, obedeciendo a razones morales o de adaptación a la realidad. El conflicto psíquico es universal e inevitable y no conduce forzosa y necesariamente a la formación de síntomas. Puede dar lugar a patrones defensivos estables, integrados en el carácter, o permitir una solución suficiente, que abra el camino a la satisfacción

Sin embargo, cuando en el curso de la vida se perturba el equilibrio entre las fuerzas pulsionales y las represivas, los derivados de las primeras amenazan con emerger en la conciencia, dando lugar al desarrollo de angustia o culpa. Éstas sirven al yo como señales de alarma, que anuncian la emergencia de lo reprimido, por lo que inicia nuevas operaciones defensivas conducentes a eliminar el peligro inminente. El fracaso de esta primera línea de defensas lleva a la emergencia de los síntomas, formaciones de compromiso que simultáneamente consisten en 1) una satisfacción parcial, substitutiva de los derivados pulsionales, deseos y fantasías inconscientes asociados a ellos y 2) las fuerzas repre-

---

por ejemplo, un esquizofrénico puede presentar fobias y obsesiones, una histérica sentimientos de despersonalización y un obsesivo fallas en el juicio de realidad.

*Pulsión es un proceso dinámico consistente en un impulso (carga energética), que hace tender al organismo hacia algún fin. Según Freud, su origen es orgánico; su fin es suprimir el estado de tensión o excitación corporal gracias a la descarga a través de un objeto adecuado, sea en forma directa o sublimada. (Moore, 1968).

soras y adaptativas provenientes del yo y superyo. El producto es, como desde la *interpretación de los sueños* (1900) y más claramente aún en *inhibición, síntoma y angustia* (1925) lo consigna Freud, una expresión disfrazada, altamente distorsionada, incompleta y simbólica, de la pulsión original, lo que la hace conscientemente irreconocible como satisfacción de un deseo.

Teniendo estos mecanismos en mente, consideraremos que, en primer lugar, será posible encontrar rastros del conflicto actual que lleva a la eclosión de la sintomatología en diversas épocas de la vida del paciente, además de que, el cuadro sindromático franco que se nos refiere como motivo de consulta, puede haber estado inmediatamente precedido por sentimientos de culpa o periodos de ansiedad, cuyas manifestaciones: inquietud, insomnio, hiperirritabilidad, temblor de manos, palpitaciones, sudoración, etc., son susceptibles de desaparecer cuando los síntomas funcionan tan adecuadamente que las hacen innecesarias como descargas substitutivas de emergencia, de la tensión pulsional que logra una mejor liberación a través del síntoma.

En otras ocasiones, la angustia flotante, es decir, sin referencia consciente a un peligro exterior específico, es el único síntoma existente a investigar. La conjunción de angustia y producción de síntomas diversos, es un indicio de la incapacidad de resolver adecuadamente el conflicto existente, lo que lleva a pensar en la existencia de un aparato psíquico insuficiente por debilidad yoica o por la intensidad de las pulsiones contra las cuales debe luchar, que puede llevar a valorar la necesidad de apoyarlo a través de la administración de fármacos. En nuestra investigación deberemos determinar las circunstancias vitales del paciente que rodean la aparición de su sintomatología, pues en ellas encontramos habitualmente, los motivos que provocan el desequilibrio actual o causa desencadenante.

Ésta tiene, generalmente, su raíz en la forma característica en la que se enfrentan las dificultades cotidianas, por ejemplo, intolerancia a la agresión que impide defenderse, adaptativamente, de las injusticias y ataques de los demás, lo que constituiría una de las causas predisponentes del desequilibrio presente, porque la acumulación de rabia, humillación y resentimiento imposibilitados de descarga, estarían sobrecargando el aparato psíquico en forma crónica de manera que, un incidente aparentemente banal como puede ser la imposibilidad de conseguir una licencia en el trabajo podría erigirse en la causa desencadenante de los síntomas que llevan a la búsqueda de tratamiento. Hablamos de causas predisponentes mas no de causa eficiente, porque los síntomas, al igual que todos los elementos de la vida psíquica: sueños, fantasías y conductas, están siempre multideterminados, o sobredeterminados, es decir, tienen causas o motivaciones múltiples.

En el caso específico de los síntomas, encontramos diversos estratos de significado en ellos, pudiendo ser al mismo tiempo, gratificación de deseos, necesidad de autocastigo, identificación con alguna figura significativa e incluso dramatización de un conflicto en el que intervienen varios personajes. Estas consideraciones llevan implícita la necesidad de encontrar en la vida del paciente, más allá de la causa desencadenante, los motivos por los que ésta rompió el equilibrio previo, investigando los deseos, culpas y relaciones de objeto involucrados en la constitución del síntoma. Siendo todos ellos inconscientes originados tanto en el presente como en el pasado, llegar a conocerlos implica un proceso deductivo, al cual se arriba aplicando nuestros conocimientos sobre desarrollo psicosexual y psicodinamia, a la investigación del tipo de relaciones de objeto que tiene y ha tenido el entrevistado; al de las que se enfrenta y ha enfrentado y la forma de resolverlas o evadirlas que le es característica; y a la interferencia que el síntoma provoca en su vida cotidiana, o por el contrario, a la ganancia secundaria que de él deriva, esto es la ventaja que inconscientemente obtiene al estar enfermo, por ejemplo, evadir responsabilidades, provocar culpa en los demás u hostilizarlos, esclavizarlos alrededor de su invalidez o desvalimiento, obtener compañía, consideraciones especiales, gratificar necesidades de dependencia, etc. Habiendo tantos elementos por investigar y teniendo en consideración que la entrevista se realiza dentro de un determinado límite de tiempo y que su meta no es la obtención simplemente del cuadro sindromático existente, sino la comprensión de la dinámica del mismo, a través del establecimiento de una relación de trabajo con el entrevistado, en la cual queda implícita la necesidad de prestar atención a las posibles asociaciones libres que surjan espontáneamente en el curso de su relato, como ha quedado señalado en capítulos anteriores, es evidente que el orden y el momento en que se tratará de completar la investigación semiológica de los síntomas, no puede quedar sujeto a reglas fijas, ni podrá completarse siempre en el curso de una sola entrevista. Debe entenderse así, que el procedimiento que describiré a continuación, es solamente esquemático, y por ningún motivo constituye una secuencia fija, aunque debe haberse completado al terminar el estudio del paciente.

En cada uno de los síntomas se precisan: 1) fecha de inicio (desde cuándo). 2) Circunstancias en que apareció, causa desencadenante y predisponente (por qué del síntoma). 3) Curso (desde su inicio hasta el momento actual se encuentra siempre presente, con las mismas características, o existen periodos de remisión, mejoría o intensificación) y características del síntoma: en qué sitio se inicia el dolor, hacia donde se extiende, con qué se calma o acentúa; o bien de quién son las voces, en qué circunstancias las escucha, qué le dicen, cómo reacciona ante ellas, etc. (cómo es el síntoma). 4) Estado actual del síntoma, investigación especialmente necesaria cuando las dificultades relatadas inicialmente como motivo de consulta, parecen, en el curso de la entrevista, estar resueltas o en vías de solución. 5) Fenómenos o situaciones asociadas al síntoma (síntomas acompañantes) y/o repercusiones sobre otras áreas de la vida. Por ejemplo, una agorafobia que progresa impide salir de casa para trabajar, lo que deteriora la economía familiar. 6) Ganancia secundaria.

La investigación semiológica debe hacerse en términos precisos, directos, con el fin de evitar confundir al entrevistado con preguntas que permiten evadir la respuesta buscada. El cuestionamiento claro impide la emergencia de obviedades inútiles a los fines de la investigación. En ocasiones, los pacientes inicialmente resistentes a la entrevista, que se defienden de la ansiedad que ésta les produce intentando ridiculizar al entrevistador, utilizan las interrogantes mal formuladas para la finalidad defensiva anteriormente señalada. Como ejemplo de esto, se encuentra la respuesta que dio un paciente a su entrevistador, el cual deseando saber las circunstancias que rodearon la aparición del síntoma preguntó: "¿Qué pasó cuando se le paralizó el brazo?" Obteniendo como respuesta un "no lo pude mover", inútil a los fines de la investigación de la causa desencadenante que pretendía llevar a cabo el alumno antes mencionado.

1) Así pues, para determinar la *fecha de inicio del padecimiento*, preguntamos: desde cuándo, o qué tiempo hace que el paciente está angustiado, ve "visiones" o empezaron las dificultades con sus padres. Si tenemos *in mente*, que los trastornos

actuales pueden haber estado precedidos por otras alteraciones, una vez que el paciente ha fijado la época que le pedimos, continuaremos explorando si antes de ella se encontraba totalmente "bien", "normal", "sin problemas" o cualquier otra formulación a través de la que exprese la existencia de sus conflictos psíquicos. Si se obtiene una nueva serie de éstos, en una época anterior a la actual, después de proseguir su investigación es necesario volver a preguntar si antes de ellos se encontraba asintomático el paciente en la forma anteriormente mencionada.

En términos generales, a mayor cronicidad peor pronóstico en cuanto a la duración y resultados de un tratamiento psicodinámicamente orientado, pues la existencia de sintomatología de larga data, implica frecuentemente, una intensa resistencia al cambio, una adaptación a los síntomas dentro de la vida cotidiana, que dificulta su movilización. La determinación del momento de aparición de los síntomas es importante porque permite comprender, a través de la investigación de las circunstancias que lo circundaron, los factores que provocaron la quiebra final del equilibrio psíquico hasta entonces mantenido. Trátese de presiones y demandas externas intolerables para el yo del paciente; sea que el propio crecimiento enfrenta con nuevas tareas tanto de socialización como de control de las pulsiones que sobrecargan a un aparato psíquico insuficientemente desarrollado; o bien que, dentro de una larga cadena de pérdidas, que minan la autoestima y soporte emocional del paciente, una nueva confirme la decadencia física y la derrota frente al mundo.

2) A través de la *determinación de las circunstancias que rodean la emergencia de los síntomas*, realizada mediante preguntas del tipo de: "¿qué cree que pueda haber desencadenado su angustia?"; "¿qué problemas había en su vida que puedan haberlo deprimido?", etc., llegamos a determinar la causa desencadenante del padecimiento actual. Importante porque proporciona indicios con respecto a la tolerancia relativa del aparato psíquico para soportar las demandas del mundo externo; para tolerar cambios físicos y ambientales; y para lidiar con incrementos y disminuciones de las pulsiones provenientes del mundo interno. En términos generales, puede afirmarse que mientras más intensa y severa es la causa desencadenante, en relación con la sintomatología actual, más favorable es el pronóstico porque el estímulo

que rompe el anterior equilibrio psíquico es de una magnitud suficiente como para perturbar casi cualquier aparato protector de estímulos "normal". Como ejemplo de lo anterior, pueden mencionarse los síndromes de stress posttraumáticos, frecuentes en situaciones de guerra y en catástrofes colectivas, como los que afectaron a grandes segmentos de la población de la ciudad de México, a raíz de los sismos de septiembre de 1985. Por el contrario, cuando una sintomatología severa se desencadena consecutivamente a estímulos tan nimios como el cambio de escuela, podemos inferir la existencia de un aparato psíquico con pobre capacidad adaptativa, que ensombrece el pronóstico terapéutico.

Es frecuente que en el curso de la entrevista surjan espontáneamente, sin necesidad de recurrir a la investigación propositiva, las circunstancias que rodean la aparición del síntoma y dentro de ellas, la causa desencadenante que en otras ocasiones es necesario rastrear directamente. En tal caso, es pertinente interrumpir la investigación semiológica para determinar la relación objetal significativa o la situación vital importante, que terminó perturbando el equilibrio psíquico previamente establecido, con lo que puede arribarse al conocimiento de las causas predisponentes de la enfermedad, con lo cual obtenemos una valoración más amplia del momento de desarrollo del aparato psíquico y de los conflictos con que lidiaba antes de perder sus capacidades adaptativas. En el siguiente fragmento de entrevista puede visualizarse lo que intento explicar:

P. Sí, el insomnio y las pesadillas comenzaron hace 3 años, a raíz de la muerte de mi padre, a cada rato creía que lo iba a ver, no podía darlo por muerto, pensaba en llegar a casa·a contarle cosas, como si aún estuviera vivo. Me culpaba por no haber hecho lo suficiente para evitar que se muriera. Debí haberle sugerido a mis hermanos que buscáramos otro médico, en vez de aceptar que viniera a verlo el ayudante del Dr. X., que en 3 horas no pudo encontrarle la vena para ponerle el suero que le recetó el Dr. X., que no quiso regresar a ver a mi papá aunque le hablamos varias veces...

E. ¿De qué murió su papá?

P. Tuvo muchas cosas, estuvo mal durante un año, primero un infarto, después debilidad del corazón, luego otro infarto y lo último nunca se supo si era una infección del estómago o de los pulmones, pulmonía...

E. Parece que la muerte de su papá lo afectó mucho. Cuénteme más de él.

Del relato del paciente al respecto, quedó claro que el sentimiento de culpa, desencadenante de la sintomatología, no procedía del motivo inicialmente aducido: no haberle proporcionado mejor atención médica, sino de intensos impulsos agresivos desencadenados por la conducta dominante del padre, lo que evitó al paciente mostrarse más cercano y afectuoso durante el año de enfermedades que precedieron a su muerte. La investigación semiológica interrumpida prosiguió al terminarse los pormenores de la relación con el progenitor.

Cuando a diferencia de lo acontecido en el ejemplo anterior, tenemos que investigar directa y propositivamente las circunstancias de aparición de los síntomas, formulamos preguntas precisas y adecuadas para que el paciente pueda aportarnos el material relevante que esclarezca la incógnita que tratamos de despejar, lo que implica nuevamente, un conocimiento previo de la psicopatología. Así, por ejemplo, si a nuestra pregunta de ¿cuándo oyó por primera vez voces?, la paciente responde que las oyó mientras lavaba ropa, suponemos que, a menos que tal acto posea una connotación simbólica especial para el sujeto, el brote alucinatorio corresponde a la emergencia de fantasías a través de las cuales se descargan deseos punibles, cuya irrupción a la conciencia ha terminado por romper el equilibrio psíquico, por lo que intentamos averiguar el contenido del pensamiento en ese momento, preguntando si recuerda ¿en qué pensaba mientras lavaba? En muchos otros casos, encontramos fácilmente la causa desencadenante buscada, con formulaciones tan simples como: "¿qué pasó antes de que se le paralizara el brazo?, pregunta a la que puede seguir, por ejemplo, el relato de una pelea con algún miembro de la familia durante la cual se contuvo, a duras penas, el deseo de golpear, estrangular o matar al contrincante, lo que a su vez, a través del desencadenamiento de sentimientos de culpa, generó el conflicto entre deseo y castigo que se expresa en el síntoma investigado.

Tomando el síntoma como la expresión de un conflicto, en el que intervienen por un lado la tendencia a satisfacer un deseo inconsciente y por el otro mecanismos de defensa, igualmente inconscientes, destinados a evitar o desviar la satisfacción buscada, bajo la presión del yo y el superyo, buscar las causas predisponentes de la enfermedad actual, implica la comprensión de la forma en que se estructuraron estas instancias psíquicas, y por tanto, el rastreo de las circunstancias personales, familiares y sociales que contribuyeron a modelarlas. Esta investigación será expuesta en el siguiente capítulo.

La exploración de las circunstancias o maniobras que disminuyen o acentúan los síntomas, se realiza generalmente, en forma simultánea con la investigación de la causa desencadenante, inquiriendo si, por ejemplo, a partir del inicio de la sintomatología, la angustia ha aparecido siempre o solamente, cuando el paciente se encuentra en espacios cerrados y se calma con la presencia de determinadas personas, esclarecimiento que nos señala la existencia de diversas relaciones entre el paciente, sus familiares, jefes, amigos y medio ambiente que se erigen, bien en aliados, bien en opositores de los mecanismos defensivos o de los deseos y tentaciones que conflictúan al entrevistado.

El aparato psíquico es una división hipotética de la mente en varios sistemas o instancias, constituidas por grupos de funciones, que pueden conceptualizarse como conjuntos de contenidos mentales (recuerdos, pensamientos, fantasías). El *ello*, depositario de la energía que pone en movimiento al aparato mental y contiene la expresión psíquica de las pulsiones, es totalmente inconsciente. El *yo*, agencia más coherente y organizada, regula o se opone a las pulsiones mediante diversos mecanismos defensivos y es el mediador entre éstas y las demandas del mundo externo; para ello, debe cumplir las funciones de percibir las necesidades del individuo, las cualidades y actitudes del medio ambiente, evaluar e integrar estas percepciones para aliviar la tensión de las necesidades y deseos, a través de la reducción de la intensidad de las pulsiones o de modificaciones realistas de la situación externa; para lo cual es necesaria la integridad de otras de sus funciones, tales como: la percepción, memoria, inteligencia, anticipación, pensamiento, lenguaje, motricidad y tolerancia a la demora. El *superyo* resulta de la internalización de las demandas de las normas morales de la sociedad en la que vive el sujeto, se desarrolla gracias a la identificación con los padres y otras personas significativas en la infancia.

En ocasiones, especialmente en el caso de algunos síntomas histéricos, la investigación de las circunstancias o maniobras que los incrementan o hacen desaparecer tiene valor diagnóstico pues, por ejemplo, los dolores orgánicos varían siguiendo ciertos cambios de posición o función del órgano afectado, mientras en las perturbaciones histéricas las modificaciones coinciden con situaciones emocionales. Entre los síntomas hipocondriacos que forman parte de algunos cuadros psicóticos, es frecuente encontrar dolores o parestesias, cuya descripción bizarra establece en buena medida, el diagnóstico diferencial con padecimientos orgánicos e histéricos. Como ejemplo mencionaré a un paciente que expresó que cuando le dolía la cabeza, se le "salía por el cogote el líquido cerebr l y los sesos", sin que presentara evidencia de lesión craneoenc fálica. Esta descripción, que constituye una interpretación delir nte de las sensacion s asociadas a la cefalea, nunca es expresada por un paciente histérico.

En los cuadros orgánicos, la distribución de las alteraciones sensitivas o motoras sigue el trayecto de las correspondientes ramas nerviosas. Por tanto, su límite no corresponde a los segmentos corporales comúnmente conocidos, que son los afectados por la histeria, desconocedora de relaciones anatómicas. Así pues las parálisis y parestesias conversivas que afectan una mano, terminan justamente en la muñeca. O aparece un dolor en una zona circular, perfectamente delimitada en la cara externa del muslo o el brazo paralizado se encuentra unido a una mano capaz de ensartar agujas, situación imposible de presentarse en cuadros orgánicos, en los cuales las perturbaciones más severas se presentan en las partes más alejadas de los centros nerviosos afectados, etc. Otro elemento para el diagnóstico diferencial entre organicidad y conversión lo constituye la respuesta afectiva conocida como "bella indiferencia", es decir, ausencia de angustia que expresa la eficiencia del síntoma como solución del conflicto previo y contrasta con la aprensión del paciente orgánico.

3) La investigación del *curso de la sintomatología*, determina la evolución del padecimiento desde su aparición hasta el momento actual y se encuentra estrechamente vinculada con las circunstancias que rodearon la emergencia del desequilibrio actual y, frecuentemente, con las que acentúan y disminuyen los síntomas, así como con la aparición de fenómenos asociados. Esta búsqueda es importante porque permite detectar la eficiencia o ineficiencia del yo para enfrentar el conflicto que culmina con la producción de uno o varios síntomas, dependiendo tanto de los recursos del sujeto, como de las oportunidades que brinda su medio ambiente para disipar o generar las tensiones a las cuales finalmente sucumbe la capacidad adaptativa del individuo. Investi-

gando si desde que el o los síntomas aparecieron, siempre se han presentado con la misma intensidad y características que actualmente poseen, podemos encontrar periodos de exacerbación o disminución de los mismos, o bien un curso oscilante de aparición y desaparición de ellos, cuyo adecuado seguimiento nos permite conocer las circunstancias capaces de desencadenarlos o hacerlos desaparecer, así como los recursos con los que cuenta el paciente para hacer frente, por sí mismo o con ayuda de los medios y personas de su entorno, a la disipación y control de las tensiones cuya intensificación agrava o hace aparecer la sintomatología. El conocimiento de tales recursos es una herramienta fundamental para la valoración diagnóstica y la indicación terapéutica. El aumento en la severidad de los síntomas indica que los recursos defensivos y adaptativos puestos en juego por el yo, son insuficientes para reestablecer el equilibrio psíquico, lo que puede conducir a la producción de nuevos síntomas o a una mayor perturbación en la adaptación social, sexual, familiar o laboral del paciente. Los síntomas pueden disminuir, e incluso desaparecer, gracias a circunstancias que permiten la reducción de la sobrecarga del aparato psíquico del paciente, como son el contacto prolongado con personas cálidas y protectoras, mejoría en la situación financiera, social, profesional, etc.

En esta investigación lo importante no es la determinación estadística de horarios y fechas de la aparición, remisión, agravamiento o mejoría de las manifestaciones patológicas, sino la detección de las posibles circunstancias que provocan las fluctuaciones bajo escrutinio. A la luz de una valoración psicodinámica es totalmente irrelevante que la primera crisis de angustia en un paciente dado, haya durado quince días y después de un intervalo de dos meses de remisión reaparezca durante cinco días, etc. En cambio, la repetición de circunstancias idénticas o similares, coincidentes con la aparición o intensificación de la sintomatología, permite identificar la situación que resulta amenazante, provocadora o agravante del conflicto psíquico, trátese de derivados de las pulsiones sexuales y agresivas, de carácter genital o pregenital; o de relaciones con objetos presentes depositarios de imagos arcaicas, con quienes se establecen vínculos que generan diversos afectos penosos, que finalmente provocan la protesta del yo y la eclosión de la patología.

Las siguientes viñetas clínicas ejemplifican lo antedicho.

Minerva era una chica de 18 años que acudió a consulta por presentar, desde tres meses atrás, vómitos cuyo origen orgánico había sido descartado, a través de un cuidadoso estudio, por parte de un gastroenterólogo y un internista. El síntoma apareció a raíz de su ingreso al primer año de la Facultad de Ingeniería. Se presentaba todas las mañanas después del desayuno, y aunque dejaba tras de sí un cierto estado nauseoso, éste cedía una o dos horas después, permitiendo la retención de los alimentos ingeridos posteriormente. La paciente acudió a consulta por indicación del internista tratante, que había diagnosticado con exactitud su padecimiento conversivo.

Minerva era una chica notablemente inteligente, que no se explicaba el porqué de su enfermedad, cuando más contenta se encontraba, tanto en cuanto a su elección vocacional, como con el ambiente que la rodeaba en la escuela. Siempre alumna brillante, reconocida por maestros y compañeros, no temía en absoluto, poder seguir siendo la primera de su clase. De hecho, uno de sus maestros, conocido del padre, la había invitado en la primera semana de clases a colaborar como dibujante en su despacho, situación que había llenado de orgullo a Minerva, que se apresuró a tomar el trabajo.

El síntoma se presentó al segundo día de asistir al despacho del amigo de su padre y maestro, sin que pudiera encontrar motivo para ello, pues fue muy bien recibida, tanto por los otros dibujantes, como por el jefe. Desde los 12 años aproximadamente, coincidiendo con su ingreso a la Secundaria, comenzó a presentar episodios de angustia, igualmente desencadenados sin motivo evidente, durante los cuales se sentía muy inquieta, le sudaban las manos y para controlarse se llenaba de actividades sociales e intelectuales. El síntoma persistía en la época en que me consultó. Estando en apariencia tan ligada la emergencia de síntomas con la vida escolar, dirigí mi investigación a ella, encontrándome que, aunque siempre había sido una alumna modelo, sus cambios de un sistema educativo a otro coincidían siempre con la aparición de síntomas. Así, aunque por ser hija única, deseaba profundamente asistir al jardín de niños, cuando al fin pudo realizar su deseo a los cinco años, presentó toda una serie de gastroenteritis infecciosas, amigdalitis y parasitosis, que no lograron enturbiar su felicidad por asistir a la escuela y adquirir nuevas amigas. Esta serie de enfermedades, que duró hasta los diez años, contrasta con su excelente estado de salud previo. Al ingresar a la primaria, a los siete años, Minerva fue inicialmente objeto de malos tratos por parte de una maestra, que había sido condiscípula y rival de la madre de la paciente en la Secundaria. Esta mujer, que daba clase a un grupo de repetidoras al que, sin motivo introdujo a Minerva, pidiéndole que leyera en voz alta frente al grupo, se burló de la imposibilidad de la niña para hacerlo, así como de su ignorancia en cuanto al significado de ser repetidora. Después de someter a Minerva a las risas del resto de las compañeras, la mandó castigada a un rincón, donde la tuvo parada hasta el recreo. Aunque al día siguiente sus padres consiguieron que la cambiaran a otro grupo, cuyo maestro la recibió con cariño y comprensión, Minerva tuvo una serie de pesadillas, en las que se veía perseguida por una bruja y comenzó a comerse las uñas. Las pesadillas cedieron pocos días después del incidente desencadenante, no así la onicofagia, que duró hasta los 15 años, en que comenzó a manicurarse. Además, a partir de este incidente escolar, Minerva perdió su anterior tranquilidad frente a los extraños. Buscaba refugio en sus padres, se volvió muy apegada y obediente con ellos, un modelo de niña, pero sufría terriblemente si tenía que quedarse sola en casa, o si salía de vacaciones sin su madre, síntomas que venció también aproximadamente en la misma época que superó la onicofagia, diciéndose que ya era grande y estaba rodeada de buenos amigos, que la protegían y eran como sus hermanos. Era y es muy sociable y popular entre los condiscípulos, aunque no ha tenido novio aún, porque no le gustan los que la han enamorado y los que le agradan no se le acercan. La relación con la madre parece signada por la ambivalencia, por un lado, Minerva la siente cariñosa, preocupada por ella, pendiente de sus enfermedades, pero también voluble y violenta, por lo que siempre está al pendiente de su menor gesto para adivinar su estado de ánimo, se angustia intensamente cuando la madre se muestra distante y rechazante después de alguna dificultad entre ambas; si durante algún enojo la paciente se siente culpable con su madre, presenta severas migrañas que la hacen guardar cama, y se acompañan de fotofobia, intolerancia a ruidos y vómitos. Por otra parte, Minerva siente que su madre es excesivamente dominante, exigente e intrusiva, lo que provoca las dificultades entre ambas.

En cambio, la relación con el padre es de cálida confianza, se siente totalmente apoyada por él, aún en los problemas con la madre. Lo ve como un hombre fuerte, de una sola pieza, fácil de predecir y complacer, respetuoso de las decisiones de la paciente, a la que facilita los medios para pasear, estudiar, trabajar e invitar a los compañeros a casa, aunque no es muy cercano físicamente. Impulsa cuanto puede las dotes naturales de su hija y se muestra muy complacido por sus logros académicos. Con los datos hasta aquí aportados, podemos obtener una comprensión inicial de la patología de Minerva. Desde la primera separación de su madre, a su ingreso al jardín de niños aparecen síntomas que persisten durante un largo tiempo, imbricándose con los de nueva formación. Cada paso en la evolución académica, es seguido por la emergencia de nueva sintomatología, como si sólo pudiera permitirse desarrollarse académicamente al precio de sufrir diversas enfermedades, que la vuelven a colocar en la situación de la niña cuidada y protegida por mamá, relación que el padre, a pesar de su buena disposición, ha sido incapaz de substituir. En el siguiente ejemplo nos encontramos con el caso contrario, en el cual, la posibilidad de controlar en cierta medida la sintomatología, es decir, su remisión relativa que permite un aumento de la autoestima, facilita el acceso a la búsqueda de ayuda psicoterapéutica.

Un joven aparentemente desenvuelto y seguro de sí mismo, de 24 años de edad, refiere encontrarse desde los 13 años en un estado depresivo que actualmente interfiere con sus logros profesionales, pues sabiéndose capaz, realiza un trabajo rutinario, sin interés, careciendo de motivación para buscar algo mejor, lo que comienza a colocarlo en desventaja frente a compañeros a los que considera menos aptos que él. El cuadro, constituido por tristeza y accesos de llanto 1 o 2 veces al mes, desencadenados habitualmente por la contemplación o lectura de escenas de soledad y abandono, se acompaña del desinterés y apatía anteriormente mencionados, y se desencadenó a raíz de no haber obtenido el primer lugar en la Secundaria. Usa antidepresivos, en forma irregular, especialmente cuando el trabajo o compromisos sociales le exigen estar más activo.

T. ¿Y desde los 13 años la situación es igual?

P. No, podríamos decir que ahora es cuando estoy mejor, creo que por eso puedo buscar tratamiento; o será que como ya me mantengo solo puedo costearlo, porque mi familia no cree que necesite ayuda, mi papá considera que todo se consigue con fuerza de voluntad y que yo me dejo abatir por cualquier cosa. Y es cierto, pero no puedo evitarlo. Lo he intentado, desde chico buscaba distraerme, no pensar en mi fracaso escolar, pero entonces me surgía la preocupación de si al hablar o moverme se me notaría amanerado, o el miedo a que alguien se diera cuenta de que soy homosexual.

T. ¿Te diste cuenta a los 13 años?

P. No, desde antes me empezaron a gustar los niños, como desde los nueve años, pero no creía que había nada anormal en eso. Ya en la Secundaria, con las bromitas de los compañeros sí me di cuenta de que era anormal, pero me protegí haciéndome respetar por estudioso. Era siempre el primero de la clase y como ayudaba a estudiar a los compañeros, logré que verdaderamente me apreciaran, por eso fue tan importante perder el primer lugar, e intenté suicidarme tomando muchas pastillas para los nervios, de mi mamá. Me llevaron al hospital para lavarme el estómago y en el carro le preguntaba a mi papá si él me quería a pesar de lo que había hecho. Sentí muy bien cuando me dijo que sí, y volví a recuperar el primer lugar, pero ya no fue lo mismo. Sentía una gran presión sobre mí, que por ser lo que soy, debía compensarlo siendo el mejor en la escuela. Y cada vez que se acercaban los exámenes, no podía con la angustia y la depresión, hasta que sacaba el 10 me tranquilizaba. Terminé la carrera a los 21 años y me fui al extranjero a hacer una maestría, en dos años hice dos; estudiando como loco estaba tan ocupado que no tenía tiempo de deprimirme, pero siempre estaba angustiado y en las vacaciones y en los fines de semana ahí estaba de nuevo la depresión. Le pedía a Dios que me ayudara, me volví muy religioso. Pero una vez que salía de la iglesia me enfrentaba de nuevo con mi homosexualidad y otra vez para abajo. Después de la primera relación con un hombre me sentí tan sucio y despreciable que hice otro intento de suicidio...

En este ejemplo resultan evidentes los mecanismos usados por el paciente para combatir la intensa culpa generada por su homosexualidad: logros intelectuales, religiosidad, dedicación obsesiva al estudio, evitación de los ataques de los compañeros a través de ayudarlos, recursos básicamente intelectuales y obsesivos, cuyo fracaso amenaza tan seriamente la autoestima, que conduce a intentos suicidas. El logro de una cierta independencia económica, que apuntala la autoestima, permite la posibilidad de exponerse ante la mirada del terapeuta en busca de un refuerzo a los mecanismos que le han mantenido con vida: ser el primero para así conseguir afecto y respeto, de los cuales se siente indigno por su homosexualidad. El seguimiento del síntoma depresión, dejando al descubierto los momentos y causas de intensificación, permiten pronosticar la existencia de riesgo suicida cada vez que se repitan experiencias en que se viva devaluado el paciente y nos ha conducido directamente al estado actual de un síntoma crónico, que gracias a la indudable dotación intelectual del paciente, ha permitido la preservación de las áreas laboral, social y familiar.

Con mucha frecuencia la posibilidad de determinar la relación entre la causa desencadenante y la eclosión sintomatológica o las circunstancias de la vida del paciente que rodean las variaciones en la intensidad y presencia de los síntomas, no se obtiene directamente del paciente, sino que se establece por conexiones que el entrevistador realiza en el curso de la entrevista, cuando explorando diversas áreas de la vida del paciente, surgen incidentes susceptibles de erigirse en fuentes de perturbación del equilibrio psíquico. Una vez más debe recordarse que, para detectar tales sucesos, es necesario recurrir a los conocimientos sobre psicopatología. Las características formales de los síntomas en sí, son igualmente importantes diagnóstica, pronóstica y psicodinámicamente. Así, por ejemplo, en las alucinaciones es necesario determinar si el paciente reconoce de quién son las "voces" que escucha, porque dicho reconocimiento permite identificar al personaje perseguidor o protector que ha sido proyectado al mundo externo. Cuando el paciente es capaz de advertir como propios los pensamientos expresados alucinatoriamente, su grado de regresión es menor, y por tanto, mejor su pronóstico, que cuando el contenido alucinatorio le resulta totalmente ajeno a sí mismo, es decir que es egodistónico, lo que implica una mayor protesta yoica. A su vez, las alucinaciones auditivas implican una regresión menor que las visuales, en las cuales el pensamiento se expresa a través de imágenes. Éstas, comúnmente referidas como "visiones" o revelaciones, pueden poseer al igual que las auditivas distintos grados de precisión y provocar diversos estados de ánimo, desde el pánico catastrófico de la catatonía agitada, hasta la beatitud excelsa de quien ve o escucha a seres celestiales. Mientras más maniobras realiza el paciente para librarse de sus delirios y alucinaciones, mientras más crédito les otorga, mayor es la pérdida de contacto con la realidad y por tanto, peor funcionamiento yoico y alteración de su capacidad adaptativa; y sin embargo, la total ausencia de angustia frente a los fenómenos mencionados, que se encuentra en los psicóticos crónicos y en la esquizofrenia simple, es un signo de mal proñnóstico pues implica la ausencia de protesta del yo frente a la irrupción a la conciencia de las pulsiones anteriormente reprimidas. La recolección de estos datos es muy frecuentemente un hecho de observación, como cuando por ejemplo, la persona alucinada suspende la comunicación con nosotros para insultar, protegerse o intentar congraciarse con los fenómenos alucinatorios que se presentan durante el curso de la entrevista. En otras ocasiones resulta necesario interrogar al enfermo con respecto a qué hace, siente o cómo reacciona frente a sus "voces", "revelaciones", "hilos que controlan su cabeza", etc.

4) La investigación de cada uno de los síntomas que constituyen el cuadro clínico que motiva la consulta y la de aquéllos que, surgieron en alguna época de la vida del paciente, debe llevar siempre, desde el momento de su aparición hasta su *estado actual*.

5) Fenómenos o situaciones asociadas al síntoma. En la investigación sintomatológica, es posible que aparezcan, espontáneamente, síntomas o "molestias" que acompañan siempre, desde el inicio, al motivo de queja principal, que motiva la consulta, o que se han añadido, a través del tiempo, al cuadro inicial. En este último caso, como mencionamos anteriormente, constituyen el indicio de un fracaso adaptativo mayor que aquél que existe cuando se presenta un solo síntoma. En el primero, el racimo de síntomas puede constituir un síndrome tan franco que baste para establecer el diagnóstico correcto. Por ejemplo, en la migraña el síntoma predominante es la hemicránea (dolor de la mitad de la cabeza), pero típicamente va unida con: fotofobia (intolerancia a la luz intensa), fosfenos (percepción de manchas, puntos y otros fenómenos visuales igualmente poco definidos y organizados), náusea o vómitos. En las crisis epilépticas de gran mal, las convulsiones tónico clónicas van precedidas, habitualmente de fenómenos que anuncian la crisis (aura), y se acompañan de pérdida de la conciencia, mordedura de lengua e incontinencia urinaria, lo que permite diferenciarlas de convulsiones y pérdidas de la conciencia de carácter histérico. La angustia, a su vez, se acompaña o se delata por alteraciones vasomotoras que provocan taquicardia, temblor y/o sudoración de las palmas de la mano, aumento en la frecuencia excrementicia, modificaciones en el apetito, el sueño, el ritmo respiratorio, etc. Un caso especial de los fenómenos o situaciones que acompañan al síntoma actual, lo

constituyen tanto la ganancia secundaria como las repercusiones de la patología sobre la totalidad de la vida del paciente. Mientras más afectada por la enfermedad se encuentra ésta, menor es la capacidad adaptativa del yo que valoramos. Llegamos a estas conclusiones ocasionalmente, a través del relato espontáneo del paciente, con respecto a las perturbaciones que ha producido su patología sobre su vida habitual. En el caso de carecer de este relato voluntario, investigamos la forma e intensidad con que los síntomas alteran las relaciones sociales, familiares, laborales y sexuales del individuo; e impiden el logro de placer y satisfacciones tanto en estas áreas como en hobbies, intereses recreativos, etc.

6) Un caso particular de síntomas acompañantes del principal, se conceptualiza como ganancia secundaria de la enfermedad, confundida frecuentemente por quienes desconocen los principios de la psicodinamica con el "para qué" del síntoma, pero que constituye en realidad, una expresión del funcionamiento de las capacidades sintética y adaptativa del yo, que aprovecha la presencia del síntoma para satisfacer algunas necesidades ajenas y sobreañadidas, a aquéllas que originaron la aparición de la enfermedad. Este mecanismo oportunista actúa como si siguiera el dicho de: "si no puedes vencer al enemigo, únete a él". En este caso, el yo, incapaz de doblegar o permitir la salida de la pulsión de acuerdo con sus propios requerimientos y los del superyo, utiliza el puente que le tiende la presencia del síntoma para evadir responsabilidades de la vida adulta, obtener protección, compañía, afecto, apoyo, descargar ira y resentimiento, etc., posibilidades de las que el sujeto se sentía incapaz antes de enfermar. Así, por ejemplo, la madre y ama de casa que cae en una depresión severa que la mantiene en cama todo el día, logra a través de su enfermedad, primariamente satisfacer su sadismo atacándose, haciéndose autorreproches y expiando sus culpas a través de su enfermedad. Pero además, ya que su estado le impide levantarse, evade las responsabilidades del cuidado de la casa y la atención a sus hijos y marido con lo cual obtiene una cierta venganza sobre ellos, atrayendo además su atención y sustrayéndose a sus reproches, puesto que ha abandonado sus labores previas no como acto de rebeldía, sino como víctima de una enfermedad. Finalmente, si en el curso de la entrevista no tenemos clara la opinión del paciente con respecto a su sintomatología, investigamos propo-

sitivamente qué piensa de ella, si la siente muy grave y amenazante (como indicio de locura, por ejemplo); o por el contrario niega su importancia y repercusiones sobre el resto de su vida; e incluso si, como es frecuente en las psicosis existe una franca negación de la existencia de enfermedad mental. Con esta búsqueda intentamos valorar no sólo el significado y las reacciones que adquieren y despiertan los síntomas, sino la posible existencia de fallas en la apreciación de la realidad. Observamos de qué mecanismos se ayuda el paciente para negar su padecimiento: intelectualización y racionalización en los problemas caracterológicos; negación delirante de la realidad, pensamientos y sensopercepciones en las psicosis, por ejemplo. Y también podemos detectar la eficiencia relativa del yo para controlar el conflicto a través del síntoma, cuando nos enfrentamos con la existencia de ansiedad severa junto con la presencia de una sintomatología intensa y florida, con manifestaciones fóbicas, histéricas, obsesivas, etc. Situación que puede conducir, finalmente, a la eclosión de una quiebra psicótica.

Es también importante determinar el grado de responsabilidad que se atribuye el paciente, con respecto a su patología. Esta investigación o deducción a través del material espontáneamente aportado, permite detectar sentimientos de culpa más o menos intensos, que se expresan a través de autorreproches en ocasiones totalmente injustificados, o bien mediante la proyección en otras personas de la responsabilidad absoluta en los conflictos del paciente. En otros casos, en cambio, encontramos una excelente capacidad introspectiva, que permite al enfermo entender la forma en la que él y los demás intervienen en su padecimiento. Esta evaluación proporciona datos importantes para establecer una indicación terapéutica adecuada, ya que la introspección es requisito imprescindible para las terapias de orientación psicoanalítica, aunque es innecesaria para muchas otras técnicas terapéuticas. En cambio, en relación con el pronóstico del padecimiento en sí, la conciencia de enfermedad y el reconocimiento de la parte de responsabilidad que corresponde al paciente, no son los elementos más importantes, pues personas inicialmente resistentes a percatarse de ellos, son perfectamente capaces de seguir la psicoterapia indicada, cuando se les aborda a través de la técnica adecuada.

BIBLIOGRAFÍA

Freud, S. (1900): The Interpretation on Dreams. *S. E.* IV-V. Londres: The Hogarth Press. 1966.

—————(1925): "Inhibitions, Symptoms and Anxiety." *Ibid.* XX: 77-178.

Moore, B. E., y Fine, B. E. (1968): *A Glossary of Psychoanalytic Terms and Concepts*. Nueva York: Amer. Psychoanl. Ass.

Capítulo VII

INVESTIGACIÓN DE LA HISTORIA PERSONAL Y FAMILIAR

Mencionaré una vez más que en la entrevista clínica de orientación psicodinámica, a diferencia de lo que sucede con las entrevistas e interrogatorios dirigidos, no existe un orden fijo en el que deba de recolectarse el material necesario para entender al paciente y su enfermedad. El trabajo de vertir ordenadamente el material obtenido en la o las entrevistas necesarias para valorar adecuadamente al entrevistado, es una labor posterior a la terminación del estudio que el clínico realiza, con fines de comunicación a sus colegas, de archivar material utilizable para sus metas personales o para satisfacer los requerimientos de la institución en la que presta sus servicios.

De hecho, como ya se ha mencionado, el pretender que sea el entrevistado quien aporte ordenadamente el material necesario para la elaboración de una historia clínica completa, o para llenar los requerimientos de un determinado esquema de entrevista clínica, impidiéndole lo que, según estos esquemas rígidos constituirían disgresiones al tema tratado, no sólo evita el establecimiento de la adecuada relación de trabajo imprescindible en la búsqueda de los fundamentos psicodinámicos del caso en cuestión, al transmitir al entrevistado la sensación de estarse desempeñando en forma inadecuada "al desviarse del tema"; sino que además, nos priva de las asociaciones espontáneas que los sucesos tratados despiertan en él, con lo que nos privamos de conocer las relaciones inconscientes establecidas entre presente y pasado; entre los padres y las figuras de autoridad con las que actualmente existe conflicto; así como de los intentos de explicación, justificaciones, racionalizaciones y evasiones, es decir de las diversas defensas que, puestas en juego en el curso de la entrevista, muestran en el aquí y ahora de la misma, la manera en la que la persona se protege o tolera, la emergencia de material cargado afectivamente. Este respeto a la forma en la que el entrevistado ofrece su material permite, además, valorar el funcionamiento de su memoria, cuando nos relata tanto sucesos recientes como remotos; su capacidad abstraccional, cuando es capaz de establecer relaciones entre distintas situaciones que tienen algún elemento en común; su inteligencia al aprehender el significado no explicitado de la entrevista, como proceso tendiente al esclarecimiento de las pautas de conducta productoras de las dificultades en su vida cotidiana que lo hacen buscar ayuda profesional; e incluso su capacidad de introspección cuando es capaz de comprender la forma en la que interviene o provoca tales dificultades, o cuando explora los motivos reales y fantaseados que provocan la emergencia de determinadas conductas y afectos.

Las consideraciones anteriores no implican que el entrevistador quede a merced del entrevistado y se conforme con respuestas insuficientes, vagas o evasivas. En el capítulo correspondiente han quedado expresadas algunas maniobras técnicas tendientes a superar tales obstáculos. Lo que intento transmitir es que, al igual que con respecto al interrogatorio de la sintomatología, el entrevistador debe estar provisto de un esquema conceptual que, comparado con el material que el paciente aporta, le permita separar el oro de los datos significativos, de la paja de reiteraciones obsesivas que nada añaden a la comprensión de la relación entre las condiciones vitales presentes y pasadas del paciente y su conflicto actual. Que además, lo capacite para detectar las posibles omisiones, distorsiones, falsas justificaciones, confusiones y conexiones ilógicas que el entrevistado establece con fines defensivos ante la emergencia de los afectos dolorosos y el daño a su autoestima, que surgen como consecuencia de su relato, suponiendo que la actitud del entrevistador es efectivamente acrítica y empática.

Como se mencionó en el capítulo correspondiente al interrogatorio de los síntomas, es frecuente que, desde el inicio de la entrevista surjan aspectos de la vida personal y familiar del sujeto que llevarán a su investigación inmediata, interrumpiendo el tema sintomatológico inicial para reiniciarlo posteriormente. En otros casos, el paciente justamente angustiado por los fenómenos patológicos que lo aquejan, o siguiendo su habitual compulsión al orden obsesivo, se dedicará al minucioso relato de los pormenores de su enfermedad. En este segundo caso, ante el silencio que habitualmente sigue a la terminación de la exploración sindromática, el entrevistador invitará a su interlocutor a abordar lo que aquí, siguiendo la costumbre general, denominamos historia personal y familiar, con formulaciones del tipo de: "para poder entender lo que le pasa, (o por qué es tan "inseguro", "irascible", etc.), necesito conocer más de usted y de su vida. Cuénteme de esto." O bien: "Ahora platíqueme algo de usted, lo que quiera (o se le ocurra)" etc.

Con la mayor frecuencia la respuesta a nuestra invitación es la demanda de orientación sobre lo que queremos saber. Situación que no debemos decodificar en forma automática como correspondiente a intentos de sometimiento o apaciguamiento al entrevistador, o cualquier otro tipo de maniobra defensiva, pues muy frecuentemente nos enfrentamos a personas carentes de sofisticación psicológica y que por tanto, ignoran la relación entre sus síntomas y su historia. Entre el peligro de dejar pasar inadvertida una posible "resistencia" a la exploración de la vida del entrevistado y el de hacerlo sentir ignorante, incapaz o torpe, debemos elegir siempre el primer riesgo, mucho más fácilmente manejable en momentos subsecuentes de la entrevista. El intento prematuro, y peor aún, injustificado de "responsabilizar" al entrevistado del resultado del encuentro con él, puede dañar, a veces en forma irreparable, la posibilidad de establecer la relación de trabajo necesaria para determinar las pautas de conducta y las reacciones ante afectos y fantasías que subyacen al cuadro psicopatológico.

Así pues, si el paciente nos pide le digamos qué queremos saber sobre él, responderemos que queremos saber todo lo que pueda decirnos sobre sí mismo, su vida presente, pasada, su familia, amigos, trabajos, diversiones, preocupaciones, y que puede empezar por donde lo desee, ya que para nosotros todo lo que pueda relatarnos es importante, y le pediremos mayores datos conforme lo vayamos necesitando. Este tipo de invitaciones generales, ambiguas, tiene la finalidad de dejar la iniciativa del tema a abordar al entrevistado, con la meta de observar, al igual que al inicio de la entrevista, si el movimiento que realiza es defensivo frente a posibles ansiedades que podrían surgir si comienza por el relato de relaciones o situaciones conflictivas, o bien si el yo es capaz de enfrentarse a tal tarea directamente. En el primer caso, tendríamos, por ejemplo, cualquiera de las dos aperturas siguientes:

1) "Bueno, yo nací en Chihuahua el 24 de septiembre de 1952, mi papá era abogado y mi mamá se dedicaba al hogar, mi infancia fue muy feliz, porque no nos faltaba nada y los fines de semana nos

íbamos al rancho de mis abuelos, en donde montábamos a caballo, y jugábamos todo el tiempo mis hermanos y yo. Yo soy el mayor de cinco, todos profesionistas, porque mi papá siempre se preocupó por darnos la mejor educación para que saliéramos adelante. Él ha sido siempre el ejemplo a seguir porque, a pesar de que su profesión se presta a muchas porquerías, es un hombre trabajador y honrado, totalmente respetable..."

En este caso, el entrevistado inicia el relato de su vida presentándonos el cuadro de una familia bien organizada, altamente valorada por él y su comunidad, es decir, mostrándonos primero los aspectos positivos de su vida, sobre los que sustenta su autoestima, lo cual nos permite formular una primera hipótesis psicodinámica: pareciendo que la vida con su familia de origen ocupa un primer plano, en relación con su vida actual, podría ser posible que el seguimiento de las normas procedentes de tal familia estén interfiriendo, en la actualidad, con la adaptación requerida por las nuevas circunstancias vitales a las que se enfrenta el sujeto. Ante su silencio, sostenido a pesar de nuestros gestos invitándolo a seguir su relato, podríamos optar, bien por pedirle continuar, con lo que esperaríamos nos llevara hasta las circunstancias de su vida actual, bien por preguntarle si su interrupción corresponde a algún pensamiento que lo perturbe con respecto a su padre, ya que precisamente, se detuvo mientras hablaba de él, con lo que esperaríamos nos aportara el elemento de conflicto ausente en el idílico cuadro que nos plantea. La decisión entre ambas opciones dependerá de la valoración de las características de la entrevista hasta ese momento. Siendo preferible la primera si tememos que el paciente se torne aún más defensivo, si lo confrontamos muy directamente con la existencia de conflictos en la relación con sus padres.

2) "Pues en mi vida todo está bien, fuera de mi dolor de cabeza. Yo soy contador público, trabajo por mi cuenta desde hace cinco años en que me independicé del despacho de X, porque allí no había ya posibilidades de desarrollo para mí. Me va muy bien económicamente, porque realmente me gusta mi trabajo y soy responsable, incluso mi ex–jefe me manda la clientela que él no puede atender. Somos amigos y nos ayudamos mutuamente. Nuestras esposas se hicieron amigas desde que yo trabajaba en su despacho y con ellos salimos casi todos los fines de semana y estamos en el mismo club, aunque con tanto trabajo hay poco tiempo para diversiones. Mi esposa dice que mis dolores de cabeza son por eso, porque trabajo demasiado..."

Si frente al silencio que sigue a tal comunicación, el paciente no respondiera a nuestro gesto que lo invita a continuar (evidentemente con respecto a su opinión sobre el juicio de la esposa), la intervención pertinente sería preguntarle ¿y usted que piensa al respecto? y continuar investigando si el trabajo provoca dificultades en la pareja o es una forma de huir de una vida familiar conflictiva o insatisfactoria. Pero en este caso, como en el anterior, el material inicial está encaminado a mostrar, como tarjeta de presentación, los mejores aspectos de la vida de los entrevistados, con la finalidad inconsciente de apuntalar una autoestima puesta en jaque ante un encuentro en el que, la exposición inicial de la sintomatología existente y la búsqueda de ayuda, generan el temor de ser considerados como poco valiosos, o incapaces de enfrentarse a la vida.

En otras ocasiones el relato se inicia directamente, con dificultades en las relaciones interpersonales presentes o pasadas. Cualquiera que sea el caso, el material aporta, generalmente, además de los datos correspondientes a las historias personal y familiar, aquéllos que constituyen la *ficha de identificación*, inciso que constituye siempre, el encabezado del reporte de la entrevista, y que desglosaremos inmediatamente, a pesar de interrumpir de momento el tema inicial.

Algunos entrevistadores acostumbran tomar estos datos como primer movimiento de la entrevista, aduciendo el supuesto deseo de "conocer al paciente", cuando en realidad se refugian en una actitud burocrática ante la angustia que les despierta, bien el contacto inicial con una persona desconocida; bien el temor a ser incapaces de recordar tales datos si no los fijan desde un principio; o porque a través de recolectarlos se sienten en control de la situación y no "a merced del paciente".

Una mayor confianza en sí mismos y en la técnica de la entrevista, permite esperar, sin apresuramientos, a que surjan los datos en el curso de la exploración de la vida del paciente. Así:

a) El *nombre*, (lo hemos obtenido en correspondencia a nuestra presentación).

b) *Edad*. Aunque es un dato que podemos calcular si tenemos, como en el primer ejemplo aquí mencionado, la fecha de nacimiento, es conveniente una vez hecho el cálculo confrontarlo con la información que pueda aportarnos el paciente, por los motivos que mencionaremos más adelante. En otros casos la inferimos de comunicaciones como la siguiente: "cuando me casé, hace 10 años, era una niña inútil de 19 años..."; o tenemos que interrogarla directamente cuando el paciente alude a ciertas circunstancias de su vida pasada; por ejemplo: "asistí a esa escuela hasta los 14 años, porque a partir de esa época faltó dinero en casa..."_ "¿Y qué edad (o cuántos años) tienes actualmente (o ahora)?" Sin embargo, en ocasiones, especialmente cuando se trata de pacientes psicóticos, o víctimas de ciertos estados confusionales, es necesario confrontar mentalmente la llamada "edad aparente", es decir, la edad que representa el entrevistado con la que dice tener, así como con el resto de los datos cronológicos que nos haya aportado en el curso de la entrevista. De esta comparación, que no comunicamos al paciente, podemos inferir elementos para valorar el estado de la memoria y de la orientación en el tiempo.

Así por ejemplo, una mujer, evidentemente anciana, que durante el relato de su infancia recordó con gran precisión varios incidentes de la Revolución de los que fue testigo, interrogada respecto a su edad, no precisada hasta ese momento, contestó que tenía 46 años, situación que evidentemente no correspondía ni a su aspecto físico, ni al cálculo más conservador entre el final de la etapa histórica tan claramente recordada, y el momento de la entrevista. Tomando tal discrepancia como señal de una posible desorientación en tiempo, se investigó la fecha en que creía encontrarse, confirmándose la presunción antedicha, signo que unido a otros condujo al diagnóstico de síndrome cerebral asociado a arterioesclerosis cerebral, en el cual la memoria retrógrada se hallaba conservada, mientras la anterógrada estaba perturbada. En algunos pacientes psicóticos se encuentra también, en ocasiones, desorientación en tiempo, que corresponde a su confusión y desconexión de la realidad presente, y en otras es expresión de la regresión a la etapa de desarrollo previo, en la que, defensivamente u obedeciendo a una satisfacción de deseos, querrían estar ubicados. Menos frecuente, aunque posible, es la alteración consciente de la edad. Tal situación se presenta en personas que tratan de negar el paso del tiempo y el envejecimiento, aunque en ocasiones, el número de años que se restan tiene un significado inconsciente específico. Este fue el caso de una mujer cercana a los 40 que afirmó inicialmente tener ocho años menos que su edad real. En el curso de su tratamiento, fué capaz de descubrir que había mentido porque temía no ser aceptada para análisis por su edad. Habiéndose disminuido exactamente ocho años, con lo que inconscientemente anulaba el nacimiento de todos sus hermanos, que sentía la habían despojado del afecto de su madre. De todo lo anterior puede desprenderse la importancia semiológica, y no meramente rutinaria y estadística, de las discrepancias posibles entre la edad aparente y la real, así como de la necesidad de confirmar, en algún momento de la entrevista, el cálculo que podemos haber realizado a través de los datos aportados por el paciente.

Además de lo anterior, la edad puede constituir uno de los elementos para establecer el diagnóstico, precisamente porque hay padecimientos que se presentan con mayor frecuencia, o exclusivamente, en determinadas épocas de la vida. Baste aquí recordar las etiquetas nosológicas de demencia senil y el antiguo apelativo de "demencia precoz" que recibía la actual esquizofrenia. El envejecimiento prematuro que presentan los aquejados de la enfermedad de Alzheimer, constituye un elemento más para insistir en la importancia de determinar la edad del entrevistado, más allá de la necesidad de consignar un dato meramente estadístico.

c) El *sexo*, es un dato obtenido por observación, aunque en la descripción del paciente, pueda consignarse por ejemplo, la presencia de trasvestismo. Aunque estadísticamente hay ciertos padecimientos mentales más frecuentes en uno de los sexos, por ejemplo, la depresión en las mujeres y la drogadicción en los varones, desde un punto de vista psicodinámico, el sexo del paciente sólo interviene en la valoración diagnóstica cuando la patología se funda en una perturbación en la identidad genérica. Independientemente de lo antedicho, el entrevistador está obligado a conocer y utilizar en su trabajo, los patrones culturales habituales en el trato diferencial con cada uno de los sexos y las consecuencias que esto tiene sobre el desarrollo psíquico.

d) El *estado civil* que, al igual que la edad, surge generalmente en forma espontánea en el curso de la exploración de la vida del sujeto, nos aporta indicios de los valores y adaptación a las normas sociales por parte del sujeto, pero también con respecto a su posibilidad de establecer relaciones íntimas, cercanas y duraderas con una pareja. En cuanto a la valoración de este último aspecto, es irrelevante el que el estado civil sea el de casado o el de unión libre.

e) El *lugar de nacimiento*, y dado el caso, la *nacionalidad*, son importantes porque alertan al entrevistador con respecto a la existencia de patrones culturales distintos a los propios, que podrían llevarlo a juzgar como patológicas, expresiones plenamente adaptativas y funcionales en la sociedad de la que proviene el entrevistado. Con la mayor frecuencia, el entrevistado las menciona durante la exploración de su historia personal y familiar, siendo en ocasiones necesaria la intervención del entrevistador sólo para corroborar, como se mencionó en el caso de la edad, la exactitud de sus deducciones al respecto.

La pertenencia a un grupo étnico, los lugares de origen y residencia, y la clase social, moldean no sólo la conducta en general, sino también, y muy especialmente en lo que se refiere a nuestro campo de investigación, las formas de expresión de los afectos y los valores del individuo. Es bien conocido entre nosotros que, en general, los alvaradeños son coprolálicos, y no por ello los consideramos fijados a la etapa sádico—anal del desarrollo psicosexual; mientras es frecuente que las personas procedentes del norte de la república parezcan demasiado directas y francas cuando se las compara con las originarias del Bajío. La faz hierática, imperturbable de nuestros indígenas, no debe confundirse con aplanamiento afectivo, ni sus creencias mágicas y animistas deben interpretarse como fallas en el juicio de realidad, etc. El manejo y expresión de los afectos está fuertemente condicionado por presiones sociales y familiares. Durante toda la entrevista, el entrevistador debe estar alerta a la emergencia de manifestaciones afectivas expresadas, bien sea directamente, bien a través de cambios en la expresión facial, mímica, tono de voz, detenciones y vacilación en el discurso, postura, actitud, movimientos, etc., observando ante qué temas surgen y la forma en que se abandona a la emoción el entrevistado, o por el contrario cómo trata de evitarla o controlarla. Es imprescindible, si el entrevistado no comunica el porqué de su llanto, risa, ira, etc., interrumpir el relato para explorar la causa del afecto emergente, lo que permitirá a la postre, no sólo entender mejor su conflictiva, sino que puede constituir un elemento en el diagnóstico de la condición patológica del sujeto.

Por otra parte, el cambio de lugar de residencia puede implicar el enfrentamiento con pautas culturales, e instrumentos para adaptarse a ellas, totalmente ajenos al migrante. Recordemos las dificultades con las que nuestra "tradicional" impuntualidad enfrenta a muchos extranjeros. Quien cambia de lugar de residencia sufre una serie de pérdidas: marcos de referencia, idioma, parientes, amigos, usos y costumbres, paisaje, ritmo de vida, alimentación, etc., que pueden sobrepasar la capacidad adaptativa, provocando desde reacciones situacionales hasta psicosis francas. O bien pueden ser exitosamente superadas, con el consiguiente aumento de la autoestima y seguridad del individuo.

Si en el curso de la entrevista nos enteramos que hace 10 o 15 años una persona emigró de su país al nuestro, y aún no logra dominar aceptablemente nuestro idioma, tenemos un indicio para investigar su posible renuencia para adaptarse a su nuevo hábitat, y las dificultades que esto provoca en su vida, situaciones que pueden generar o contribuir a la producción de sus síntomas. En otros casos, el hablar con acento extranjero, a pesar de haber nacido y crecido en el país, expresa consciente o inconscientemente, un rechazo al lugar de origen o al padre nativo.

f) *Lugar de residencia.* Este dato, también fácilmente deducible del relato del entrevistado con respecto a sus circunstancias personales y familiares, adquiere importancia cuando implica las eventualidades arriba señaladas relativas a la migración a países o regiones del mismo país que requieren de la realización de esfuerzos adaptativos, que pueden sobrecargar un aparato psíquico ya tambaleante. Pero además, tratándose de la indicación terapéutica, la lejanía del lugar de referencia con respecto al sitio donde se realizará el tratamiento, impone ciertas limitaciones en cuanto a la frecuencia y duración del mismo, que es necesario tomar en cuenta, de manera que, la decisión que al respecto se tome, sea la más adecuada dadas la circunstancias del paciente.

g) *Escolaridad y ocupación.* Este inciso de la ficha de identificación, se cubre fácilmente a través de la exploración de la historia personal del entrevistado. Su investigación es importante porque aporta indicios con respecto a las capacidades, aptitudes, fortaleza yoica, limitaciones, origen y pertenencia social del entrevistado. Como bien sabemos, los logros académicos dependen del interjuego entre la dotación innata del sujeto y las circunstancias sociales que lo rodean. Es muy frecuente que, desde antes de iniciarse formalmente la entrevista, contemos ya con datos respecto a la escolaridad del sujeto, que al hacer cita telefónica con nosotros, o durante el estudio de trabajo social que precede en muchas instituciones a la entrevista psicológica, ha unido a su nombre el título universitario que posee. En la mayor parte de las ocasiones restantes, estos datos surgen espontáneamente cuando el entrevistado aborda el tema de su trabajo, o los recuerdos de sus años de estudiante.

En la exploración de esta área de la vida, es importante detectar la satisfacción y espontaneidad con que el entrevistado realizó las diversas etapas de sus estudios, porque estos datos permiten valorar tanto su grado de sometimiento, independencia, rebeldía o acuerdo con los valores y exigencias familiares; pautas de conducta que, muy probablemente, se repetirán con otras autoridades, generando conflictos o adaptaciones exitosas, susceptibles de incrementar o perturbar tanto el buen desempeño laboral, como la satisfacción derivable de esta fuente. Es difícil, aunque no imposible, encontrarse con una persona plenamente satisfecha de su desempeño profesional, del estatus socio–económico que de éste se deriva, y orgulloso de sí mismo, si sintiéndose forzado por las presiones familiares, tuvo que abandonar su inicial vocación artística, para llenar las expectativas paternas de tener un médico, ingeniero, etc., en casa. Por otra parte, quien realizó la carrera universitaria que eligió por propia iniciativa, en el seno de una familia con muy escasos recursos económicos, siendo el único profesionista de la familia, con mucha frecuencia se siente tan incapaz de disfrutar de sus logros como su colega del ejemplo anterior, por vivirse en una impagable deuda con la familia que se sacrificó por él. Desde un punto de vista diagnóstico, son importantes las discrepancias entre la escolaridad referida por el entrevistado y la ocupación actual. Una escasa escolaridad en una persona que ocupa un importante puesto ejecutivo, puede corresponder a una capacidad intelectual superior, así como a la utilización eficaz de recursos extrafamiliares que le han permitido acceder a los logros que nos muestra. Si, por el contrario, nos encontramos frente a un joven procedente de la clase media alta citadina, que muestra pensamiento empobrecido, escasos conocimientos y que a duras penas concluyó la instrucción primaria, sospecharemos bien la existencia de daño orgánico o de problemas psicológicos de larga data. O bien haremos un diagnóstico presuntivo de deterioro mental, cuyo origen, orgánico o psíquico investigaremos, si entrevistamos a un profesionista anteriormente exitoso, en la sexta década de la vida, que difícilmente encuentra palabras para expresar su pensamiento, y se muestra confuso y desorientado.

h) El último dato solicitado en algunos esquemas de reporte de entrevistas o historias clínicas, la *fuente de referencia*, que se obtiene por interrogatorio directo, si no surge en el curso de la entrevista, en forma análoga a la mencionada en cuanto a la edad y el estado civil. De él puede inferirse, en cierta medida, el posible grado de conciencia de enfermedad mental, y de sofisticación psicológica que posee el entrevistado. Es muy frecuente que, independientemente de la existencia de una cierta información sobre aspectos psicológicos y psicoterapéuticos, los pacientes con alteraciones psicosomáticas no perciban la relación entre sus síntomas y sus conflictos psicológicos, debido a que la regresión a la modalidad corporal de expresión emocional, dificulta dicha vinculación. En cambio, personas cuya educación y medio ambiente no han facilitado el acceso al campo de la psicología, pueden tener una clara conciencia tanto de su sufrimiento afectivo como del origen psicológico del mismo, pero hallarse impedidos durante un tiempo de acceder a la ayuda requerida, por ignorar a qué profesional deben recurrir. Generalmente los menores de edad asisten a la consulta llevados por los familiares que deciden a quién consultar, mientras los adultos lo hacen después de informarse con amigos y profesionales del área en quienes tienen confianza, buscando en ocasiones, características especiales del entrevistador: sexo, edad, definición ideológica, socio–económica, etc., datos que apuntan a la existencia de una fantasía, con respecto a lo que esperan y temen del posible tratamiento que pudiera derivarse de la inicial entrevista. Hay personas en las que, ciertas circunstancias y experiencias vitales provocan disminución en la autoestima, situación que lleva a su vez, al establecimiento de requisitos con respecto a su futuro terapeuta. Así por ejemplo, jóvenes poco respetados y considerados en su familia de origen, se muestran renuentes a aceptar la capacidad profesional de entrevistadores de edad similar a la de ellos. Y los ancianos que comienzan a percibir dolorosamente, la merma en sus capacidades físicas e intelectuales, pueden encontrar difícil acudir y creer en el funcionamiento adecuado de un coetáneo. Por otra parte, el haber sido objeto de sometimiento y opresión por parte de figuras significativas en ciertas épocas de la vida, puede conducir precisamente, a la búsqueda de personas cuyas características más evidentes las hagan aparecer como lo opuesto del sometedor. Así, por ejemplo, el joven puede buscar a un hombre, de cualquier edad, con quien se sienta a salvo de encuentros con la madre sobreprotectora y culpígena, a quien consciente o inconscientemente considera responsable de sus dificultades en la vida. Mientras la mujer que se ha vivido relegada, sometida, maltratada y devaluada por los hombres, buscará propositivamente una mujer que, para su inconsciente, garantiza la no repetición de tales experiencias, etc.

HISTORIA FAMILIAR

Aunque con fines descriptivos se divide la investigación de las historias personal y familiar, en la práctica ambas indagaciones se encuentran inextrincablemente entrelazadas, pues las características de los miembros de la familia producen, forzosa y necesariamente ciertas reacciones en el entrevistado, que a su vez modelan su carácter y dan a la relación correspondiente un determinado tono e importancia afectiva, erigiéndose en modelo positivo o negativo de identificación, identidad y fuente de ideales y valores.

Es frecuente que ya desde el mismo momento de explicitar el motivo de consulta, el entrevistado exponga la existencia de conflictos con las figuras significativas de su niñez cuando, por ejemplo, expresa que "todo proviene de su infancia". La invitación verbal o preverbal del entrevistador a continuar el relato, puede llevar bien a la explicitación de las situaciones infantiles, bien al relato de los síntomas. En este último caso, se procede como se indicó en el capítulo correspondiente. En el primero, al igual que, cuando agotada la investigación semiológica, debemos proseguir con el rastreo de las características de las relaciones interpersonales modeladoras de las pautas habituales de interacción del sujeto con su medio ambiente, trataremos de determinar: 1) *El entorno socio–económico y cultural* en el que se desarrolló el entrevistado. 2) *Características de los padres, hermanos y otros parientes significativos y tipo de relación establecida con ellos.* 3) *Manejo familiar de los afectos y actitudes hacia el trabajo, sexo, enfermedad, religión, educación, ambición, dinero, independencia,* etc. 4) *Cambios de residencia, situación económica y social significativos.* 5) *Antecedentes patológicos hereditarios y familiares,* referidos especialmente, a enfermedades mentales y otros padecimientos que pueden afectar, de una u otra forma al entrevistado.

1) *Entorno socioeconómico y cultural durante el desarrollo.* La familia, como perpetuadora o cuestionadora de la ideología dominante, transmite a sus miembros los modos de vida y valores correspondientes a su particular visión del mundo. A su vez, cada uno de los individuos educados dentro de estos patrones, acepta, se somete o se rebela a las exigencias de su crianza, dependiendo del tipo de relación establecida con las figuras parentales, de sus

propias capacidades y necesidades personales. La valoración del resultado final de esta interacción está muy lejos de constituir un procedimiento rutinario. Más importante que determinar el salario del padre, por ejemplo, es conocer los sentimientos, experiencias y fantasías con los que reaccionó el entrevistado a su extrema pobreza o a su situación económica y social privilegiada.

Así podemos encontrar en algunos casos, que habiéndose vivido la pobreza como algo vergonzoso y que debía ocultarse, el paciente que ha salido de ella oculta ante sus nuevas amistades su humilde origen, avergonzándose de sus parientes menos afortunados, lo que a su vez genera sentimientos de culpa e inseguridad social, pues teme ser descubierto en cuanto a un pasado que vive como algo rechazable. Caso que contrasta con el de quien, procedente de un medio igualmente carente, estuvo sujeto a la influencia de padres ambiciosos y manipuladores que vieron en los hijos la posibilidad de ascender en la escala social, transmitiéndoles abierta o encubiertamente, el mensaje de ser los encargados del rescate familiar, con lo cual generan, bien hijos abrumados y resentidos por la tarea encomendada, bien triunfadores compulsivos que se erigen en el orgullo de los padres y envidia de los hermanos menos afortunados. La procedencia del otro extremo de la escala socio—económica plantea también dificultades. Así individuos procedentes de familias de la clase alta, con padres fríos, distantes y dedicados al cumplimiento de sus compromisos sociales, pueden protestar a través de la drogadicción y sociopatía por el abandono físico y afectivo al que estuvieron sujetos durante su infancia, a pesar de los abundantes satisfactores materiales y recursos culturales que rodearon y pueblan la totalidad de su vida pasada y presente. La necesidad de preservar la imagen pública de padres poderosos, constituye una carga que difícilmente deja indemne la autoimagen, autoestima y espontaneidad de los vástagos de tales familias. Midiéndose siempre con un ideal difícil de alcanzar, rodeados por servidumbre y amigos serviles, tienen de sí mismos simultáneamente, una imagen todopoderosa y otra pobre y devaluada que los mantiene en continua tensión. No es infrecuente la sensación de ser aceptados sólo como medio para lograr acceso a sus poderosos padres. En estas circunstancias creció una paciente que buscó tratamiento debido a crisis de angustia desencadenadas a raíz del nacimiento de su primer hijo, al cual se sentía incapaz de atender adecuadamente, junto con sus deberes de esposa y ama de casa. Hija menor de una rica familia, creció en medio de una sobreprotección familiar extrema. Cursaba, sin pena ni gloria la primaria, cuando su padre hizo un donativo importante a la escuela en la que estudiaba. A partir de ese momento, de ser una alumna común y corriente, fue convertida en la consentida y protegida de maestros y autoridades del plantel, que así buscaban acercarse a su padre, repitiéndose y magnificándose, la sobreprotección familiar, con lo que, ni en casa ni en la escuela, tuvo que hacer el más mínimo esfuerzo. Si por una parte, se sentía cómoda y despreocupada, por otra comenzó a adquirir la sensación de no valer nada por sí misma, y de ser sólo aceptable a la sombra de su padre, uniéndose a un hombre tan rico como aquél, para continuar sintiéndose igualmente protegida de sus supuestas fallas e incapacidades. La maternidad, forzándola a asumir un papel activo e independiente, la enfrentó con la necesidad y el temor a renunciar al papel de niña perpetua, que eligió ante el mensaje familiar de que su tarea en la vida era pasarla despreocupada y feliz.

La situación social, económica y cultural de la familia de origen facilita o dificulta ciertas capacidades e intereses; modela los hábitos recreativos, las normas, modos de comportamiento, metas y valores del individuo. Consciente o inconscientemente, los padres suelen elegir la función que debe cumplir cada uno de sus hijos dentro de la familia: redentor, niño perpetuo, intruso, mediador, chivo expiatorio, etc. En ocasiones, tratan de realizar a través de sus vástagos, sus frustrados deseos de poder, prestigio, riqueza, logros académicos, etc., lo que puede derivar en conflictos vocacionales o en franca patología, como puede apreciarse en el siguiente ejemplo: La madre de Claudia solicitó tratamiento para su hija por haber reprobado, por segunda vez, el primer año de la carrera de letras. Consideraba que su hija se "estaba saboteando la vida", al reprobar y elegir como novios a jóvenes muy por debajo de su inteligencia y situación económica. En la entrevista, Claudia no se explicaba por qué, durante los exámenes, su mente se quedaba en blanco, incluso en materias que conocía bien y le gustaban. Casi todo el tiempo hablaba de lo que su madre decía, quería u opinaba. Cuando se lo hice notar, diciéndole, después de un tiempo de escucharla: "Bueno, ahora sé bastante de lo que tu mamá opina sobre ti, tus capacidades y limitaciones, sobre tus amigos y novios, pero todavía no sé qué piensas tú", me miró sonriendo perpleja, y me respondió que admiraba mucho a su madre, a quien consideraba una mujer culta, con amistades fascinantes en el campo de las letras.

T. ¿Y la admiras tanto que te gustaría ser como ella?

Claudia. No lo había pensado, realmente no lo creo porque es una mujer muy angustiada, de todo se preocupa, que si yo repruebo, que si mi hermana está gorda y mi hermano con bronquitis, que si papá no vende lo suficiente, que si qué va a decir mi tía de los amigos míos y de mis hermanos. No, yo no quisiera llevar esa vida. Pero creo que tienes razón en que siempre tomo en cuenta lo que opina, porque me parece que tiene razón en lo que dice. No sé que me puede pasar con la escuela si me gusta.

T. A mamá le gusta y a ti también. ¿Ella también estudió letras.?

Claudia. No, ella es secretaria bilingüe y trabaja en X, de ahí se ha hecho amiga de ellos porque le atrae mucho su cultura, los admira.

T. Y a ti ¿te gustaría ser como ellos para que mamá te admire.?

Claudia. En realidad no, yo quería ser bailarina de ballet, pero mi mamá opina que esa no es una profesión para poder vivir en el nivel al que estamos acostumbrados, así que me sugirió seguir letras como carrera y el ballet como diversión, y a mi me pareció que tenía razón. ¿Tu crees que uno puede vivir siempre de bailarina? Mamá dice que una vez que se tienen hijos ya no se puede vivir de eso, y a mí sí me gustaría casarme...

Claudia no se atrevía a cuestionar conscientemente, los deseos y opiniones de su madre, su rebeldía inconsciente a ellos, la hacía actuar, tanto en los estudios como en la elección de pareja, en una forma que se oponía a los preceptos maternos, evitándole sentirse culpable, ya que a través de las reprobadas y de ser incapaz de enamorarse de los chicos que a su madre le gustaban, evitaba la responsabilidad de asumir su rechazo a los consejos maternos.

2) *Características de los padres, hermanos y otros parientes significativos, y tipo de relación establecida con ellos.* La edad de los padres al nacer el entrevistado, como simple dato estadístico, carece de significación en cuanto a la comprensión del entrevistado.

Si bien es cierto que condiciones como el mongolismo son más frecuentes entre los hijos de parejas mayores de 40 años de edad, lo importante, desde el punto de la psicodinamia de un sujeto dado, es la forma en la que la edad de los progenitores repercutió en su crianza. El hijo no esperado, de una pareja joven, en vías de consolidar una posición profesional y económica, puede constituir una carga similar a la que enfrenta la pareja vieja, con hijos casaderos que sin habérselo propuesto recibe un bebé que interfiere con el proyecto de trabajar menos y realizar los viajes siempre aplazados por la crianza de la prole. En ambos casos el niño puede ser rechazado, quedando en manos de sirvientes o hermanos mayores, o bien ser objeto de una sobreprotección con la que se pretende reparar la culpa generada por las fantasías de abortarlo. Consecuentemente, el entrevistado se desarrolla teniendo muchas madres y ninguna, viviéndose, por tanto, finalmente rechazado y abandonado, o se ve sujeto a una serie de limitaciones en nombre de su salud y bienestar, que lo llenan de un resentimiento culpable, contra los padres sobreprotectores. Las características de los padres y del resto de los miembros de la familia de origen, modelan el tipo de relación que establece con ellos el entrevistado, y por tanto, el repertorio de conductas que pondrá en juego en las subsecuentes relaciones y circunstancias de su vida. Al pedirle que nos hable de su familia, por ejemplo, observamos a quién nos describe primero, si omite a algún miembro de la misma, o si la extensión y variedad de datos y situaciones, con los que describe a su madre, por ejemplo, contrasta con la parquedad del tiempo que dedica a mostrar su relación con el resto de la familia; lo que indica una importancia de la primera relación que prácticamente anula las demás. No nos conformamos con definiciones de personas o relaciones en términos de "buena o mala", pues bien sabemos que una relación puede ser descrita como "buena", porque el sujeto se somete tan a la perfección a los deseos del otro que no existen motivos para discrepar. O bien que la relación es tan distante que no hay oportunidad para apreciar la existencia de diferencias, o por el contrario, se perciben, pero no se considera que valga la pena dirimirlas con el otro, al que se visualiza como algo ajeno, distante e indiferente. Tanto ante estas situaciones, como frente al tipo de actitud y conducta que se nos refieran como características de los padres, investigaremos, si el entrevistado no aporta espontáneamente el dato, cuál era su reacción ante ellas: sumisión externa y compensación en la fantasía, seducción, reto, búsqueda de relaciones o situaciones compensatorias, indiferencia y desapego afectivo, evasión rencorosa o huida ante los padres temibles, rechazantes o abandonadores, o bien depresión y desesperanza, ante la imposibilidad de lograr satisfacerlos y sentirse aceptado por ellos, etc. Así pues, pedimos ampliaciones en términos de "cuénteme más de su papá", o "¿cómo está esto de (o por qué dice) que su abuela es rígida y manipuladora?" O "¿por qué dice que la relación es mala, (o buena)". "Y ¿qué sentías (y/o hacías) cuando tu papá te golpeaba?", etc. Con estas intervenciones obtenemos descripciones que posteriormente compararemos con las que pueden surgir en el curso de la exploración de otras áreas de la vida del entrevistado. La discrepancia posible entre ambos relatos, con la cual no es necesario confrontar al entrevistado, permite valorar la existencia de represión, negación, idealización y otros mecanismos defensivos puestos en juego por el entrevistado para protegerse de la culpa, vergüenza o resentimiento, contra estas figuras significativas pasadas y/o presentes. Un entrevistado describió inicialmente a su madre como una mujer santa, buena y abnegada, que había visto siempre por él y con la que nunca había tenido dificultades. Pero, al relatar su desempeño escolar, mencionó que le apodaban "el esposado". Al preguntársele el porqué de tal apelativo, reveló que, en una ocasión en que se negaba a asistir a la escuela, la madre lo esposó y así lo entregó a la maestra. Su agradecimiento por la madre que, en muchos casos se había sacrificado para darle los medios para educarse, lo hacía aislar y negar los malos tratos, para reprimir la hostilidad hacia ella.

Por el contrario, un relato cargado de afectos y recuerdos negativos, puede llevar al entrevistador a identificarse con la supuesta víctima de tanto maltrato, pérdida de objetividad que lleva a la omisión de la forma en la que el entrevistado puede estar provocando sus sufrimientos, para satisfacer fines diversos, cuya negación está al servicio de evitar la culpa por la agresión hacia esa figura, y por la necesidad de evadir la responsabilidad de la propia hostilidad, con miras a preservar una autoimagen sufrida y bondadosa.

Por ejemplo, mientras una joven de 24 años se quejaba amargamente del rechazo de su padre desde la infancia hasta la actualidad, describiéndolo como infantil, egoísta, impaciente e intolerante con el bullicio que provocaba de niña en casa; burlón y devaluatorio con ella en la actualidad, yo pensaba que, tan mal padre había producido una profesionista recién graduada con altos honores, según el propio relato de la misma. Interrogada sobre si sus hermanas habían sido igualmente maltratadas por él, respondió que ellas eran unas lame pies sometidas, que se la pasaban adulando al padre, mientras ella le hacía ver sus errores, en forma violentamente cuestionadora. Es bien sabido que la inconsistencia de la madre o la existencia de mensajes contradictorios entre ella y su marido, con respecto a lo que se espera de los hijos, es uno de los factores que predisponen a la esquizofrenia. El doble mensaje resultante es excepcionalmente percibido como tal por quien lo recibe, pero puede ser detectado en la entrevista, a través de la existencia de contradicciones, dudas o confusiones en relación con diversos temas. Una mujer describió a su madre como tolerante, comprensiva y liberal incluso con respecto a la sexualidad, tema que se discutía abiertamente en casa, en forma inteligente y desprejuiciada. Más adelante, al mencionar la relación con su amante, señaló la existencia de peleas frecuentes originadas por la imposibilidad de conciliar sus deberes filiales con las demandas de su pareja de espacios compartidos solamente por ellos, sin la madre de la paciente, que con diversas artimañas se introducía entre ambos, impidiendo, finalmente, el logro de una adecuada adaptación interpersonal en general y sexual en particular. El doble mensaje era : "actúa libremente tu sexualidad sin abandonarme".

La enfermedad grave o muerte de alguno de los padres, su abandono por separación, formación de una nueva familia, o divorcio, son situaciones que afectan en distinta medida, dependiendo de la edad del entrevistado en que se presentan y del tipo de relación establecido con el progenitor en cuestión. El niño que encontrándose en plena etapa edípica, se enfrenta a la muerte de su padre, o a su pérdida por divorcio o abandono del hogar, puede guardar sentimientos inconscientes de culpa, correspondientes a los omnipresentes deseos y fantasías agresivas que existen en relación con todas aquellas personas con quienes se convive, y en especial hacia las figuras de autoridad. Estos sentimientos de culpa, se manifiestan, a la postre, a través de problemas escolares, de socialización, etc. Mientras el niño que pierde a su padre durante el primer año de vida, podrá conservar una imagen más idealizada de él que quien, a través del tiempo, pudo percatarse de sus fallas y limitaciones.

Los hermanos y otros miembros de la familia son aliados u oponentes en la lucha contra las figuras parentales; substituto de las mismas; fuente de identificación positiva o negativa, tanto en cuanto a la forma de enfrentarse o someterse a los padres, como en cuanto a su manejo del mundo externo; rivales por el afecto de otros miembros de la familia y fuente ellos mismos de cariño y agresión. Su número, la relación establecida con cada uno de ellos, el rol que asumen dentro de la familia y el lugar que se ocupa dentro de la fratría, tienen una importancia relevante en el troquelamiento del carácter y la actitud ante la vida en todo individuo. Nuevamente insistiré en que la exploración al respecto es totalmente ajena a la obtención de datos estadísticos. La diferencia de edades entre el entrevistado y sus hermanos importa en tanto que es susceptible de revelar la interrupción súbita de la simbiosis con la madre, cuando biológica y emocionalmente aún no se está preparado para enfrentar la separación de ella. O bien explica el porqué de la distancia y escasa relación con hermanos mayores, próximos a casarse, o a abandonar el hogar, en la primera infancia del paciente.

Es necesario conocer el porqué de la relación mejor con unos hermanos que con otros, cómo pelean, se reconcilian, se apoyan, muestran afecto, etc. Cómo llegó determinado hermano a eregirse en la cabeza o el chivo expiatorio de la familia, qué características lo hacen más propicio para refugiarse en, o pelear con él. Qué tanto resintió ser desplazado en el afecto de los padres por alguno de los hermanos, debido a nacimientos, enfermedades, logros escolares, deportivos y otras circunstancias. Y de haberse conseguido, cómo se superó el resentimiento ante tales sucesos, o los motivos actuales que continúan alimentándolo, como veremos en el siguiente ejemplo.

Mientras una paciente me relataba, con lujo de detalles, la frialdad afectiva, obsesividad, deshonestidad y egoísmo de su hermano inmediatamente menor, profesionista muy exitoso que ayudaba a toda su familia, incluyendo a la entrevistada, no sólo económicamente, sino también como guía y apoyo ante problemas y dificultades diversas, me llamó la atención la persistencia de la rivalidad fraterna entre ambos, expresada en los siguientes términos: "todo lo de él me choca, me enferma porque se cree superior a mí; no me concede crédito en nada, dice que cómo me atrevo a opinar sobre arte y literatura si nunca he leído, ni siquiera cursé la Secundaria y no he estudiado a fondo nada. Dice que sólo me pongo en ridículo, y que la gente se ríe de mí y que como no quiere que también se rían de su mujer, por eso no la deja andar conmigo, y a mí X, me cae muy bien, me divierto mucho con ella, pero está totalmente dominada por mi hermano y ya casi no anda conmigo". La vieja rivalidad por el afecto de la madre se extendió a la lucha por la posesión de la cuñada de la entrevistada, por quien ésta, como pudo descubrirse en el curso del tratamiento, sentía una intensa atracción homosexual.

La desproporcionada intensidad del afecto hacia cualquier personaje de la historia o presente de los entrevistados, debe llevar a la exploración de los motivos posibles de tal situación que, en el ejemplo anterior, estaban constituidos por la suma de la rivalidad fraterna no superada existente en ambos componentes del conflicto, más el ligamen homosexual transferido de la madre a la cuñada, nuevo motivo de competencia entre ambos hermanos, por la posesión y afecto del objeto libidinal, en el que una vez más, triunfaba el hermano de la paciente.

3) *El clima emocional del ambiente familiar y el manejo de los afectos en su seno*, marca profundamente la forma con la que, posteriormente, enfrentará el sujeto sus propias emociones y actitudes ante las dificultades de la vida. La impasibilidad frente a las mayores tragedias, el uso de golpes, insultos, ironía, burla, desprecio, la hiperemotividad, la expresión libre del amor y el enojo, o la sanción y el rechazo ante cualquier manifestación emotiva, etc., repercuten sobre el niño que se identificará o realizará formaciones reactivas contra estas modalidades de expresión emocional, con lo cual adquirirá la forma estereotipada, muchas veces maladaptativa, de expresión afectiva. La primera comunicación de una mujer de 26 años, bella pero desgarbada, fue la siguiente: "Todos mis problemas vienen de que mi padre quería que yo fuera hombre. Durante todo mi primer año me llamó José. Me reponsabilizó de la conducta de mis hermanas menores y me vistió de hombre hasta que nació mi hermano. Entonces dejó absolutamente de preocuparse de mí. Por eso soy dura, fuerte, responsable, por abrumada que me sienta no lloro, porque él no lo permitía. Mi marido esperaba verme triste por nuestra separación, pero no siento nada. Llorar es una debilidad con la que sólo se consigue hundirse más. ¿Qué hay que llorar en un divorcio?..." Tal vez si esta mujer hubiera podido mostrar su necesidad de afecto y sus lágrimas al esposo, no hubiera tenido que lamentar, posteriormente, su pérdida.

En cuanto al manejo familiar de la agresión, es necesario conocer por qué y cómo mostraban enojo los padres al entrevistado, por qué y en qué forma lo castigaban, cómo respondía al castigo, cómo expresaba él a su vez su enojo o inconformidad frente a distintas actitudes y acciones de la familia, etc. El niño a quien se permiten berrinches, gritos y portazos, a diferencia de aquél a quien se somete a golpes, no necesita gastar su energía en reprimir su rabia, aunque puede desarrollar el temor a perder el control de sus afectos, si durante sus accesos de ira se dañó o lastimó en forma más o menos seria a alguna persona u objeto de alto valor simbólico.

La responsabilidad o irresponsabilidad de los padres y otros miembros de la familia frente al trabajo, el placer y la enfermedad; su sujeción rígida, flexible o inexistente a un orden determinado y a ciertas normas sociales; el respeto a la palabra empeñada, sea en cuanto a puntualidad, deudas u otros compromisos; su adhesión a un determinado código moral, religioso y a valores diversos: educación, ambición, poder, prestigio, dinero, independencia o sometimiento, etc., condiciona en los hijos la identificación o formación reactiva correspondiente, que facilitará o perturbará la adaptación al ambiente extrafamiliar. El niño cuya familia pertenece a un grupo religioso minoritario, cuyas normas y valores difieren ampliamente del resto de la comunidad, es frecuentemente víctima de burlas, rechazo y curiosidad agresiva, que puede tornarlo permanentemente desconfiado, resentido, suspicaz y aislado con respecto al mundo externo y, compensatoriamente, excesivamente apegado a la familia en la cual encuentra la aceptación que necesita. La actitud evasiva, ocultadora y negadora de la familia frente a la sexualidad, genera en los vástagos la sensación de encontrarse ante funciones, sensaciones y fantasías reprobables, cuya emergencia en la adolescencia es susceptible de desencadenar, desde fobias y conversiones histéricas, hasta quiebras psicóticas, como se mencionó anteriormente. La contrapartida de lo anterior, el ejercicio de una sexualidad realizada ante la presencia de los hijos y el colecho, provocan un montante de excitación difícilmente manejable, que puede llevar a su descarga a través de fantasías continuas y actuaciones sexuales compulsivas, que perturban el desarrollo en otras áreas: escuela, amistades, adquisiciones culturales, actividades deportivas, etc.

En todos los incisos mencionados en el presente capítulo, es importante determinar si la actitud familiar ante ellas es consistente o inconsistente y, nuevamente, la reacción del entrevistado ante tales situaciones. El mensaje explícito es frecuentemente contradicho por la actitud de los padres, que incluso en ocasiones, llegan a expresar: "haz lo que te digo, no lo que yo hago", generando confusiones, resentimiento, pérdida de la confianza en la posibilidad de alcanzar su amor y una permanente sensación de ineptitud e incluso de escasa dotación intelectual.

4) *Los cambios en el lugar de residencia, situación económica y social*, como ya se mencionó en la *ficha de identificación*, constituyen hitos adaptativos, de los cuales el sujeto emerge fortalecido o perturbado. Todos sabemos la forma en la que el acceso al poder, por mínimo que este sea, perturba a algunas personas. El funcionario antes cordial, leal y afectuoso, se torna desconfiado, oportunista, prepotente, irascible y desconsiderado en la medida en que avanza dentro de la escala socioeconómica, en parte por identificación con otros poderosos, para disminuir su inseguridad en la nueva posición que detenta; en parte como descarga de, y defensa en contra de las ansiedades a las que se ve sujeto en el desempeño de su labor; y también como evacuación proyectiva en los otros, del sometimiento al que estuvo sujeto mientras hacía los méritos necesarios para sus ascensos. El niño que contempla lleno de confusión y ansiedad, este cambio en su padre, opta muy frecuentemente por identificarse con él, adquiriendo la sensación de invulnerabilidad y prepotencia que el padre le transmite y con la que se enfrentará al mundo mientras dura el poder de su progenitor. Así adquirirá "amigos" a los cuales maltrata, utiliza y devalúa, a cambio de comprarlos con viajes y regalos; igual que a ciertos "maestros", para encontrarse solo, impreparado e incapaz, cuando tiene que enfrentarse a las tareas de la vida adulta que lo fuerzan a valerse por sí mismo.

5) *Antecedentes patológicos hereditarios y familiares.* La existencia de ciertas enfermedades, o no, puede generar temores reales o irrazonables a padecerlas o adquirirlas. La presencia de familiares mentalmente perturbados, genera temor a la locura, produce un ambiente depresivo, cargado de resentimientos y culpas, capaz de perturbar en forma permanente, el estado anímico del sujeto, su autoimagen y autoestima, dependiendo de la edad desde la que se encuentre sometido al contacto con el enfermo, el tiempo de convivencia que mantengan, y la importancia afectiva de la que se encuentre revestido. Casi lo mismo puede decirse de la presencia de enfermedades físicas crónicas en el seno de la familia. El saberse portador de ciertos padecimientos hereditarios que potencialmente pueden desembocar en la enfermedad temida, además de troquelar el estilo de vida: especialmente cuidadoso para proteger la salud, a base de una mezcla de restricciones racionales e irracionales; su opuesto, la negación maniaca de la propia vulnerabilidad; o el apresuramiento por

consumir experiencias antes de la llegada del temido deterioro, se acompañan muy frecuentemente, de resentimiento contra los ascendientes transmisores del mal, desplazado, en ocasiones a Dios, el destino o la vida.

Al consignar los datos correspondientes a la historia familiar es conveniente, para evitar tediosas repeticiones, llevar el relato de cada una de las relaciones con los miembros de la familia, desde la infancia hasta el momento actual, sin dividir artificialmente, como con fines didácticos lo he hecho hasta este momento, las diversas áreas exploradas. Por ejemplo:

La madre tiene actualmente 62 años; es, como la paciente, maestra de baile. Hasta los cuatro años X sentía que tanto ella como la música de ballet, la casa, el viento, etc., formaban parte del cuerpo de la madre, a quien amaba tiernamente, deseando estar todo el tiempo pegada a su cuerpo. Entre los dos y tres años la madre estuvo hospitalizada a consecuencia de un aborto y la paciente comenzó a llamar mamá a la sirvienta que la cuidó en ese tiempo, situación que cedió en cuanto regresó la madre a casa. Hasta los cuatro años durmió en la recámara de sus padres, siendo desplazada a su propia habitación al nacer su hermano inmediatamente menor, al cual trató de matar con un ladrillo. Ambos incidentes marcan el cambio en la relación con la madre, que de amada y tierna se convierte en odiada, temida, insaciable en sus exigencias y tremendamente punitiva. X hacía berrinches por los más nimios incidentes, pateaba rabiosamente a su madre, que respondía golpeándola y sermoneándola inacabable y violentamente. Sentía que su madre la odiaba y gozaba haciéndola sufrir. En la adolescencia continúan las peleas entre ambas, y X comienza a protegerse de las continuas intromisiones de su madre en su vida, evitando al máximo su presencia. A los 24 años se "libra" de ella a través de una beca en el extranjero, que no es capaz de prolongar más allá del año que le fue concedida. En este lapso la madre la culpa por carta, de una serie de enfermedades que atribuye a la preocupación por su ausencia, negándole la ayuda familiar para proseguir sus estudios. Regresa furiosa y resentida al hogar, casi no habla con su madre, y cuando lo hace generalemente terminan encontrando discrepancias que las llevan a pelear a gritos, situación que persiste hasta el momento actual, a pesar de que X evita, como en la adolescencia, hasta donde le es posible, el contacto con su progenitora, llenándose de amistades, viajes y otras actividades que la alejan del hogar, lo que provoca interminables críticas y reproches de la madre, a los que X trata de poner oídos sordos. Cuando no lo logra, surgen las discusiones a gritos, que sólo terminan por la intervención de los otros miembros de la familia. X considera que su madre es una hipócrita, porque continuamente dice que ella es su hija predilecta, hecho contradicho por las tiernas miradas que dirige al hermano inmediatamente menor que ella, y por las deferencias que le muestra, tanto reservándole las mejores porciones de alimento, como escuchándolo "con la boca abierta", ante la más mínima "estupidez" que a él se le ocurre contar.

HISTORIA PERSONAL

La historia personal comprende los incidentes significativos en la vida del sujeto, que han constituido retos, estímulos y obstáculos durante las distintas épocas de su desarrollo. Este inciso de la entrevista sólo artificialmente se consigna por separado, pues los datos que lo constituyen, surgen en su mayoría, durante la exploración de las relaciones familiares o del padecimiento actual, siendo sólo necesario en ocasiones, precisar ciertos datos que han quedado poco claros en los capítulos anteriores. La historia personal debe llevar, cuando es necesario, desde el nacimiento hasta el momento actual. No pretende la exploración exhaustiva de la vida del sujeto, sino la recolección de los incidentes que hayan influido en forma significativa sobre el desarrollo y que pudieran servir para mejor comprender la sintomatología actual y los patrones característicos de conducta del sujeto, responsables de su buena o mala adaptación. Al respecto, es conveniente tener in mente un cierto esquema del desarrollo psicosexual, siendo recomendable la revisión de los textos de S. Freud, (1905, 1907, 1908, 1908,a, 1909, 1914, 1915, 1919, 1923, 1924); A. Freud, (1961), M. Klein, (1971), E. Erickson, (1963), M. Mahler, (1968), etc.

Abordamos esta área de exploración pidiendo al entrevistado, si necesitamos saber más sobre ella: "Cuénteme más de su niñez, (o de cuando era jovencito, o de su vida en el momento actual)".

Para sistematizar los posibles tópicos a investigar en este apartado, tomo de Menninger, (1952), el listado correspondiente, reiterando que sólo es un recordatorio para realizar la investigación necesaria y no un cuestionario que debe llenarse siempre, en todos los casos y en todos sus incisos. En caso necesario, dada la existencia de indicios significativos al respecto, rastrearemos desde la infancia hasta el momento actual: el estado de salud, existencia de recuerdos, fantasías, sueños y/o pesadillas, ajuste a la escuela y subsecuentemente al trabajo, síntomas de desadaptación y de perturbación emocional y sucesos importantes en cada una de las etapas de la vida, sean traumáticos o no. Además investigamos específicamente en la:

1) *Infancia.* (nacimiento, lactancia, destete, control esfinteriano, desarrollo, juegos y tipo de relación establecida con maestros y compañeros).

2) *Adolescencia* (pubertad, menarca, desarrollo físico, adquisiciones culturales, intereses, tendencias o experiencias homo o heterosexuales, relaciones interpersonales, metas e ideales y figuras idealizadas y odiadas, esfuerzos por emanciparse de la familia).

3) *Patrones de ajuste durante la vida adulta* (vocación, relaciones de trabajo, ajuste social: amistades, membresía a sociedades, actividades, intereses, hábitos recreativos. Ajuste familiar: características y relaciones con la esposa, hijos y familiares que conviven en el hogar. Historia sexual y marital). Si decidimos que es importante explorar cualquiera de las áreas mencionadas, entonces debemos intentar conocerla con la mayor amplitud posible.

Así por ejemplo, de ser necesario preguntaremos a qué edad ingresó el entrevistado por primera vez a la escuela. Cuál fue su reacción ante la primera separación formal de la madre y el ambiente familiar (rabia, depresión, incapacidad para relacionarse con los compañeros, angustia insoportable que fuerza su retorno al hogar, retrasando el inicio de la escolaridad y socialización, etc.). Logros escolares, relaciones con maestros y compañeros, reprobadas, expulsiones (determinando cuidadosamente las causas de unas y otras), nivel profesional alcanzado. En caso de interrupción de los estudios averiguar el motivo. Edad en que se comienza a trabajar y circunstancias que rodean tal inicio. Secuencia de empleos, con detección de los motivos de esos cambios y las relaciones con jefes, subalternos y compañeros, hasta llegar al momento actual. Los entrevistados procedentes de familias numerosas y quienes han tenido relaciones escasas, distantes o por tiempo breve con padres y y otros familiares ignoran, con frecuencia, los datos de su primera infancia. En cambio, la abundancia de detalles al respecto, como en el caso siguiente, permite hacer inferencias tempranas sobre el tipo de relación madre–hijo y su influencia en la patología o buena adaptación del entrevistado, sujetas a ratificación o rectificación subsecuentes.

La paciente, una inteligente mujer de 25 años que deseaba modificar ciertos rasgos desagradables de su carácter, aportó la siguiente narración, como respuesta a mi petición de: "cuénteme más de su vida". "Bueno, yo nací en X. Mi papá me dijo ya grande que mi mamá me había querido abortar, que quería ponerse una sonda. Cuando se lo pregunté a ella dijo que sólo había sido una broma que le había jugado a papá, para ver qué tanto quería él también el embarazo. Y que ella nunca lo pensó en serio porque yo fui su hijita querida. De niña me contaba "mi historia", que me gustaba mucho y pedía me la contara una y otra vez..."

E. ¿Y cuál era esa historia.?

P. (*Muy sonriente, como añorando la situación pasada*): Decía mi mamá que ella le había escrito a la cigüeña y que la vecina, al saber que yo venía en camino, también quiso una niña y escribió. Así que cuando llegó la cigüeña y me dejó en la azotea de la casa, mi mamá tuvo que subir corriendo para que no me agarraran los vecinos. Como usted comprenderá, yo me sentía soñada, importantísima con el cuento, pero la verdad es que ahora me cuesta trabajo ver en qué, aparte del cuento, me ha querido tanto mi mamá, porque...

Y en efecto, en su relato era difícil encontrar el final feliz de la historia previa, transformación en lo contrario de la inicial situación de rechazo que llevó a la madre de esta mujer, a adoptar una ansiosa, limitante y encubiertamente agresiva sobreprotección a su hija, incapaz a pesar de sus notables dotes intelectuales, de desarrollarse plenamente en lo profesional y vital, porque dependía terriblemente de esta madre que finalmente la aceptó sólo en función de vivir a través de ella, triunfos escolares, sociales y amorosos.

Si el conocimiento previo del entrevistado nos hace suponer que su situación actual puede corresponder a perturbaciones muy tempranas del desarrollo, será necesario a veces, investigar la existencia de problemas orgánicos en la madre, que minando su salud, pueden haber alterado el desarrollo físico de su producto. De especial importancia resultan las enfermedades maternas y los problemas durante el parto, que provocan anoxia o hipoxia cerebral, ya que pueden desembocar en lesiones cerebrales de importancia, con el consecuente déficit mental.

Otro de los temas a investigar ante el diagnóstico presuntivo de conflicto psíquico temprano, es el de la lactancia, teniendo cuidado de no calificar como rechazo cualquier incapacidad materna para alimentar al pecho. Trataremos de obtener la descripción de los motivos por los que no se pudo ser amamantado, o la fecha y motivo del destete. Quién alimentaba al entrevistado y la forma en que lo hacía. De qué manera rechazó (si este fuera el caso), el biberón: negándose a tomar de él, vomitando, con diarreas, etc. Modalidades de relación con el mundo que después veremos repetirse en forma de: negarse a recibir, ser incapaz de conservar y aprovechar lo que se recibe, o negarse a aceptar lo que se le ofrece, para tener la justificación necesaria para quejarse por sentirse insatisfecho, frustrado o dañado por la dádiva, etc.

Cuando la patología del entrevistado hace sospechar la existencia de conflictos alrededor de la etapa de separación–individuación de Mahler, (1968), que dan por resultado personalidades infantiles, inmaduras o cuando encontramos perturbación en el desarrollo de la autonomía y el control de impulsos, es necesario investigar la actitud de la madre ante los inicios de estas funciones en el niño. Su incapacidad para permitirle alejarse de ella relacionarse con otras personas incluyendo al padre. Las exigencias de obediencia y el establecimiento de hábitos de limpieza, constituyen el campo en el que se dramatiza la lucha por el control, el poder y la posibilidad de dar y retener afecto, pensamientos y contenidos corporales. En la enseñanza del control esfinteriano se condensa en forma paradigmática, con gran frecuencia, la actitud de la madre hacia la incipiente autodeterminación de sus vástagos. Hay quien, incapaz de reconocer y respetar la falta de capacidad física de sus hijos, impone a base de golpes un control esfinteriano y de la motricidad extremadamente temprano y rígido, generando individuos que en la vida adulta temen la más mínima espontaneidad y visualizan como pérdida de control cualquier manifestación afectiva. Por el contrario, la excesiva tolerancia a conductas poco cuidadosas con otras personas y objetos, y con respecto al establecimiento de hábitos de limpieza, genera sujetos con pobre control de sus impulsos, infantiles e inmaduros. No sólo investigamos las características del control establecido, sino la reacción del entrevistado frente al mismo: sometimiento, hasta llegar a la inmovilidad y ausencia de juegos y relaciones extrafamiliares; rebeldía activa manifestada en berrinches, espasmo del sollozo, eneuresis o encopresis prolongadas; o pasiva: negativismo más o menos acentuado, oposicionismo, pasividad, estreñimiento, etc.

Actitudes de las que a su vez, se derivarán la estructuración de una autoimagen y valoración de sí mismo en términos del niño bueno para nada, rebelde y malo, o bueno y querido siempre que haga lo que se espera de él.

Desde la infancia hasta la vida adulta, recuerdos, fantasías y sueños son condensaciones disfrazadas, con mayor o menor éxito, de situaciones prototípicas, a través de las que se expresa un fragmento de la vida del individuo, en cuanto a sus conflictos y manera de enfrentarlos. Por ello es importante su exploración a través de las distintas etapas del desarrollo, ya que sus variaciones apuntan a la influencia de las nuevas capacidades puestas en juego gracias a la maduración y el acceso a recursos ambientales, includas las relaciones con objetos extrafamiliares, que modifican el juego de fuerzas de que dispone el individuo en la lucha por lograr una adaptación cada vez más adecuada a la realidad. La persistencia de fantasías, sueños y experiencias muy poco modificadas por el decurso vital, implica bien detención del desarrollo, bien fijación de un conflicto. Lo mismo es aplicable a la permanencia de síntomas de fracaso adaptativo, como succión del pulgar, incapacidad para renunciar a objetos transicionales (la cobijita o el osito de peluche, etc.), berrinches, rivalidad fraterna, incapacidad para relacionarse con otros niños, egoísmo exagerado, onicofagia, fobias, sonambulismo, tics, crueldad o agresividad excesivas, hiperactividad, hurtos, etc. Estos temas se abordan preguntando directamente qué sueños, fantasías y recuerdos tiene el entrevistado de su infancia, si se comía las uñas de niño, etc. De existir síntomas infantiles, su investigación, siguiendo los lineamientos establecidos en el interrogatorio de los síntomas, debe llevar hasta el momento de su desaparición y las circunstancias que pueden haber contribuido al respecto. En forma similar se actúa en relación con sueños, pesadillas y fantasías.

Una mujer relató que su madre no pudo amamantarla, ignorando las causas de tal situación. Se succionó el pulgar derecho hasta los quince años: "lo tenía blanco de tanto que me lo chupaba". Abandonó el hábito cuando un novio le dijo al observarla que si "se mamaba el dedo, sería también buena para otras cosas". Se sintió tan enojada y avergonzada, que no sólo interrumpió el hábito, sino que terminó el noviazgo. Entonces comenzó a morderse las uñas, escupiéndolas una vez que lograba arrancárselas, condición que persistía al momento de la entrevista. En el ejemplo anterior vemos el reemplazo de una gratificación substitutiva de la interrumpida relación con el seno materno, por una actividad cargada de rabia, debido a la interrupción de la satisfacción previa por un contenido sexual, inaceptable como compensación de la anhelada relación con la madre, expresada por el primer síntoma. La socialización del niño lo provee de figuras con quienes identificarse en términos positivos o negativos, lo cual facilita el aprendizaje de diversas actividades y funciones, incluyendo la forma de enfrentar los conflictos previos en relación con el manejo de afectos, autonomía y control del mundo. Así se expande no sólo su mundo interno, el externo también se enriquece, dotándolo de relaciones con las cuales compensar, (aunque en ocasiones también se refuercen), los daños a su autoestima y la carencia de figuras amorosas, apoyadoras y auxiliares y reparadoras de sus fallas y limitaciones. La escuela y el contacto con vecinitos, proveen oportunidades para reeditar, en condiciones distintas, los conflictos desencadenados por el nacimiento de hermanos menores y por la competencia con ellos por el afecto de los padres. En la elección de amistades es posible resarcirse de las desventajas existentes en el hogar, aunque en casos menos afortunados, se busque precisamente a quienes perpetuarán el conflicto. Lo mismo es aplicable a los maestros y otros adultos, que representan la autoridad parental.

Una paciente, segunda hermana de nueve, recibió el rol de madre susbtituta de sus hermanos, incluida la mayor, que padecía un severo retraso mental. A pesar de las dificultades y limitaciones que para muchos intereses propios representaba el desempeño de esta función, la gratificación que le brindaba el sentirse importante cuidando hasta a su hermana mayor, fue de tal magnitud que siempre eligió amigos a quienes tenía que cuidar y proteger, mostrando su solicitud primero ante los maestros, después ante sus jefes con lo que conseguía, igual que inicialmente de su madre, la admiración y aprecio que tan necesarios le eran. Cuando acudió a consulta, se encontraba rodeada del afecto de sus numerosas amigas y hermanos casados, de cuyos hijos se encargaba con frecuencia pero, cercana a los treinta años, comenzaba a preocuparse por no poder establecer ninguna relación amorosa que desembocara en la formación de su propia familia. En cambio, la mayor de una familia de trece hermanos, a quien también se encomendó el cuidado de los menores, se vivía abandonada por una madre fría y distante que no la quería ni a ella, ni a sus hermanos. A su ingreso a la escuela se sentía ajena y rechazada por las compañeras, a las que en realidad mantenía a distancia para evitar tener "una nueva latita que cargar". En la adolescencia logró establecer un ligamen homosexual con una chica algunos años mayor, que se convirtió en su protectora. Este fue el modelo de sus relaciones en la vida adulta, el de hija de mujeres fuertes, independientes, que la mimaban, protegían e incluso peleaban por ella. Única manera de sentirse a salvo de repetir el odiado rol de madre substituta, cuyo desempeño no trajo, como en el caso anterior, la admiración y amor de la madre anhelada.

Diversas circunstancias externas facilitan o interfieren con la posibilidad de superar conflictos familiares, entre los que la rivalidad fraterna ocupa un lugar importante. Aunque anteriormente ya se ha abordado el tema, señalaré aquí que la posibilidad de erigirse como líder fuerte y temido del grupo escolar o de juegos, puede permitir la superación de sentimientos de inferioridad gestados por la competencia ineficaz con hermanos mayores bien dotados. El segundo hijo de una de mis pacientes, evitaba el contacto con su hermano dos años mayor, niño extraordinariamente bien dotado tanto física como intelectualmente, y que por tanto, lograba ganarle fácilmente en cuanta actividad emprendían juntos. A su ingreso al jardín de niños, Aníbal desarrolló una intensa actividad competitiva con sus compañeros, tanto en las labores escolares como en juegos. Estuvo a punto de ser expulsado por su conducta belicosa, hasta que un día, un compañero más pequeño que él, cansado de sus golpes, lo vapuleó con una vara de árbol. Aníbal se mostró durante un tiempo deprimido y aislado, hasta que en cierta ocasión, tomando como pretexto un motivo baladí, provocó una pelea con su hermano mayor, al que logró descalabrar de una pedrada. A partir de ese momento desapareció su temor a competir con él y pudo encontrar actividades en las que el hermano era incapaz de superarlo, como el judo y la guitarra, consiguiendo obtener, finalmente, el respeto y aun la envidia del hasta entonces triunfador en la rivalidad fraterna.

No siempre es posible superar las circunstancias desfavorables que plantea la ubicación dentro de la fratría, lo que depende en gran medida, de la actitud de los padres frente a las características de cada uno de sus vástagos. En el ejemplo anterior, ambos padres deseaban ver a Aníbal convertido en un triunfador de la talla de su hermano, y apoyaron su agresión extrafamiliar, castigando sólo racionalmente el ataque al hermano mayor. En otros casos, los padres alaban tanto y ponen como ejemplo tan constante a algunos de los hijos mayores, descuidando los logros de los menores, que éstos desarrollan la convicción de no valer por sí mismos y de ser aceptables sólo si logran copiar a los mayores y sus subrogados. Rodrigo fue el menor de ocho hermanos, posición que le dificultó encontrar otro medio de sobresalir entre ellos que el de constituirse en el auditorio y acompañante de su madre. El hermano mayor era muy bueno en las peleas, y llevándole aproximadamente 10 años, era imposible de retar. La hermana siguiente fue una estudiante brillante, había además el simpático, chistoso y ocurrente, los artistas, las hacendosas, etc. Así pues, Roberto creció sintiéndose incapaz de igualar a los hermanos, y siguiendo el proverbio de "si no puedes vencer a tu enemigo, alíate con él", se dedicó a tratar de aprender lo que sus hermanos querían enseñarle, resultando un mediocre deportista, peleador, ayudante y cantante. Buscaba siempre amigos que lo superaran en algo "para aprender de ellos", e igual que con sus hermanos, terminaba siempre sintiéndose inferior, sin percatarse de que perdía su tiempo dedicándose a lo que otros valoraban, sin darse la oportunidad de pensar en lo que verdaderamente le gustaba o era capaz de hacer, malgastando sus innegables recursos en una imitación estéril.

En la historia de pacientes esquizoides y en la de algunos esquizofrénicos, encontramos con frecuencia incapacidad para establecer ligas afectivas tanto con los miembros de la familia, lo que podría explicarse por las características peculiares de los mismos, como con los maestros y compañeros que podrían reparar los daños a la autoestima y la carencia de afecto y aceptación de que son objeto en el ámbito familiar, debido a la magnitud del daño a las estructuras psíquicas existentes ya desde la infancia. En estos pacientes encontramos una historia de pobreza, frialdad, superficialidad y escasa permanencia de relaciones extrafamiliares, viviéndose solitarios, aislados y rechazados. El neurótico en cambio, establece generalmente ligas intensas, duraderas, aunque puedan ser conflictivas. Conserva en la edad adulta, algunas relaciones con compañeros de la infancia, o recuerda con intenso afecto a ciertos maestros y personajes diversos que influyeron en forma significativa, positiva o negativa, sobre su vida. En ocasiones puede valorarse la intensidad de la liga formada en función de las modificaciones permanentes que deja la relación en términos de identificación, como bien lo señala Freud en "El yo y el ello", (1923).

Como confirmación de lo anterior, sirve el caso de una mujer procedente de una familia de escasísimo nivel cultural, aunque con estupenda situación económica, ninguno de cuyos seis hermanos completó el bachillerato, mientras ella obtuvo un post–grado universitario, a pesar de la poca importancia que daba la familia a sus logros académicos. Preguntándole de dónde creía que podía haber provenido el estímulo para su desarrollo intelectual, recordó que tuvo un maestro muy cálido y cercano en el primer año de la primaria, que la tomó bajo su protección y la enseñó a leer en tres meses, sentándola en sus piernas y alabando sus logros frente a compañeras mayores, que repetían el año. El contraste entre esta figura y su padre rudo y distante, la llevó inconscientemente, a relacionar estudio con afecto, y a desear ser como su maestro, estudiosa, culta y cálida, y no como su padre, frío e inculto. La exploración de las relaciones interpersonales debe llevar hasta el momento de la entrevista, incluyendo las que se sostienen con esposa, hijos, compañeros de trabajo, jefes y subordinados, así como la pertenencia a clubes y sociedades que brindan nuevas oportunidades de vínculos afectivos, libidinales y agresivos, con otras personas.

Nuevamente a este respecto es necesario recordar que conformarnos con calificativos y aseveraciones tales como: "me llevo bien con mi esposa o quiero mucho a mis hijos", pueden ofrecernos un panorama totalmente distorsionado del tipo real de relación que guarda el entrevistado con sus objetos actuales: Un señor de mediana edad, describió como "muy buena, de acuerdo prácticamente total, respeto, comprensión y apoyo mutuos", la relación con su esposa 14 años menor que él. Llamándome la atención tan completo acuerdo entre personas con tan notable diferencia de edades, pedí me hablara más de su cónyuge. Así me enteré que era profesionista, pero había renunciado a su trabajo al nacer el primero de sus cuatro hijos, para dedicarse al cuidado de su hogar. Visitaba poco a su propia familia de origen, siempre acompañada por el entrevistado, tenía pocas amistades y, por lo "delicada que era en cuanto al cuidado de los hijos y del hogar", su marido, que rechazaba a las mujeres callejeras que tienen hijos y casas sucias, se encontraba muy satisfecho. Preguntado sobre qué tan satisfecha creía que se encontrara su esposa con este tipo de vida, el entrevistado me miró con cierta burla, contestando que ya me había dicho que ambos eran muy felices. Al insistir si no había nada que enturbiara su felicidad, reconoció que la señora padecía intensas migrañas desde el nacimiento de su primer hijo, situación que coincidió con su dedicación de tiempo completo al trabajo doméstico. Posteriormente surgió el que, siendo el entrevistado el miembro dominante de la pareja, excluía de su consideración y conciencia las señales de sufrimiento de su cónyuge.

En los juegos infantiles se reflejan los conflictos que enfrenta el niño en su desarrollo. Con frecuencia constituyen una repetición activa de situaciones más o menos traumáticas, con la intención de llegar a su dominio y control, a través del ejercicio y ensayo de las diversas soluciones posibles, especialmente cuando se trata de juegos espontáneos, diseñados por el propio niño. En cambio los juegos ya clásicamente estructurados, institucionalizados, entre los que ocupan un lugar predominante los deportes, facilitan la salida de agresión y competencia dentro de un marco reglamentado, lo que finalmente conduce a un manejo adaptativo de las pulsiones y el acceso al trabajo en equipo, a través de la mezcla adecuada de cooperación y egoísmo. Resulta poco significativo saber simplemente que el entrevistado jugaba al futbol, a las canicas o al doctor de los cinco a los nueve años, lo importante es determinar qué tanto placer derivaba de estas actividades; cómo se comportaba frente al triunfo y la derrota; qué tan tolerante era para con los errores propios y ajenos; qué situaciones le angustiaban al grado de interrumpir el juego; y si se sentía igual, superior o inferior en cuanto a sus capacidades, frente a los compañeros de juego, etc.

Los sucesos traumáticos o importantes en la vida del sujeto, surgen generalmente durante el relato, bien del padecimiento actual, bien en el de las relaciones familiares, como hemos visto en relación con cambios de domicilio, de situación socioeconómica, muerte, enfermedad o pérdida, por distintos motivos, de figuras significativas y de accidentes o enfermedades propias, que pueden haber provocada retraso escolar, perturbación en el trato con compañeros, intervenciones quirúrgicas que amenazan en forma real o fantaseada la integridad corporal y, en ocasiones, incidentes de seducción o violación hetero u homosexual.

En todos estos casos, es importante determinar con claridad la edad en que se presentó la situación traumática o importante, porque, como ya hemos mencionado, los recursos internos y externos con que cuenta el individuo para enfrentarlos, varían dependiendo de la etapa de desarrollo en el cual se encuentre. Investigamos además, la reacción del entrevistado ante el suceso motivo de escrutinio y las posibles consecuencias que pueda haber dejado permanentemente, en forma de modificaciones diversas ante las relaciones interpersonales, visión del mundo, fantasías, sueños y conducta en general.

Habitualmente el último tema a abordar en la entrevista, si su exploración resulta pertinente para la comprensión del padecimiento actual, es la vida sexual del entrevistado, excepto en los casos en los que las perturbaciones de la misma constituyan el motivo de consulta, o cuando el entrevistado aborda espontáneamente este tópico. Esta conducta obedece a la necesidad de establecer previamente una relación de confianza entre los participantes en la entrevista, con el fin de garantizar el mínimo de distorsiones y ocultamientos posibles, teniendo en consideración que el hablar de tales temas, constituye una situación reservada sólo para aquéllos con quienes se es capaz de compartir los aspectos más íntimos de la vida, además de la posibilidad de existencia de prejuicios, tabúes y ansiedades en cuanto a la normalidad y adecuación del desempeño sexual. Si durante el resto del encuentro, quien acude a consulta se ha convencido de la comprensión empática, respetuosa y acrítica del entrevistador, es factible que se permita exponer sin grandes angustias ni inhibiciones, el desarrollo de su vida sexual. El entrevistador debe a su vez, encontrarse libre de trabas y rigideces moralistas al respecto, aún frente a las actividades aparentemente más extrañas, perturbadas y poco convencionales, y ser capaz de abordar el tema a través de preguntas claras y directas, llamando a las cosas por su nombre, sin utilizar eufemismos ni circunloquios que transmitan al paciente la sensación de estar hablando de cosas indebidas, haciéndolo, a su vez, intentar librarse lo más rápidamente posible de la molesta situación, aportando respuestas escuetas y artificiosas. Normalmente el niño da muestra de un interés tan temprano por sus genitales, y por su cuerpo en general, como precoz sea el desarrollo de su coordinación visomotriz. El destino de tal curiosidad dependerá de la repuesta del medio circundante. La violenta reacción de una madre o sus subrogados (abuela, hermanos mayores, sirvientes, etc.) puede ser tan amenazante que se repriman en forma prácticamente total las tendencias escoptofílicas que deberían conducir al conocimiento de las diferencias sexuales, en otros niños y en los adultos que los rodean, quedando el sujeto privado de la información necesaria, así como coartado en su interés y curiosidad respecto al tema, lo que posteriormente puede extenderse a materias asociativamente vinculadas con él, produciendo diversos trastornos en el aprendizaje y el impulso epistemofílico. Así podemos encontrar personas que olvidaron sus primeras exploraciones corporales, nunca se masturbaron, se mantuvieron hasta la adolescencia totalmente ignorantes en materia sexual, y sólo tardíamente obtuvieron imprecisos, confusos conocimientos sobre funciones genitales, coito y embarazo, conservando durante toda la vida un rechazo más o menos encubierto, o un franco desinterés por todo lo relativo a la sexualidad. En cambio, los niños precozmente estimulados por colecho o seducción de otros niños o adultos, y los que quedaron sujetos a la contemplación de la escena primaria, inician con frecuencia una masturbación compulsiva temprana, o juegos sexuales cuyo destino dependerá, de nuevo, de la tolerancia o castigo proveniente de los adultos responsables de su crianza.

Comenzamos nuestra investigación partiendo del tema más neutro de a qué edad y de quién recibió el entrevistado información sexual. Intentando, de ser conveniente, averiguar la reacción ante la forma en que se abordó el tema y de ser aquélla adversa, qué intentos se realizaron para superarla. A continuación, tratándose de adultos, podemos optar por explorar las características de la vida sexual actual o por rastrear sus inicios a partir de la infancia. Nosotros seguiremos el orden cronológico, con miras a evitar repeticiones, pero serán las características previas de la entrevista las que determinen, en última instancia cuál es la conducta pertinente a seguir.

Habitualmente las actividades autoeróticas producen menos ansiedad y culpa que los jugueteos sexuales entre hermanos, sean éstos homo o heterosexuales, por lo que resulta conveniente iniciar el interrogatorio inquiriendo por la fecha de inicio de la masturbación. Dependiendo del caso, la pregunta al respecto se formulará dando por sentado que la masturbación es un hecho: "¿a qué edad comenzaste a masturbarte?", con la intención de facilitar el abordaje del tema al adolescente tímido; o bien en forma más cauta si nos enfrentamos a una digna matrona: "¿a qué edad inició su vida sexual?, con lo que damos la oportunidad de elegir entre el relato de la sexualidad adulta y la infantil. En el primer caso, después de abordar el tema como se mostrará posteriormente, puede estar indicado reinterrogar si la actual vida sexual estuvo precedida o no, por actividades masturbatorias, cuando por ejemplo, nos encontramos frente a inhibiciones en la potencia sexual o la capacidad orgástica.

Es frecuente que sólo se reconozca inicialmente la masturbación puberal, siendo necesario insistir en la pregunta para obtener el relato de la actividad infantil. En ambas importa conocer el tipo de fantasía o fantasías acompañantes, para determinar los objetos elegidos como depositarios de la pulsión y el tipo de actividad encaminado a satisfacerla, que bien puede poseer características francamente pregenitales. Hay personas que leen, "no piensan en nada", o imaginan escenas ajenas a la sexualidad, para evitar el encuentro con objetos que provocarían culpa, o situaciones sádicas o masoquistas que generarían ansiedad. En ocasiones la satisfacción autoerótica constituye un refugio contra rechazos y frustraciones; las fantasías acompañantes pueden estar al servicio de la reparación de la autoestima dañada, etc., lo que puede llevar a una masturbación reiterativa, actuación que generando culpa y nuevos temores cierra el círculo compulsivo. Mientras en la infancia la masturbación cede a la represión debida a influencias religiosas, educativas, a la declinación del complejo de Edipo, o deja su lugar e importancia frente a la emergencia de nuevas capacidades, actividades e intereses, consumidores de la atención y energías del infante; en la adolescencia, decae habitualmente, al dar paso al inicio de relaciones sexuales, reapareciendo en situaciones de abstinencia forzada o de perturbación en la relación de pareja. En ambos casos, es necesario explorar en función de qué desapareció la actuación autoerótica, pues mientras en un caso apunta a un desarrollo normal, en otros la energía de la pulsión reprimida provocará perturbaciones en el desempeño de la sexualidad adulta.

La menarca en la mujer y la emisión espermática en el hombre, marcan el inicio de la pubertad, cuyos cambios físicos, psíquicos y de ubicación en el mundo, plantean al adolescente una serie de retos y tareas por enfrentar y resolver. Por tanto, su aparición está dotada de una fuerte carga simbólica que es necesario determinar, a través de la búsqueda de las reacciones ante tales sucesos: placer, triunfo, vergüenza, culpa, etc. La relación familiar cambia de la dependencia más o menos total, a la creciente independencia tolerada de buen o mal grado por los padres y el resto de la familia. La asunción de los roles vocacionales y posteriormente laborales, que determinarán parte de la naciente nueva identidad, junto con la elección, seducción y conquista del objeto amoroso, sea homo o heterosexual; la forma de manejar a través de un cuerpo adulto pulsiones y opciones; la adopción de metas, valores, y figuras de identificación antes desconocidos o inaccesibles, provocan en el adolescente una verdadera crisis de identidad en la que ya no es el niño que fue, y aún no llega a ser el adulto que en algún momento surgirá del caos. La magnitud de la tarea por enfrentar produce siempre desequilibrio y conflicto, que puede afectar áreas hasta entonces satisfactoriamente adaptadas: escolar, recreativa, interpersonal, etc., lo que debe ser siempre motivo de escrutinio en los adolescentes, y en los adultos que en uno u otro momento de la entrevista, hayan referido problemas familiares, escolares o sociales durante ese período de la vida. Dentro del maremagnum anteriormente descrito, el inicio de relaciones sexuales puede constituir, tanto la tabla de salvación, como la gota que derrama el vaso.

El entrevistador debe estar alerta para investigar no sólo el grado de gratificación alcanzado a través de la actividad sexual, sino la situación global de la relación de pareja. Qué características posee el objeto sexual y cómo se le trata, son preguntas más relevantes que la frecuencia con que se realiza el coito con él. La búsqueda de satisfacción con total desconsideración por la pareja, expresa una incompleta substitución del autoerotismo, implicando por tanto, un fracaso en el acceso a la genitalidad, a la madurez, que implica consideración por el objeto, situación normal como etapa transicional en la adolescencia, pero anormal en el adulto. En éste consideramos terminada la exploración pertinente, una vez que tenemos claro el tipo de relación de pareja que ha establecido, y el que sostiene con sus hijos, si tal es el caso. En las madres, puede ser necesario emprender la exploración de las características de embarazos, partos y lactancias para determinar, con mayor exactitud que el simple relato consciente de la relación con los hijos, si existe o no conflicto con ellos. En hombres y mujeres, gran parte de la sobrecarga emocional de la paternidad, así como de las dificultades con los hijos, obedece al rechazo del rol parental debido a inmadurez emocional.

A propósito de la existencia de relaciones de pareja, o paterno–filiales perturbadas, puede ser pertinente la exploración del tipo y calidad del resto de las relaciones interpersonales.

Los pacientes hipomaniacos por ejemplo, presentan junto con relaciones amorosas efímeras, amistades igualmente superficiales y perecederas, a pesar de relatarlas como experiencias intensamente satisfactorias. La descripción hasta aquí realizada, de la investigación de las historias personal y familiar, no pretende abarcar todos los temas y eventualidades susceptibles de darse

durante la serie de entrevistas tendientes a lograr el esclarecimiento de los elementos psicodinámicos susceptibles de aportar
una hipótesis inicial, sobre el motivo del desequilibrio que motiva
la demanda de ayuda psicológica, y que lleva finalmente a la
formulación de un diagnóstico presuntivo y de la indicación
terapéutica pertinente. El objetivo del presente capítulo es mostrar más el espíritu, que la letra de la investigación anamnésica.

BIBLIOGRAFÍA

Erickson, E., H. (1963): *Childhood and Society*. Nueva York:
Norton & Co. Inc.

Freud, A. (1961): *The Ego and the Mechanisms of Defense*. Nueva
York: Int. Universities Press. Inc.

Freud, S. (1905): *Three Essays on the Theory of Sexuality*. S. E. VII:
123–242. Londres. The Hogarth Press.

——————— (1907): *The Sexual Enlightenment of Children*. Ibid.
IX: 129-140.

———————(1908): *Character and Anal Erotism*. Ibid. IX: 167-176.

——————— (1908a): *On the Sexual Theories of Children*. Ibid. IX:
205-226.

——————— (1909): *Family Romances*. Ibid. IX: 235-244.

——————— (1914): *On Narcissism: An Introduction*. Ibid. XIII: 67-
104.

———————(1915): *Instincts and their Vicissitudes*. Ibid. XIII: 109-
140.

——————— (1919): *A Child is being Beaten*. Ibid. XVLL: 175-204.

——————— (1923): *The Infantile Genital Organization: An
Interpolation into the Theory of Sexualitity*. Ibid. XIX: 141-
148.

——————— (1923): *The Ego and the Id*. Ibid. XIX: 3- 68.

——————— (1924): *The Dissolution of the Oedipus Complex*. Ibid.
XIX: 173-182.

Klein, M. (1971): *Algunas conclusiones teóricas sobre la vida
emocional del bebé. En: Desarrollos en psicoanálisis*, p.p.
177–108. Buenos Aires: Paidós.

Mahler, M. (1968): *Simbiosis humana: Las vicisitudes de la
individuación*. México: Joaquín Mortiz. 2a. edición.

Menninger, K. A. (1952): *A Manual for Psychiatric Case Study*.
Nueva York: Grune & Stratton. 2a. edición. 1962.

Capítulo VIII

INTEGRACIÓN DEL ESTADO MENTAL DEL PACIENTE

Bajo este rubro, que para otros autores recibe los nombres de examen psiquiátrico, psicológico o mental, se incluye toda la serie de datos obtenidos durante el curso de la entrevista, susceptibles de dar cuenta del estado de los diversos procesos parciales del funcionamiento psicológico del entrevistado. A través de ellos se establecen y mantienen las relaciones entre el individuo y el ambiente. Como señala Menninger, el examen cuidadoso de la forma en que el sujeto percibe el mundo externo; qué tan correctamente constata la realidad, qué tan apropiadas son sus respuestas emocionales; qué tan efectivamente organiza sus actos para alcanzar una meta determinada, nos proporciona un cuadro coherente de su funcionamiento psicológico. Los procesos parciales del funcionamiento psíquico no se presentan aislados; son patrones de interacción dinámica inextricablemente unidos entre sí.

Correspondiendo a la perturbación de cualquiera de ellos, se presentan alteraciones más o menos severas de los otros. De hecho, aunque se enlisten por separado, dividirlos artificialmente en el reporte da por resultado una serie de datos inconexos, que poco nos muestran del entrevistado como un ser vivo, que interacciona con su entrevistador y reacciona frente a los sucesos de la entrevista. El presente capítulo sólo con fines didácticos de sistematización, se separa de los anteriores, ya que como dijimos desde el inicio de la entrevista, continuamente recabamos la serie de datos que aquí consignaremos, pero que en la elaboración de los reportes correspondientes siempre ocupa un lugar especial.

El orden en que se consignan los fenómenos observados, y que nada tiene que ver con la secuencia en la que el entrevistador se percata de ellos, varía dependiendo del autor que se dedica a su sistematización. Clásicamente, al abordar este capítulo, psicólogos y psiquiatras como Slater y Ross, (1954); Vallejo Nágera, (1962); y Stevenson y Sheppe (1959) entre otros, consignan una serie de pruebas con las que intentan valorar las funciones de que aquí hablaremos, innecesarias generalmente, si atendemos no sólo al material verbal que nos aporta el entrevistado durante el contacto con él, sino también a sus expresiones faciales, cambios en el tono de voz, asociaciones y evasiones, reacciones emocionales, actitudes, movimientos, forma de vestir, etc., reveladoras de sus características conativas, intelectuales y emocionales. Sólo en algunos casos en que se duda si el trastorno observado corresponde a la memoria o a la atención, porque la diferenciación es sustantiva en cuanto establecer un diagnóstico diferencial, es preciso recurrir, por ejemplo a que el paciente reste serie de sietes, a partir del número 100, repita en el orden prescrito, o inverso determinadas cifras, aporte ciertas fechas de información general, verbigracia la correspondiente al descubrimiento de América, etc. En cambio, tanto con miras al establecimiento de un diagnóstico preciso, como para establecer la indicación terapéutica adecuada, el estudio neurológico y una batería completa de pruebas psicológicas, son siempre los prerrequisitos para el tratamiento de pacientes en quienes se sospeche, aunque sea en forma mínima, por sus antecedentes y síntomas, la existencia de daño cerebral. Utilizaré para la sistematización de los datos correspondientes el orden seguido por Fisch (1967), recomendando al lector recurra, con miras a una descripción más detallada y de primera mano al respecto, a los textos de: Stevenson y Sheppe, (1959); Masserman (1955); Menninger, (1952); Slater y Roth (1954); y Vallejo Nágera (1962).

Bajo el encabezado de *estado mental*, se incluyen los datos correspondientes a la perturbación o conservación de las siguientes funciones: a) *percepción*; b) *pensamiento y lenguaje*; c) *memoria*; d) *emoción*; e) *conciencia*; f) *motricidad y conducta*. Las definiciones que se darán de estas funciones, sirven a fines meramente prácticos y no pretenden, de ninguna manera, hacer justicia a la amplitud y extensión con que han sido abordadas por muy diversos autores. El estudioso interesado en el desarrollo, bases neurológicas y características específicas de ellas, debe recurrir a la literatura especializada al respecto, revisión que queda fuera de los límites de la presente obra.

a) Percepción

La *percepción* está constituida por la integración de los estímulos sensoriales, para formar una imagen, cuya configuración e interpretación tiene que ver con las experiencias pasadas. Es el primer paso en la prueba de realidad (descubrimiento e identificación de los estímulos internos y externos). Los trastornos de la atención producen alteraciones en la percepción, debido a que gracias a ellos, el objeto se estudia durante escaso tiempo y por tanto, se comprende mal. Sólo con fines prácticos de exposición se dividen ambos procesos psíquicos.

Para una percepción adecuada, resulta imprescindible el correcto funcionamiento de los órganos de los sentidos y de las vías neurológicas correspondientes. Sin embargo, estas mismas funciones pueden resultar afectadas por la existencia de conflictos psíquicos, que dan por resultado, igualmente: *ceguera, sordera, anestesias, anosmias y ageusias, o hiperestesias y parestesias.* La adecuada investigación semiológica, y en caso necesario, la exploración neurológica permite el diagnóstico diferencial entre unos y otros, como se señaló en el capítulo correspondiente. En cambio, como síntoma psicogénico, es poco frecuente la existencia de las distorsiones visuales que se presentan en algunas intoxicaciones, y que consisten en la percepción de un cierto color que tiñe todos los objetos, por ejemplo amarillo o violeta en la intoxicación por santonina (medicamento muy poco usado en la actualidad en el tratamiento de ciertas parasitosis intestinales). Por igual, padecimientos psicógenos y orgánicos, provocan cambios en la percepción visual. En la *micropsia* el paciente ve los objetos más pequeños o lejanos de lo que en realidad son; mientras en la *Macropsia* parecen más grandes. Ambas condiciones se presentan en algunos episodios de desrealización, y también en padecimientos de la retina y del lóbulo temporal.

Aquí nuevamente, el correcto interrogatorio de los síntomas, las circunstancias en las que aparecieron y los fenómenos de los que se acompañan estos síntomas (trastornos afectivos y en las relaciones interpersonales en los padecimientos psicógenos, y otras alteraciones neurológicas en los padecimientos orgánicos), aportarán los datos necesarios al diagnóstico diferencial, que de ser preciso se complementará con la exploración neurológica pertinente.

Un trastorno perceptual mínimo, pero más abarcativo que los anteriores, consiste en confundir el rol de otra persona, malentendido que conduce a esperar de ella una conducta diferente de la que razonablemente podría esperarse. Este trastorno se evidencia a través de los comentarios del paciente sobre otras personas, y la forma en que se comporta con ellas y especialmente con el propio entrevistador, de quien puede pretenderse ser tratado como un niño por su madre, por ejemplo. Las *ilusiones* son percepciones deformadas, constituidas por la mezcla de la fantasía con el objeto realmente percibido; pueden presentarse cuando existen trastornos orgánicos de la atención y la percepción, como en los casos de delirium tremens, (por intoxicación alcohólica), en intoxicaciones, traumatismos y en padecimientos psicogénicos. Las *Alucinaciones* son percepciones en ausencia de objetos externos que las provoquen. Pueden ir desde la percepción de ruidos, zumbidos, piquetes, "corrientes eléctricas" en diversas partes del cuerpo, olores, sabores y colores hasta la de frases y escenas completas. La reacción a ellas, como dijimos en el capítulo correspondiente a sintomatología, proporciona indicios sobre el grado de alteración yoica existente, dependiendo del crédito que el paciente les confiera. Se presentan tanto en padecimientos psicogénicos como en síndromes orgánicos cerebrales, infecciones e intoxicaciones y de nuevo, el diagnóstico diferencial se establece a través de un buen interrogatorio semiológico, y de ser necesario, a través de la exploración neurológica correspondiente. Con el fin de evitar repeticiones tediosas, a partir de este momento, se dará por sentado que en el diagnóstico diferencial entre síndromes cerebrales y psíquicos, siempre deberá realizarse un estudio neurológico minucioso.

b) Pensamiento y lenguaje

Las funciones intelectuales están constituidas por muchas habilidades diversas: perceptuales, integradoras, amnésicas, interpretativas, abstraccionales y operativas. Antes de reaccionar a lo percibido, la persona "consulta" automáticamente el recuerdo de sus experiencias previas. Dado que la simbolización, la integración ideativa y la verbalización combinan algunas de las funciones más complejas de que es capaz la mente humana, el uso que hace el entrevistado del lenguaje es, en general, un índice excelente de sus capacidades intelectuales. A través de él se expresa el pensamiento, cuyas perturbaciones acompañan a veces a las del lenguaje, mientras en otras ocasiones quedan independientes, pudiendo haber, por ejemplo, normalidad en el pensamiento e inhibición del lenguaje; o por el contrario, una gran facilidad verbal que encubre conceptos vagos y otras limitaciones del pensamiento. Para fines de clasificación los trastornos del curso del pensamiento se describen por separado de los del lenguaje. Es necesario determinar lo que ocupa la mente del paciente, lo que piensa sobre sus fantasías y el contenido de éstas, qué cosas pregunta y de qué habla. La *Inteligencia* es la capacidad de adaptar el pensamiento a las necesidades del momento presente; facilita el pensar y actuar racional y lógicamente. Incluye una serie de componentes y procesos mentales, como rapidez en la producción y exactitud del pensamiento; riqueza y complejidad del contenido del mismo; y la habilidad para manipular pensamientos y objetos. La historia del sujeto y la forma en que se comporta durante la entrevista, en relación con la comprensión de las preguntas y observaciones del entrevistador, aportan datos sobre su inteligencia, que se complementan evaluando además su vocabulario y rango de información, su memoria y el *Juicio* (habilidad para usar todos los recursos intelectuales en la solución contructiva de los problemas que deben enfrentarse), que es el resultado final de una serie de funciones psíquicas (integridad del aparato sensoperceptual, con el fin de garantizar una percepción y discriminación adecuadas; memoria indemne para proporcionar la posibilidad de comparación con datos del pasado; psicomotricidad indemne para realizar los actos adecuados e inhibir los indeseables), que en última instancia, permiten captar situaciones, evaluar alternativas y seleccionar el modo más adecuado de acción. Constituyen funciones mentales muy complejas, destinadas a la adaptación a la realidad y a la solución de situaciones problemáticas. Aunque en realidad el comportamiento es el indicador más seguro del estado del juicio del entrevistado, también aporta información al respecto la entrevista al revelar las técnicas que ha usado, y el tipo de decisiones que ha tomado el entrevistado para resolver los problemas de las distintas etapas de su vida. Mientras en el neurótico encontramos fallas en el juicio limitadas, que interfieren relativamente poco con la adaptación a la realidad, en las psicosis la confusión entre los mundos interno y externo, manifiesta a través de delirios y alucionaciones y otros trastornos perceptuales es indicativa de una falla importante del juicio.

El *caudal de conocimientos* es indicativo de los intereses, proporciona indicios sobre el buen funcionamiento de la memoria. Es apreciable a través de la amplitud con que contesta el entrevistado a nuestras preguntas y el tipo de lenguaje que usa. Su dependencia de la escolaridad no es absoluta, ya que existen personas autodidactas. En este caso, así como ante la presencia de profesionistas con importantes logros académicos, podemos considerar que el *nivel intelectual* es superior al término medio. Mientras el haber completado solamente la primaria, en ausencia de interferencias económicas, socioculturales, etc., apuntaría a la existencia de un nivel intelectual normal bajo. La baja inteligencia generalmente es el resultado de daño cerebral causado por trastornos hereditarios, trauma del nacimiento, infecciones en la temprana infancia, etc., pero también la existencia temprana de autismo y psicosis conduce, finalmente a un pobre funcionamiento intelectual. Como se señaló en el capítulo correspondiente a historia personal y familiar, el deterioro intelectual implica la posible existencia de un síndrome cerebral.

Las *dotes y habilidades especiales*, constituyen un índice poco seguro en la valoración de la inteligencia, ya que personas con memoria notable, calculistas brillantes y maestros ajedrecistas, pueden carecer de otras capacidades a la altura de su superioridad limitada a la memoria, aptitud aritmética y percepción espacial. Por otra parte, las *dotes intelectuales especiales* gracias a las cuales se logran adquisiciones sociales, culturales, ocupacionales y artísticas más amplias, generalmente son indicio de niveles superiores de inteligencia. El simple volumen del vocabulario no es un índice inflexible de inteligencia, ya que puede encontrarse aumentado por términos técnicos aprendidos meramente por rutina, y por palabras cuyo significado no se entiende ni aplica adecuadamente. Sin embargo, en nuestro pensamiento altamente verbal, los sujetos con capacidades intelectuales superiores, adquieren continuamente nuevas palabras, con el resultado de que su vocabulario se enriquece. La *capacidad abstraccional* consiste en la posibilidad de establecer categorías con un grado cada vez mayor de generalización, rango que abarca desde la formación de clasificaciones, hasta la formulación de principios y leyes. En términos generales, la inteligencia normal se acompaña de una capacidad abstraccional adecuada, mientras su disminución o *concretismo*, se presenta en la debilidad mental, padecimientos orgánicos demenciales y en pacientes esquizofrénicos. El *insight* es la comprensión que tiene el individuo de los hechos principales de su enfermedad y circunstancias. Algunos pacientes saben que están enfermos, otros no; unos, estando conscientes de su patología, niegan toda responsabilidad sobre su condición, de la que culpan totalmente a otros. La forma más completa de insight incluye la comprensión del efecto de la actitud propia con respecto a los demás y el uso constructivo de lo que se sabe para tratar de modificar adecuadamente la conducta. A través de la entrevista es posible determinar en qué medida el paciente asume la responsabilidad con respecto a su situación, su percepción del efecto que produce su comportamiento sobre los demás y la curiosidad que le despiertan su padecimiento y el tratamiento que podría derivarse de la entrevista. Al hablar de *oganización y coherencia lógica* valoramos el pensamiento y el lenguaje en función de la posibilidad de ser comprendido por el "común de la gente" y de las características formales de su estructuración. Cuando estamos frente a frases correctamente con otras, o cuando la forma de estructurar los enunciados resulta incomprensible, hablamos de la existencia de *incoherencia*, situación que se presenta en trastornos cerebrales, intoxicaciones y psicosis. Un elemento que puede contribuir a la incoherencia es la existencia de *neologismos*, palabras nuevas, inventadas por el paciente, o utilización de términos comunes con un sentido especial, sólo para él comprensible y justificable, Muy frecuentemente los neologismos están constituidos por condensación de dos o más vocablos, pudiendo expresar en ocasiones un pensamiento complejo, por ejemplo, uno de mis pacientes recogía permanentemente materiales invisibles para el resto de las personas, a los que llamaba "menduras", neologismo constituido por condensación de la siguiente frase: "son substancias gargajientas para hacer la mente dura, reblandecida por la masturbación".

La intrusión en la conciencia de pensamientos irrelevantes que perturban la asociación de ideas se manifiesta a través de una desorganización del lenguaje, denominada *bloqueo* o suspensión súbita en la producción de pensamientos, situación a través de la cual se anula la idea intrusa. Se presenta con frecuencia en situaciones de ansiedad, en el agotamiento extremo y en la esquizofrenia. Cuando se expresan sin ningún tamiz todos los pensamientos, el lenguaje se desorganiza al grado de constituir una verdadera *ensalada de palabras* carente de sentido, situación que debe hacer sospechar la existencia de esquizofrenia. Los pensamientos intrusos, irrelevantes, pueden corresponder a preocupaciones, obsesiones o a la existencia de trastornos en la asociación de ideas, que en vez de seguir las leyes del pensamiento lógico, obedece a esquemas de pensamiento arcaico o paralógico. Las *estereotipias verbales* están constituidas por palabras sueltas o frases enteras innecesarias y sin relación con la situación presente, que se intercalan reiteradamente en la conversación. Aparecen además en la esquizofrenia, al igual que la *perseverancia* o tendencia a reiterar sobre una determinada idea o grupo de ideas, con dificultad concomitante para salirse del tema sobre el que se persevera, con lo que se impide el progreso del pensamiento. En casos severos, el paciente no puede ir más allá de algunas palabras o frases, que sigue repitiendo a pesar de que se le hagan nuevas preguntas. Encontrándose el síntoma en relación con la dificultad del problema que el paciente tiene que enfrentar, mientras más difícil sea éste, mayores posibilidades hay para que aparezca la perseverancia, común en la esquizofrenia y en los trastornos cerebrales generalizados, con perturbación en la producción del pensamiento. Mientras el enfermo busca la idea perdida, llena el hueco con la perseverancia. En la *prolijidad*, que es una variedad de perseverancia, el paciente pierde la facultad de distinguir lo principal de lo accesorio, debido a perturbación de la función sintética del yo. En ambos casos el trastorno puede obedecer a la existencia de angustia; a la búsqueda de aprobación del entrevistador a través de aportarle muchos detalles; al intento de ocultar con cascadas de palabras, otros temas, e incluso lagunas amnésicas; o a conmover a través del relato detallado y repetitivo de ciertos sufrimientos. El pensamiento *circunstancial*, muy similar al anterior, se caracteriza por su lentitud y por estar lleno de detalles triviales e innecesarios, aunque finalmente alcanza el punto deseado, pero a través de un camino extremadamente intrincado y tortuoso. Aparentemente relacionado con debilidad de juicio y egocentrismo, constituye una característica sobresaliente de la personalidad epiléptica, aunque a veces puede también encontrarse en personas poco inteligentes que pretenden, en esta forma impresionar a su interlocutor, y en personalidades obsesivas y pedantes.

Otro trastorno posible del pensamiento es su *rigidez*, incapacidad para plantearse explicaciones o respuestas alternativas. Asociaciones y generalizaciones tempranas se fijan de tal manera que impiden el paso a nuevas ideas, resultando el sujeto impermeable a toda influencia y a datos que contradicen sus creencias previas. El *prejuicio* es un resultado de lo anterior. En el extremo opuesto se encuentra la extrema *sugestibilidad*, gracias a la cual la persona cambia continuamente de opinión. Todos estos trastornos provocan dificultades en las relaciones interpersonales y en la adaptación. Se presentan en neurosis y psicosis y son facilmente apreciables a través del relato del paciente. En cuanto al *curso* del pensamiento, éste puede encontrarse lentificado o acelerado. El *retardo* en el curso del pensamiento, por inhibición en la producción del mismo, se acompaña frecuentemente de la sensación de dificultad para pensar y es característico de la depresión retardada, aunque también puede presentarse en estados estuporosos. En la manía la producción de pensamientos se encuentra tan acelerada, que el habla, a pesar de ser sumamente rápida y constante, resulta ineficaz para expresar todas las ideas que se agolpan simultáneamente en la mente del sujeto, pero además, no existe una dirección manifiesta en el curso del pensamiento, y sus conexiones aparecen como debidas a factores casuales, que generalmente pueden entenderse. El discurso del paciente se desvía con facilidad a causa de estímulos externos y por asociaciones superficiales internas: asonancia, consonancia, y por la inclusión de proverbios, refranes y estribillos, todo lo cual produce una incoherencia especial, llamada *fuga de ideas*, típica de la manía, pero presente en ocasiones, también en episodios de excitación esquizofrénica y en lesiones hipotalámicas. Todos los trastornos del pensamiento anteriormente mencionados, son fenómenos observables en la entrevista, a través de la forma en la que el paciente comunica sus ideas al entrevistador y responde a sus preguntas.

Entre los trastornos del *contenido* del pensamiento se encuentran: *preocupaciones* o *ideas dominantes* o *hipervaloradas*, ideas muy cargadas afectivamente, que ocupan el pensamiento durante algún tiempo, a veces en lucha contra la intención del sujeto de suprimirlas. Se distinguen de las obsesiones, en que a diferencia de éstas que parecen al paciente ajenas a su pensamiento, las preocupaciones, ideas dominantes e hipervaloradas, son reconocidas como propias, e incluso se defienden de los cuestionamientos que el entrevistador puede expresar en relación con ellas. Normalmente se presentan en determinadas circunstancias: amenaza de ruina económica, enfermedad grave de la persona o sus objetos significativos, etc. Los límites hacia lo patológico se rebasan cuando la intensidad, duración o materia de la preocupación son injustificados. Estos datos se obtienen en la entrevista a través de la observación de los temas a los que se vuelve en diversos momentos de la misma y que frecuentemente dan la clave del estado de ánimo, o humor del entrevistado.

Las *obsesiones* son pensamientos insistentes que dominan al sujeto en forma intermitente, aunque los considere injustificados o absurdos y luche por liberarse de ellos. A diferencia de las ideas delirantes, en las obsesiones el paciente reconoce la irrealidad de sus ideas, aunque sea incapaz de librarse de ellas. Además de presentarse en las neurosis obsesivas, este trastorno se presenta en la depresión, la esquizofrenia y ocasionalmente en estados post—encefalíticos. Las *fobias* son temores irracionales, patológicos e incontrolables a un ser, objeto o situación. En su presencia el paciente sufre angustia que puede llegar al pánico, o bien repugnancia. Al igual que las obsesiones el sujeto que padece fobia se percata de su absurdo y desea librarse de ella. Las *ideas delirantes* son conceptos equivocados, patológicos, y resistentes a la argumentación lógica. El *delirio* es un conjunto de ideas delirantes, que puede estar sistematizado o no; es una creencia falsa e inamovible, que no corresponde al contexto social y cultural del paciente. En el sistematizado las ideas delirantes se relacionan armónicamente. El enfermo "intenta demostrar" la realidad de su delirio, y lo explica a veces en forma tan organizada, que logra convencer a algunas personas de la veracidad de sus afirmaciones. Mientras en el delirio no sistematizado las ideas delirantes no guardan relación unas con otras, pudiendo decirse que el delirio "carece de argumento". El contenido de los delirios puede resumirse en términos de: persecución, celos, grandeza, erotomanía, misticismo, hipocondría, nihilismo, pobreza, etc., para cuya descripción remito al lector a cualquier texto de psicopatología. Aquí sólo mencionaré que, al igual que en la exploración de las alucinaciones, es necesario determinar quién, por ejemplo, y si es posible por qué persiguen al paciente, le roban sus pensamientos, etc., y cómo reacciona frente a tales situaciones, el grado de angustia, temor, ira, etc., existente y las acciones y pensamientos tendientes a evitar o controlar la condición en la que se encuentran, datos que podemos recoger desde el momento de comenzar la entrevista con el paciente o en el curso de la misma, y que permiten establecer la intensidad del alejamiento con respecto a la realidad, y el rendimiento del yo frente a las pulsiones y el superyo.

El *lenguaje* puede encontrarse alterado primariamente y no en forma concomitante a las perturbaciones del pensamiento a que hemos aludido hasta este momento, como sucede con el *balbuceo*, en el que el ritmo normal se encuentra interrumpido por pausas o repetición de fragmentos de palabras. Frecuentemente, el balbuceo se asocia con gestos y movimientos del cuerpo, tipo tics y acompaña muy frecuentemente a la angustia. En el *tartamudeo* la emisión de las palabras se ve súbitamente interrumpida, repitiéndose alguna o algunas de la sílabas que la componen, en forma espasmódica y con evidente esfuerzo, hasta que logra vencerse la dificultad y se termina de articular el vocablo requerido. Ambas perturbaciones aparecen o se incrementan en situaciones generadoras de ansiedad y provocan con frecuencia burla y rechazo por parte de los compañeros de juego, con el consiguiente daño a la autoestima del sujeto. Como en cualquier otro síntoma, es importante determinar las circunstancias de su primera aparición, y seguir su curso hasta el momento actual. Las *afasias* son trastornos del lenguaje debidas a perturbación de los mecanismos corticales correspondientes. Se clasifican en sensoriales, intermedias y motoras y se caracterizan por imposibilidad para entender, reconocer o encontrar las palabras adecuadas para expresarse. Así por ejemplo, en la sordera verbal el paciente escucha las palabras, pero no puede entenderlas; en la alexia es incapaz de leerlas; en la asimbolia visual hay dificultad para escribir y leer, en la agnosia visual existe dificultad para reconocer los objetos cuando se ven, pero no cuando se tocan. En la afasia nominal el paciente no puede encontrar el nombre de los objetos, por lo que los describe o dice para qué se usan, mientras en la afasia verbal hay dificultad para traducir los pensamientos en palabras, frecuentemente pronuncian mal, y debido a la tendencia a abreviar los vocablos polisilábicos, el lenguaje resulta con el llamado estilo "telegráfico", etc. La exploración del paciente afásico cae dentro del terreno de la neurología, sin embargo, es conveniente conocer la existencia de estos trastornos, con el fin de hacer la derivación correspondiente, diferenciándolos de las perturbaciones psicóticas del pensamiento y lenguaje.

c) Memoria

La *memoria* es la capacidad para fijar, conservar y evocar experiencias. La *hipermnesia* es la facilidad especial para evocar recuerdos y acompaña frecuentemente a los estados maniacos. Los síndromes de pérdida o disminución de la memoria constituyen las *amnesias*. La angustia excesiva puede interferir con la percepción y comprensión de determinadas situaciones, con lo que se imposibilita su fijación en la memoria. En la histeria se pierden segmentos completos de la experiencia, en forma generalmente selectiva e incompleta, (*amnesia lacunar*). Atañe a situaciones de alto contenido afectivo, y un interrogatorio hábil puede vencerla total o parcialmente. En cambio, las amnesias debidas a lesión cerebral se caracterizan habitualmente por ser totales, al grado de resultar el paciente incapaz de cuidar de sí mismo. En los síndromes cerebrales agudos la memoria se empobrece consecutivamente a trastornos de la atención y percepción. En los traumatismos craneoencefálicos agudos la amnesia abarca los hechos anteriores al accidente: *amnesia retrógrada*, debido al trastorno de la función de conservación o retención. La *amnesia anterógrada*, resultado de la falla en la elaboración de las huellas mnémicas permanentes, se presenta en padecimientos orgánicos agudos en los que el paciente está en apariencia plenamente consciente, como sucede con los boxeadores y algunos alcohólicos, que continúan peleando después de un golpe o hablando tras algunas copas, sin guardar recuerdo de lo que hicieron. Esta misma situación se presenta en los estados crepusculares de la epilepsia, y durante ellos se pueden cometer incluso crímenes sin recordarlo. En los padecimientos orgánicos crónicos, como la arterioesclerosis, existe conservación de los recuerdos remotos, mientras se olvida lo reciente.

Los recuerdos falseados reciben el nombre de *Paramnesias*, incluyen la *falsificación retrospectiva*, consistente en la modificación de los recuerdos con finalidades defensivas, situación frecuente en la histeria, pero presente también en las depresiones, en las que el paciente contempla su pasado como una serie interminable de fracasos, mientras en la manía se elaboran historias llenas de triunfos y conquistas falsos. Dentro de este rubro se incluyen los *recuerdos encubridores* mediante los cuales se substituyen, a través del desplazamiento, situaciones traumáticas por otras banales, como en el clásico ejemplo de la mujer que conservaba como recuerdo de su infancia, la visión de un trozo de hielo en un plato, tras el cual se ocultaba el recuerdo de la muerte de un familiar muy querido. Son también paramnesias los fenómenos de lo *ya visto y lo nunca visto*. En el primer caso existe la sensación de haber ya vivido o visto, en épocas anteriores, el momento o imagen que enfrenta por primera vez el sujeto. Estas experiencias, que pueden presentarse ocasionalmente en personas normales, correspondiendo a la necesidad defensiva de evitar el temor a una situación nueva, que se sienten incapaces de manejar adecuadamente; son también frecuentes en las lesiones del lóbulo temporal. El fenómeno de lo *nunca visto* consiste en que ante la presencia de algo perfectamente conocido se tiene la sensación de no haberlo visto o conocido anteriormente. Otra forma de paramnesia es la *Confabulación*, en la que se toman por experiencias "vividas", y por tanto se "recuerdan", sucesos que corresponden en la realidad a sueños y fantasías. La descripción de tales eventos es minuciosa y detallada. Es un síntoma característico del síndrome de Korsakoff, consecutivo a alcoholismo, y que cursa con amnesia. En él consecuentemente con el trastorno de la memoria, los relatos confabulatorios pueden variar de día en día.

Las alteraciones de la memoria constituyen síntomas de los que el paciente se queja, o signos observados por el entrevistador a través de la existencia de lagunas en el relato, incapacidad para fijar fechas, circunstancias y detalles de diversos eventos de la vida del entrevistado.

d) Emoción

Las emociones son estados de excitación concomitantes a cambios fisiológicos que aparecen como respuesta a algún suceso o fantasía y se acompañan de una experiencia subjetiva de tinte agradable o displacentero. Los procesos emocionales son difíciles de establecer con precisión, porque el sujeto puede deliberada, o involuntariamente, controlarlos o alterarlos. Dado que mucho del comportamiento y de la psicopatología se deriva de los esfuerzos por controlar o suprimir determinadas emociones, el estudio de los diversos mecanismos utilizados por el entrevistado para lidiar con sus afectos, constituye una parte importantísima de su evaluación psicológica. Por la fascies, postura, movimientos, cambios en el tono, ritmo y contenido de la comunicación, podemos detectar la presencia de diversos estados afectivos, de los cuales es importante conocer si el entrevistado los maneja adaptativamente, o su emergencia perturba el pensamiento, la percepción o la conducta, por ejemplo. Es además preciso determinar qué despierta la emoción, hacia quién se dirige, y cómo intenta controlarla (por ejemplo, a través de la intelectualización, el desplazamiento o la racionalización, etc.). Al valorar las modalidades de expresión emocional es necesario recordar lo señalado en el capítulo anterior con respecto al condicionamiento familiar y social, en el troquelado de las manifestaciones emocionales. Las emociones tienen un carácter de flujo y reflujo, mientras el *humor*, o *afecto fundamental* es el estado de ánimo habitual, sostenido, e interrumpido por las variaciones en la emoción. La variabilidad en el estado de ánimo tiene dos extremos patológicos: la *rigidez* y la *labilidad*. La primera, consiste en la incapacidad de modificar el estado de ánimo, pese a los cambios de situación y temas de la entrevista, apariencia que debe diferenciarse de la ocultación, por vergüenza u otros motivos, de las emociones, que produce también la impresión de bloqueo o rigidez; lo mismo sucede cuando la intensidad del tono afectivo correspondiente a la emoción dominante, impide el paso a cualquier variación, por ejemplo en los pacientes muy angustiados o deprimidos. En algunos esquizofrénicos el bloqueo afectivo resulta muy evidente. La *labilidad* afectiva se caracteriza por la existencia de variaciones bruscas, inmotivadas, de gran intensidad y escasa duración en el estado de ánimo. Este trastorno se presenta con frecuencia en algunos padecimientos orgánicos en los que existe una intensa destrucción neuronal, presentándose incluso crisis de llanto o risa inmotivados. Otras perturbaciones emocionales son: La *indiferencia* o *embotamiento afectivo* que se manifiesta por una pérdida de la resonancia interna de los afectos, debida a represión de los mismos, como se observa en los histéricos, que muestran una actitud de laissez–faire, la conocida "bella indiferencia". Mientras el esquizofrénico, que establece barreras a la emergencia y comunicación de sus afectos, da pocas muestras de ellos: *escasa intensidad*, o *aplanamiento afectivo* o por su introversión y estado oniroide, transmite una sensación de lejanía y *finalidad* afectiva. En ocasiones se presenta también en ellos la *apatía*, estado en el cual permanecen casi inmóviles, con una pobre respuesta a los estímulos del ambiente, y a su propia condición, estado que también puede presentarse en padecimientos orgánicos crónicos, especialmente en las afecciones del lóbulo frontal.

En la *exaltación* o *elación*, el sujeto se encuentra alegre, optimista, con profunda sensación de bienestar y satisfacción de sí mismo, *eufórico*. En el *extasis* existe una sensación de bienestar y gracia extremos. El contenido del pensamiento gira alrededor de la unión con Dios o el infinito. Se presenta en la esquizofrenia y en ocasiones en la epilepsia. La tristeza, la postura encorvada, la fascies desencajada, el abatimiento, el pesimismo, el desánimo, el tono de voz monótono, y la lentitud en el ritmo del lenguaje singularizan a la *depresión* y a la *melancolía*. La *angustia*, o miedo irracional, se caracteriza por una fascies tensa y actitud expectante, puede existir un cierto grado de hiperalerta, en busca del objeto temido, frecuentemente se acompaña de síntomas somáticos diversos: sudoración, temblores, palpitaciones, etc., y la sensación general es de malestar, tensión e incomodidad, que intenta disiparse en ocasiones, a través de hiperactividad, expresada tanto a través de una verbalización incontrolable como de una interminable sucesión de actividades. Se presenta como síntoma predominante en las neurosis de ansiedad, o asociada a la percepción de daño físico o psíquico. En el *pánico*, acompañante frecuente de cuadros incipientes de esquizofrenia, emergencia de impulsos homosexuales y como acompañante de alucinaciones y delirios, la voz es tensa, hay inquietud extrema, la expresión facial es de terror. La *perplejidad* es un estado de desconcierto, indecisión y asombro; se presenta en la obnubilación de la conciencia, en algunos estados de angustia severa y en la esquizofrenia aguda. En la epilepsia, y también en las psicosis es frecuente la *irritabilidad*, y puede acompañarse de una conducta verdaderamente agresiva verbal o física. Algunos pacientes con lesiones del lóbulo temporal tienen accesos de corta duración de depresión, ansiedad, euforia y otros sentimientos extremadamente displacenteros.

Además de la detección del estado de ánimo habitual del entrevistado es necesario estar alerta al grado en que éste y las emociones emergentes son sintónicos con la situación y pensamientos presentes en el momento de la entrevista. En primer lugar es preciso determinar si la aparente *disociación ideoafectiva*, cuyo resultado es la aparición de un *afecto inapropiado* o *incongruente* con el contenido del relato, corresponde al desconocimiento del entrevistador con respecto a los verdaderos pensamientos del entrevistado, lo que puede deberse a su ocultamiento o a la incomprensión del oyente. Así un sujeto puede sonreír mientras relata la muerte de un familiar, con el cual era tan mala la relación que su deceso constituye verdaderamente una satisfacción, no siendo en este caso, inapropiado el afecto, pero lo parece si no existe la información pertinente, o porque habiendo obtenido los datos el entrevistador, en el curso de la exploración de la historia personal y familiar, es incapaz de relacionarlos con la situación presente. En otros casos en los que el afecto parece inapropiado la asociación de ideas del paciente puede ser tan rápida que el entrevistador que detecta la emergencia de un afecto dado es incapaz de relacionarla con el pensamiento que le dio origen. O bien la existencia de pensamientos intrusos y no comunicados, que perturban la asociación de ideas, como sucede muy frecuentemente en la esquizofrenia, hace aparecer como afecto disociado algo que no lo es. La existencia de este trastorno obedece a la represión de los afectos que deberían ir unidos a determinados pensamientos, como puede observarse normalmente en sueños, en los que, situaciones que normalmente producirían angustia, dolor, etc., se viven con toda tranquilidad. El síntoma se presenta frecuentemente en la esquizofrenia. Como se señaló en el capítulo anterior, la forma de determinar si existe disociación ideoafectiva es preguntar directamente al paciente el por qué de su risa, llanto, o enojo, etc., en ese momento.

e) Conciencia

La conciencia es la propiedad de percatarse de sí mismo y del medio ambiente. Para su funcionamiento adecuado es imprescindible que la atención, percepción, pensamiento y memoria sean normales. Como se señaló en el capítulo correspondiente al "Inicio de la entrevista", desde que recibimos al paciente, y durante todo el curso de la entrevista habremos observado si su *atención*, (capacidad de concentrar la actividad psíquica sobre un determinado objeto, o parte del campo perceptual) se dirige rápida y fácilmente hacia el entrevistador; o si, como sucede en depresiones y estados confusionales psicógenos u orgánicos, el paciente se muestra poco *alerta*, siendo necesario repetirle una o más veces las preguntas u observaciones que le hacemos, teniendo en consideración que previamente hemos descartado la posibilidad de existencia de sordera. En los estados disociativos es frecuente que la atención se dirija hacia el mundo interno del paciente siendo difícil conseguir separarla de él para atender al mundo externo. Si la atención se dirige predominantemente hacia sí mismo, resulta difícil establecer contacto con el mundo externo. Mientras la atención excesiva a éste constituye un estado de *hiperalerta*, que en situaciones extremas puede llevar a la incapacidad de concentrarse durante el tiempo necesario en cada estímulo para comprenderlo: *distractibilidad*, presente habitualmente en los estados de fatiga y ansiedad acentuados, en las depresiones psicóticas, la esquizofrenia, la manía, en los cuadros orgánicos y tóxicos.

Cuando el paciente está dormido la mayor parte del tiempo, con disminución de todas las funciones perceptuales, especialmente de la atención, que sólo se alerta frente a estímulos intensos, hablamos de *sopor*, cuyo grado máximo es el *coma*, en el que ya no existe respuesta consciente a ningún estímulo. Ambas condiciones se presentan en padecimientos febriles infecciosos, consecutivamente a accidentes vasculares cerebrales y en algunos otros padecimientos orgánicos. En la *obnubilación* el individuo se percibe a sí mismo y al mundo externo en forma confusa y borrosa, se caracteriza por dificultad para concentrar la atención, percepción no clara de objetos y situaciones y dificultad para identificar las cosas y sucesos, todo esto acompañado de comprensión lenta e incompleta y dificultad para recordar lo ocurrido durante el episodio de obnubilación. Un grado más avanzado de trastorno de la conciencia es la *confusión mental*, en la que el sujeto no es capaz de diferenciar la realidad de sus fantasías, ilusiones y alucinaciones, situación que se presenta tanto por causas psíquicas, como en estados febriles y tóxicos. Los llamados *estados crepusculares* se describen en términos de "estrechamiento" en el campo de la conciencia, pues en ellos la actividad de la misma se enfoca sobre un solo objeto o grupo de objetos y todo lo que queda fuera de este punto parece carecer de relieve, actuando el sujeto como autómata, con la mirada en el vacío, hay una cierta incoherencia, tropieza con los objetos, y en algunos casos puede realizar actos complejos e incluso viajes en forma automática, y generalmente con amnesia casi total de lo realizado durante este estado. Se presentan ligados a epilepsia psicomotora, y en algunos estados disociativos severos, como las "fugas" histéricas. En los *estados oniroides*, el paciente está desorientado en tiempo y espacio, es incapaz de distinguir entre sus imágenes mentales y sus percepciones, el pensamiento sigue las leyes de la formación de los sueños (desplazamiento, condensación, uso autista de símbolos, etc.), existen alucinaciones, e inquietud. Esta situación se presenta en casos de delirium tremens u orgánicos. La *orientación*, elemento de la conciencia es la capacidad de precisar los datos sobre nuestra situación real en el ambiente y sobre nosotros mismos; abarca la orientación en el tiempo, espacio, situación y persona. La orientación en el tiempo permite al sujeto conocer día, hora, año, etc., su alteración puede depender de desinterés en el medio ambiente; de trastornos en la memoria; de la existencia de alucinaciones, delirios y perturbaciones de la conciencia, correspondientes a padecimientos epilépticos, traumáticos o psicógenos. En los grados severos de desorientación en el tiempo el paciente es incapaz de determinar si es de día o de noche.

La *orientación en el espacio* comprende: *orientación en lugar* y la *espacial* propiamente dicha. La primera se valora por la capacidad del individuo para saber dónde se halla, así como por la correcta identificación de las personas que lo rodean. Su perturbación obedece a causas análogas a las asentadas en la desorientación en tiempo. El paciente afectado de desorientación en lugar, interpreta erróneamente el local de la entrevista como cárcel o purgatorio, por ejemplo. La orientación espacial propiamente dicha permite al individuo tener una idea exacta de las proporciones y distribución de los objetos que tiene ante su vista. En sus alteraciones intervienen alucinaciones e ideas delirantes. El paciente puede señalar que las paredes se colapsan, o los muebles se encuentran. aplastados contra el suelo. Estas perturbaciones, además de presentarse en diversos padecimientos psicógenos, son frecuentes en las intoxicaciones por drogas y alucinógenos.

La *orientación en persona*, u orientación autopsíquica es el conocimiento del sí mismo, de las cualidades e historia propias. Sus trastornos se manifiestan en la identificación de sí mismo y en la sensación de gobierno sobre las funciones psíquicas propias. Incluye la existencia de sentimientos de extrañeza con respecto a la imagen corporal y de despersonalización. Los *trastornos en la identificación* u *identidad del yo*, son alteraciones en la conciencia de: la existencia y actividad de sí mismo; ser una unidad en cualquier momento dado; la continuidad de la identidad en un periodo de tiempo; y estar separado del medio ambiente (límites del yo). Pueden obedecer a trastornos de la memoria (el paciente olvida su edad, nombre, etc.), a ideas delirantes, a perturbaciones afectivas y a alteraciones en otras funciones yoicas. El cambio más evidente en la conciencia de sí mismo es la *despersonalización*, en la que existe la sensación de "haber cambiado, de no ser yo", o de sentirse lejanos de las propias emociones y del resto del mundo; "como entre nubes, o en medio de un sueño". Aunque la persona despersonalizada se percibe distinta a sí misma, se identifica correctamente; las nuevas e incomprensibles sensaciones que deforman sus percepciones, constituyen los sentimientos de *extrañeza* ante sí mismo, signo capital de la despersonalización. El extrañamiento frente al mundo externo recibe el nombre de *desrealización*, o *sentimientos* de *irrealidad*, condición en la que los objetos circundantes resultan ajenos, extraños, insípidos, aburridos e irreales, a pesar de ser reconocidos a la perfección. La despersonalización y la desrealización pueden ser síntomas resultantes de la disociación del afecto con fines defensivos, en situaciones de crisis emocional o de grave amenaza a la vida, condiciones en que se presentan en forma transitoria y no constituyen un índice de patología. Por ejemplo, en personas que frente a un accidente actúan con eficiencia extrema, sin ningún afecto, y con la sensación de moverse como autómatas. Pero pacientes depresivos, neuróticos, esquizofrénicos y orgánicos, sin encontrarse en situaciones de emergencia externa, presentan también sentimientos de extrañeza y despersonalización que corresponden bien a un retiro del interés hacia el mundo extérno, bien a la pérdida de los límites del sí mismo. En algunos casos el paciente puede estar orientado sobre sí mismo, pero debido a la existencia de amnesia focalizada, desconoce el haber estado casado, tener hijos, etc. Cuando existen *trastornos del esquema corporal* (de la representación mental del propio cuerpo), el enfermo puede percibir en su cuerpo elementos que en realidad no tiene. El ejemplo más conocido al respecto, lo constituye el "miembro fantasma", síntoma frecuente en los amputados, que "sienten" dolores y otras parestesias en el miembro perdido. En otros casos la imagen o esquema corporal se ve perturbado por sensaciones de aumento en el volumen, cambios en la forma, textura, etc., de determinados segmentos corporales, o bien por la creencia de haber sido despojado de algún órgano. En situaciones extremas, el paciente pierde la diferenciación entre sus límites corporales y el ambiente, sumergiéndose en una vivencia de fusión oceánica con el mundo, en el que ambos son un solo ser, característica de los delirios místicos.

Los *trastornos en el gobierno del yo* consisten en la pérdida de la sensación de pertenencia y control sobre las acciones y pensamientos propios. Esta situación se expresa en términos de imposibilidad para mantener la atención. El paciente siente que se "le escapan o le roban los pensamientos", o por el contrario, de que "alguien les fuerza pensamientos en la cabeza", o "no pueden parar de pensar". O bien hay la sensación de ser máquinas o autómatas. Corresponden a pérdida de los límites del yo y son características de la esquizofrenia. La alteración en la conciencia de la unidad del sí mismo, lleva a la disociación de los componentes contradictorios afectivos e ideativos, lo que clínicamente puede manifestarse como sensación de ser dos o más personas. Situación que en los casos más graves, puede llegar a la negación de la existencia previa a la enfermedad, explicada en términos de muerte de la personalidad anterior y renacimiento o reencarnación en una forma nueva.

Como puede deducirse de los datos anteriores, los trastornos de la conciencia son fenómenos observables en su mayoría, a través de la actitud, conducta y lenguaje del entrevistado, aunque también constituyen síntomas que el paciente refiere como motivo de consulta, o en el curso de la entrevista.

f) Motilidad y conducta

La conducta se refiere a la acción y expresión que incluye a todo el cuerpo o la mayor parte de él. A través de ella se manifiestan las situaciones afectivas que inciden sobre el sujeto, siendo variable el grado de conciencia que tiene el entrevistado con respecto a su actitud general, así como en cuanto a las motivaciones de determinados actos realizados en el curso de la entrevista. La ejecución de ciertos movimientos y acciones transmite claramente la presencia de estados emocionales, independientemente del deseo que pueda tener el entrevistado de comunicarlos; por ejemplo, la impaciencia puede expresarse a través de bamboleo de una pierna cruzada sobre otra, y la ira por medio de golpes en los muebles o las paredes. Otros movimientos, como veremos más adelante, permiten establecer el diagnóstico presuncional de alteración neurológica. Uno de los primeros datos que registramos al entrar en contacto con el entrevistado, son las características de su marcha, mientras se dirige de la sala de espera al asiento en el lugar de la entrevista. El deprimido camina lentamente, el maniaco lo hace en forma rápida y vigorosa, algunos esquizofrénicos pueden llevar a cabo algún ritual antes de entrar o sentarse, y en los padecimientos orgánicos apreciamos la existencia de parálisis que provocan distintos tipos de marcha claudicante.

El reporte con respecto a la conducta de los pacientes hospitalizados, debería incluir, además de las observaciones del entrevistador, las del equipo de trabajo que tenga al paciente a su cargo, ya que el primero sólo puede ser testigo de una mínima parte del comportamiento cotidiano del paciente. Los datos a observar y consignar son: La disminución o abolición de los movimientos voluntarios, que puede corresponder a la existencia de motricidad inhibida: disminución en la frecuencia, número e intensidad de los gestos y movimientos expresivos, habitual en la depresión. *obstruida*, en donde existe incapacidad para iniciar la acción en un momento dado, llevándose a cabo sin dificultad poco después, síntoma frecuente en la catatonía, reponsable en parte de los movimientos rígidos y desgarbados de estos pacientes. *Parálisis*, (ausencia de movimientos en uno o varios segmentos corporales), de origen orgánico o histérico. *Abulia*, situación en la que el sujeto queda sumido en la inactividad. Y *Estupor*, ya descrito entre los trastornos de la conciencia, pero que menciono aquí porque dicho estado se acompaña de disminución general de la actividad, que puede llegar en casos severos, al mutismo.

El sujeto puede presentar simplemente un aumento cuantitativo de los movimientos normales de expresión, es decir, se mueve más de lo necesario como consecuencia de su mayor actividad: *inquietud*. Cuando ésta aumenta, al grado de mostrarse muy escasos periodos de descanso y relajación hablamos de *hiperquinesia* o *hiperactividad*. Mientras la *agitación* es el grado máximo de inquietud, que no cede ante la influencia de los que rodean al enfermo, agitado y dominado por tensiones afectivas muy intensas, sean de euforia, terror, ira, etc, existiendo tendencia a realizar actos impulsivos, intensificándose la agitación cuando alguien intenta sujetarle u oponerse a sus deseos. La agitación constituye una emergencia psiquiátrica, se presenta en la manía, depresión agitada, estados delirantes, alcoholismo patológico, furor epiléptico, catatonía y síndromes cerebrales. En el *negativismo* el enfermo tiende a oponerse, activa o pasivamente a lo que se le pide. En el primer caso hace exactamente lo opuesto de lo que se le pide, mientras en el negativismo pasivo simplemente se niega a cooperar. Se encuentra en la catatonía, en la debilidad mental y en las demencias.

En el *mutismo*, el paciente permanece en silencio a pesar de los esfuerzos del entrevistador por establecer contacto verbal con él. En el extremo opuesto del trastorno anterior se encuentra la *obediencia automática* de los catatónicos y de algunos pacientes orgánicos demenciales, en la que el enfermo sigue instantáneamente, como autómata y sin detenerse a reflexionar sobre la pertinencia o impertinencia de la orden. La *ecopraxia* es la imitación de los actos simples que se contemplan, como aplaudir, peinarse, inclinarse, etc. La *Ecolalia* es la repetición parcial o total de lo que se ha escuchado. Las palabras son imitadas independientemente de que entiendan o no, lo que se les ha dicho. Las reacciones de eco antedichas se presentan en los padecimientos que producen afasia transcortical y demencia, en la debilidad mental severa, en el deterioro epiléptico, en la obnubilación de la conciencia, catatonía, primeras etapas de la niñez, en sujetos normales fatigados y con disminución de la atención y en personas tímidas e inseguras. Existencia de *movimientos involuntarios*: *temblor*, que puede corresponder a ansiedad, o a padecimientos neurológicos como la enfermedad de Parkinson, alcoholismo y también en la tirotoxicosis. En la esclerosis múltiple el temblor se inicia cuando se realizan movimientos voluntarios, por lo que recibe el nombre de *temblor de intención*. Los *tics* son contracciones involuntarias, repentinas de algunos grupos musculares, habitualmente reminiscencia de movimientos expresivos o de reflejos defensivos, contra los que el enfermo intenta luchar sin conseguirlo más que por breves momentos. Aunque en la mayoría de los casos resultan afectados los músculos faciales (guiños, fruncimientos de nariz o boca, etc.), el encogimiento de hombros y el aclararse la garganta, también pueden ser tics. Su origen corresponde a trastornos psicógenos o neurológicos, distinguién-dose de estereotipias y manerismos por la conciencia que tiene el paciente de la realización del tic, de su carácter absurdo y del deseo de librarse de él. La *tortícolis espasmódica* es una contracción de los músculos del cuello, que halan la cabeza hacia un lado y la cara hacia el otro. Corresponde en la mayoría de los casos a un trastorno neurológico, pero la capacidad imitativa de la histeria puede repetirlo. Los *movimientos coreicos* son sacudidas bruscas pare-cidas a fragmentos de los movimientos expresivos y defensa instintiva normales. En los *movimientos atetósicos* la motilidad espontánea resulta lenta, tortuosa, reptante y contorsionada, lo que produce posturas extrañas del cuerpo, principalmente de las manos. Aunque ambas perturbaciones son características de los síndromes coreicos (orgánicos), en la catatonía se presentan fenómenos muy parecidos.

Los *movimientos estereotipados* consisten en la repetición reiterada aparentemente innecesaria, sin propósito y absurda de ciertos actos, que se llevan a cabo periódicamente. Una estereoti-pia puede ser un movimiento simple, una expresión o un acto, por ejemplo, rascarse la cabeza se encuentra en la catatonía y en pade-cimientos cerebrales importantes. El intercalamiento de gestos innecesarios constituyen los *manerismos*, movimientos y posturas extrañas que se realizan por ejemplo, al saludar o dar la mano y en los que, el desconocimiento de sus conexiones afectivas e ideativas, las hace incomprensibles para el entrevistador, (por ejemplo abrir los ojos desmesuradamente una y otra vez). Los manerismos pueden presentarse en personas normales, en quienes tratan de impresionar, en esquizofrénicos y en trastornos neurológicos.

En la *catalepsia* los pacientes permanecen horas sin hacer el menor movimiento, incluso sin pestañear, y si se les abandona a sus propios recursos, pueden pasar días sin moverse del mismo sitio, ni cambiar de postura. La catalepsia es uno de los síntomas del síndrome catatónico, que incluye además la *flexibilidad cérea* en la que el paciente permite le sean colocados los distintos segmentos corporales en la forma que desea el entrevistador, que lo "modela" como si fuera una estatua de cera; y los *automatismos motrices*, accesos de movimientos aparentemente involuntarios, carentes de finalidad y realizados con escasísimo desplazamiento (por ejemplo dar vueltas a un árbol).

Entre las alteraciones de la conducta más relevantes se encuentran: las *compulsiones*, impulso patológico a realizar determinados actos y *rituales*, en relación con ideas obsesivas, a pesar de encontrarse el paciente consciente del absurdo de estos actos, y deseando librarse de ellos. Sin embargo, la angustia tan intensa que surge cuando trata de suprimirlos, hace que ceda al impulso de actuar. Muy relacionados con los síntomas anteriores se encuentran los *actos impulsivos*, patrones complejos de conducta, carentes de razón lógica consciente, ajenos a la voluntad del enfermo, que resulta sin embargo, incapaz de evitar su realización, por ejemplo, correr, golpear ciegamente, abandonar el hogar o el empleo, arrojar cosas por la ventana, etc., se presentan en estados febriles y delirantes. Bajo el mismo rubro se incluyen actos complejos y diversos, como las *fugas epilépticas, piromanía, cleptomanía, toxicomanías e impulsos homicidas* y *el intento de suicidio*, que puede corresponder a distintos cuadros psicopatológicos: delirios, alucinaciones, histeria o depresión. La sospecha de la existencia de ideación suicida, a través de datos que apuntan a la existencia de desmoralización catastrófica, pánico intenso, pérdida de ilusión por la vida y las cosas, sensación de futilidad o incapacidad extremas, debe conducir siempre a la exploración de fantasías suicidas, que constituyen una situación de emergencia psiquiátrica, con el fin de evitar el paso de la ideación al acto. Los intentos de suicidio realizados, proveen de elementos para el diagnóstico diferencial, ya que en general, los deprimidos utilizan medios indoloros, mientras los psicóticos emplean recursos brutales, absurdos, lentos y dolorosos. Las *automutilaciones*, lesiones corporales autoinfligidas, pueden surgir independientemente de los intentos de suicidio, se presentan en algunos casos de simulación, en búsqueda de beneficios como jubilación y otro tipo de compensaciones económicas. Sin embargo son más frecuentes en la esquizofrenia, como consecuencia de alucinaciones y delirios, en los que muy frecuentemente se sacrifica el órgano generador de sensaciones culpígenas o perturbadoras para el sujeto. Entre las alteraciones de la conducta se cuentan las perturbaciones y perversiones de los *hábitos*, como son las *alteraciones en la ingestión de alimentos:* anorexia en la histeria; negativa total a comer o bulimia (hambre insaciable), en algunos psicóticos, deprimidos o pacientes orgánicos; ingestión de substancias no alimenticias (tierra, alambres, vidrios, mechones de pelo, excrementos etc.), en psicóticos y oligofrénicos. La *eneuresis* y *encopresis*, son síntomas debidos a la existencia de regresión, cuyo origen puede ser psicógeno u orgánico y su existencia puede deducirse del estado de la vestimenta y del olor que despide el paciente, si éste no alude a dichos síntomas espontáneamente, condiciones que también surgen de las comunicaciones de familiares y enfermeras en caso de internamiento. Al consignar en el reporte correspondiente los datos del estado mental, es conveniente, para mayor claridad, ejemplificar el trastorno encontrado. Por ejemplo:

El paciente mantenía difícilmente la atención en las preguntas de la entrevistadora, miraba alternativamente a través de la ventana y hacia los objetos del local de la entrevista, siendo necesario repetirle las preguntas en más de una ocasión. Respondía con dificultad y lentitud, quejándose de "no poder pensar, porque se le iban los pensamientos". Sólo en una ocasión dio muestras de alucinar durante el curso de la entrevista, momento coincidente con el relato de las dificultades con su jefe, y en el cual se interrumpió para mirar fijamente hacia un rincón, al cual dirigió palabras en voz inaudible. Interrogado sobre qué decía y a quién se dirigía, negó repetida y enfáticamente, verbal y corporalmente haber hablado. E inmediatamente cambió de tema, pasando a relatar incidentes banales de su vida escolar. Algunos esquemas de reporte de entrevista o de historia clínica incluyen, como inicio del capítulo correspondiente al estado mental, una descripción general del entrevistado, mientras otros introducen este inciso inmediatamente después de la ficha de identificación. Sea cual fuere el orden elegido, tal descripción, que aporta valiosos elementos sobre la forma en la que el padecimiento actual repercute sobre el aspecto, limpieza, actitud, motilidad, etc., del entrevistado, debe aportar una descripción del mismo lo más vívida posible, con la finalidad de que el lector de dicho reporte se forme una impresión lo más clara y cercana a la realidad posible, sobre la persona entrevistada. Con los datos obtenidos a partir de la investigación de los síntomas, de las historias personal y familiar, de la observación del paciente y de su estado mental, es factible elaborar una *clave psicodinámica*, hipótesis tentativa sobre las vicisitudes en la vida del paciente, que lo han llevado a la construcción de las pautas de conducta a través de las cuales se defiende de afectos, pensamientos, contactos interpersonales y experiencias dolorosas, pautas que perturban, en mayor o menor grado, su adaptación a la realidad, generan tensiones internas y un equilibrio inestable que termina por romperse frente a la causa desencadenante, eslabón final de la cadena de influencias lesivas, que sobrecargan más allá del nivel de tolerancia factible, el aparato psíquico del paciente entrevistado. Es decir, la *clave psicodinámica* es un intento de explicación de la perturbación actual, en función del desarrollo y experiencias vitales del entrevistado, en términos del juego de fuerzas existentes entre sus instancias psíquicas: yo, ello y superyo, influido y modelado por las presiones del mundo externo. En el siguiente capítulo se expone una historia clínica, en la que es posible apreciar, tanto la forma de exponer la integración del estado mental del paciente, como el esbozo inicial de su comprensión en términos psicodinámicos.

BIBLIOGRAFÍA

Fish, F. (1967): *Psicopatología clínica*. México: Editorial Aleph S.A. 1972.

Masserman, J. H. (1955): *The Practice of Dynamic Psychiatry*. Filadelfia: W. B. Saunders Co.

Menninger, K. A. (1952): *A Manual for Psychiatric Case Study*. Nueva York: Grune & Stratton. 2a. edición.

Slater, E., y Roth, M. (1954): *Mayer–Gross, Slater and Roth Clinical Psychiatry*. Bailliere, Londres: Tindal & Casell. 3a. edición. 1969.

Stevenson, I. y Sheppe, Jr. W. M. (1959): *The Psychiatric Examination*. En Arieti, S., Editor: *American Handbook of Psychiatry*. Vol I: 215–236. Nueva York: Basic Books, Inc.

Vallejo Nágera J. A. (1962): *Introducción a la Psiquiatría*. 6a. edición. Barcelona: Editorial Científico Médica. 1971.

Capítulo IX

INTEGRACIÓN DE LOS DATOS DE LA ENTREVISTA

En el presente capítulo expondré en forma resumida, para evitar repeticiones innecesarias, los esquemas desarrollados por Karl Menninger (1952) y José Bleger (1985), útiles para la elaboración de una comunicación ordenada, sistemática, de los datos obtenidos durante la o las entrevistas realizadas con orientación psicodinámica, cuya meta, como se señaló en el capítulo correspondiente a definición, es el esclarecimiento de los conflictos psíquicos, presentes y pasados, que perturban el equilibrio actual del entrevistado.

Dado que en los capítulos correspondientes al interrogatorio de los síntomas, historia personal y familiar e integración del estado mental, se han expuesto con amplitud los elementos que deben explorarse, no los repetiré aquí, extendiéndome exclusivamente en aquellos incisos no señalados anteriormente y en los que su título general, pueda prestarse a confusiones. Para encontrar los esquemas íntegros, sin modificación, remito al lector a los textos mencionados en la bibliografía de este capítulo, que concluye con la presentación de un ejemplo de reporte del estudio de un paciente, con amplias perturbaciones del estado mental.

HISTORIA CLÍNICA. ESQUEMA DE K. MENNINGER.

A) *Identificación del caso*: nombre. Edad. Sexo. Estado civil. Ocupación. Residencia. Fuente de referencia. Fecha de admisión y fecha de estudio. Fuentes de información y grado de confianza que pueda darse a los datos obtenidos acerca del paciente. Nombre del entrevistador y en su caso, del psicólogo que realizó las pruebas y de la trabajadora social. Descripción del paciente.

B) *Descripción general del probelma.*
C) *Enfermedad actual.*
D) *Historia familiar.*
E) *Historia del desarrollo,* (desde el nacimiento a la adolescencia).
F) *Pautas de ajuste durante la vida adulta,* (vocacional, social, sexual, y antecedentes patológicos).
G) *Examen psiquiátrico:*
I. Identificación general: Circunstancias del examen (dónde cuándo y cómo se hizo el examen. Impresión física sobre el entrevistado. Transcripción del vocabulario del enfermo).
II. Elementos procesales: 1) Percepción (el autor incluye dentro de este inciso el estado de la atención, sensopercepción, conciencia y orientación). 2) Intelecto o funciones cognitivas, en las que se incluyen la inteligencia, memoria y pensamiento. 3) Procesos afectivos. Y 4) Conducta.
III. Funciones integrantes (relaciones): 1) Relaciones consigo mismo (concepto de sí mismo; modelos de identidad; ego ideal: metas, niveles, código moral; superego: fuerza relativa, modelo en quien se basa y tipo de expiación que requiere). 2) Relaciones con personas (principales ligas formadas, positivas, negativas, etc). Profundidad y constancia de las mismas. Modalidades características de expresión de afecto y agresión. Patrón general de ajuste sexual. Paradigma transferencial, es decir, relación que el paciente establece con el entrevistador, siguiendo la pauta de relaciones infantiles. 3) Relaciones hacia objetos (actitud hacia sus posesiones; significado del dinero y objetos valiosos. Expresiones de ambición, de poder. Patrones de trabajo: interés, variedad, consistencia, habilidad, eficiencia, satisfacción. Hábitos recreativos. Valores filosóficos, sociales y religiosos.
IV. Relaciones establecidas con la enfermedad: 1) Concepto de enfermedad (causa orgánica, producida por otros, castigo divino, etc.) y magnitud de la misma (minimizada o magnificada). 2) Concepto sobre la función del terapeuta, del hospital en su caso y del tratamiento que se le propone.
V. Valoración del grado de disfunción, o reacciones ante las amenazas de desintegración. En el presente inciso se consigna una serie de respuestas del aparato psíquico, síntomas o manifestaciones, cuya presencia permite valorar el grado de preservación o perturbación de las funciones yoicas, al

servicio de la adaptación. Se consideran reacciones normales, ante situaciones de stress moderadas: el humor, llanto, fantasías, sueños, autocontrol, aceptación pasiva, sobrealimentación, actividad encaminada a modificar las situaciones, aumento en la frecuencia de excreciones y del esfuerzo personal para mantener la integridad.

Entre las respuestas ante amenazas intensas de desintegración, el primer orden de defensas se encuentra constituido por: hiperrepresión, hipersupresión, hiperalerta, hiperirritabilidad, hiperemocionalismo, hiperintelectualización, hipercompensación, hiperquinesia, hiperretraimient, e hiperlabilidad del sistema neurovegetativo (temblor, vasodilatación facial, eneuresis, etc.). Las defensas de segundo orden implican una separación parcial de la realidad, como disociación (desmayos, aislamiento, narcolepsia, amnesia, fugas y despersonalización). Desplazamiento (fobias y contrafobias, obsesiones, proyección, simulación y dificultad para sujetarse a las condiciones y circunstancias del tratamiento). Substitución (cleptomanía, rituales, compulsiones, objetos y modalidades perversos). Sacrificio (autodesprecio, autorrestricción, ascetismo, tendencias autodestructivas, mutilación, narcotización o intoxicación y somatización). El tercer orden de defensas está constituido por mecanismos patológicos incorporados a la estructura de la personalidad, e incluye todos los trastornos de la misma. El cuarto orden de defensas indica una ruptura transitoria del ego y se expresa a través de ataques de pánico, desmoralización catastrófica, excitación dereística transitoria, violencia suicida, homicida o sexual y convulsiones. La existencia de defensas del quinto orden expresa una ruptura persistente del ego, con marcado alejamiento de la realidad. Corresponde a la existencia de excitación con conducta desorganizada y errática. Hipertimia con estupor, agitación y formación de delirios. Autismo. Mutismo. Alucinaciones y confusión. El sexto orden de defensas atañe a una falla total del yo, con violencia continua, incontrolable que conduce al agotamiento físico y a la muerte.

VI. Exploración física y neurológica.
VII. Impresión diagnóstica y pronóstica.
VIII. Recomendaciones. Indicación terapéutica.

ESQUEMA DE INFORME PSICOLOGICO DE J. BLEGER

1) *Datos de filiación*: Nombre, edad, sexo, estado civil, nacionalidad, domicilio, profesión u oficio.

2) *Procedimientos utilizados*: Entrevistas (número y frecuencia, técnica usada, "clima" de las mismas, lugar en que se llevaron a cabo). Tests empleando juego, registros objetivos (especificar). Otros procedimientos.

3) *Motivos de estudio*: Por quién fue solicitado y objetivos del mismo. Actitud del entrevistado y referencia a sus motivaciones conscientes.

4) *Descripción sintética del grupo familiar* y de otros que han tenido o tienen importancia en la vida del entrevistado.

5) *Problemática vital*. Referencia de la vida y de sus conflictos actuales, de su desarrollo, adquisiciones y pérdidas, cambios, temores, aspiraciones e inhibiciones y forma de enfrentarlos o sufrirlos.

6) *Descripción de estructuras de conducta*.

7) *Descripción de rasgos de carácter y de la personalidad*, que incluye la dinámica psicológica, la organización patográfica, una apreciación del grado de madurez de la personalidad, manejo del lenguaje, nivel de conceptualización, emisión de juicios, anticipación y planeamiento de situaciones, canal preferido en la comunicación, nivel o grado de coordinación, diferencias entre manejo verbal y motor, capacidad de observación, análisis y síntesis, grado de atención y concentración. Relaciones entre el desempeño intelectual, social, profesional, etc. Considerar las particularidades y alteraciones del desarrollo psicosexual, cambios en la personalidad y la conducta.

8) Dado el caso, incluir los resultados de tests y exámenes complementarios.

9) *Conclusión*: diagnóstico y caracterización psicológica del individuo y su grupo. Responder específicamente a los objetivos del estudio (por ejemplo, en el caso de selección de personal, orientación vocacional, informe escolar, etc.).

10) *Posibilidad pronóstica*.

11) *Posible orientación*: nuevos exámenes, forma de subsanar, aliviar u orientar al entrevistado, según el motivo de estudio.

EJEMPLO DE REPORTE DE ENTREVISTA

Identificación del caso y del problema:

Juan X, 21 años, soltero, estudiante, originario de una ciudad del norte de la República, ingresa a la Sala de Psiquiatría el 2/IV/19.., con diagnóstico de la Consulta Externa de reacción esquizofrénica crónica con rasgos hebefrénicos, presentando desorientación en tiempo y espacio, verborrea, lenguaje incoherente, neologismos, manerismos y trastornos en la conducta. Los datos del presente estudio, iniciado el 4/IV/19.., provienen de 9 entrevistas con el paciente, una con su hermano José, reponsable del internamiento, y del expediente de un internamiento previo, en el que fueron entrevistados sus padres. Entrevistó: doctora I. Díaz.

Padecimiento actual.

A los 10 años, estando en quinto año de primaria, comienza a perder el interés que previamente había mostrado por el colegio, al cual deja de asistir cada vez más frecuentemente por irse con los amigos a nadar, conducta que desencadenaba la ira y golpes del padre. A los 11 años, inicia relaciones homosexuales con un compadre de los padres, que vivía con la familia. Este hombre lo sedujo inicialmente dándole dinero, después prometiéndole compartir con él un tesoro enterrado en el campo, pero posteriormente lo amenaza con hacer aparecer al diablo si se niega a sus deseos. La relación duró tres años y terminó cuando el seductor se fue a vivir a otra ciudad. La familia nunca se enteró de su existencia, pues a Juan le dio vergüenza y temor al castigo confesarla. Abandona los estudios al terminar el quinto año, situación que coincide con el inicio de la relación homosexual, y empieza a presentar mayores perturbaciones: se niega a salir de casa, se muestra irritable la mayor parte del tiempo, aunque en ocasiones está deprimido, sin deseos de hacer nada y temeroso de todo. Tanto el padre como los hermanos lo regañan interminablemente, acusándolo de flojo y tonto, esto provoca su enojo, lo hace sentirse incomprendido, aumenta su retraimiento y comienza a sentir que no existe. A los 13 años inicia una masturbación compulsiva, que continúa en la actualidad, llenándolo de culpa y temor a estarse destruyendo. A los 14 años estuvo a punto de ahogarse, sintió un pánico incontrolable y tuvo la sensación de que le había entrado aire en el cerebro, situación que persiste hasta la fecha, y a la cual atribuye las frecuentes cefaleas que lo aquejan. Aproximadamente en este tiempo, debido a una quiebra psicótica de su madre, que motiva su internamiento en un sanatorio psiquiátrico, todos los hijos son repartidos entre distintos familiares, tocándole a Juan ir a vivir con unas tías que le pegan e insultan constantemente y por el menor motivo. Su masturbación aumenta y a los 16 años inicia perversión sexual (bestialismo), penetrando gallinas y perras, lo que aumenta su culpa, y lo hace sentirse indigno.

Según el padre, cuando la madre regresa a casa, unos tres meses después de su internamiento, el cuadro de Juan empeora. Se hace cada vez más tímido, retraído, comienza a sentirse vigilado, pierde el apetito, pasa largas horas en el baño, duerme de día y permanece despierto por la noche y ataca a su padre cuando éste intenta regañarlo. A raíz de encontrar a su madre tirada en el suelo hablando en forma incoherente, prorrumpe en carcajadas, lo que motiva que el padre lo interne en un sanatorio psiquiátrico por primera vez, en donde recibió 30 o 40 electrochoques. Al respecto, el relato del paciente es diferente. Recuerda haber encontrado a su madre tirada en el piso desnuda, cubierta de excremento, con los ojos desmesuradamente abiertos y fijos, e incapaz de responder al llanto y llamados de Juan, que sintió gran miedo, y cuando fue internada, él pasaba horas ante la reja del manicomio intentando verla, se sentía incapaz de pensar con claridad, tenía el pensamiento "embrollado", "las ideas se le revolvían, chocaban y se encontraban", no sabía ni quién era, ni qué hacía, se reía sin motivo y tenía ideas de referencia consistentes en creer que la gente en la calle lo criticaba y decía: "ahí va ese buey loco". Sin percatarse, se echaba a caminar, y "al volver en sí", se angustiaba al ver que se había perdido y no atinaba cómo volver a casa. Se masturbaba continuamente por las noches, ingiriendo el semen para "fortalecerse el cerebro", actividades que le impedían dormir. Atribuye el internamiento en cuestión al enojo de su padre por su vagancia y haber perdido unos zapatos. A su egreso, persisten como sintomatología, los trastornos de pensamiento, la masturbación disminuye de intensidad, y el insomnio sólo se presenta coincidiendo con preocupación por el estudio, el bienestar de la madre y la familia, y con temores hacia su situación futura. A pesar de lo cual, logra reiniciar la primaria, y a los 18 años termina la secundaria y comienza a trabajar, teniendo peleas con su madre, porque ésta pretendía administrarle su salario. Después de una de tales discusiones, abandona el trabajo y reaparece un cuadro muy similar al que motiva su primer internamiento, ingresando a este servicio, por primera vez, a los 19 años de edad.

Presentaba masturbación compulsiva, inquietud, irritabilidad, temor constante e indefinido, ideas de referencia, pensaba que la gente se le quedaba viendo y lo criticaba, lo que lo hacía desconfiado y lo obligaba a evitar su contacto. Rituales consistentes en la necesidad de asegurarse repetidas veces de que las puertas estuvieran cerradas y no hubiera nadie bajo su cama, pues temía que el diablo viniera por él. Creía no ser el mismo de antes y se quejaba de "un dolorcito en los testículos y en la cola". Durante las entrevistas se comía las uñas incansablemente, se mostraba desconfiado, aprensivo, cambiaba de posición continuamente y a veces caminaba por el consultorio con movimientos estereotipados consistentes en abrir y cerrar los ojos rápidamente. Se tocaba violentamente los genitales, se rascaba continuamente, ocultaba la cara entre las manos con frecuencia, volteaba hacia la puerta al menor ruido, y cada vez que se refería a su lugar de origen, se levantaba bruscamente del asiento adoptando la posición de "firmes". En este internamiento, que duró 5 meses, recibió exclusivamente psicoterapia y fue dado de alta por una mejoría de la que no se consignan mayores datos en el expediente.

Al salir comenzó a trabajar como ayudante de operario en la fábrica en la que labora su padre, donde por su dificultad para concentrarse en la tarea era objeto de burlas y por su relativa desconexión con la realidad sufría robos frecuentes. Esto, más la desconfianza en la buena disposición de la gente hacia él, reforzaba su aislamiento en relación con los compañeros de trabajo. El padre, que era capataz de la fábrica, encubría sus ausencias y fallas en el trabajo, sin preocuparse mayormente, por dos accidentes motivados por la distractibilidad de Juan, que estuvieron a punto de costarle la vida. Ante la persistencia de los síntomas previos, la familia recurre a brujos y curanderos, cuyos ritos asustan al paciente, que en ocasiones, en la actualidad, confunde a la entrevistadora con uno de ellos, por tener ambos aparentemente, el mismo apellido. También con respecto al presente internamiento, difieren las versiones proporcionadas por el padre y el paciente, pareciendo más veraz, en este caso, el relato del primero, que señala que depués de una "llamada de atención" de la madre por la vagancia de Juan, a quien acusa de ser un bueno para nada y lo corre de casa, éste, en efecto se va de casa y aparece posteriormente en otra ciudad, en donde es encontrado por un tío. El paciente refiere que asistía frecuentemente a un campo deportivo, en el cual, por broma, los compañeros de juego le escondieron unos zapatos, incidente que lo hizo confundirse, vagar sin rumbo por la ciudad, rumiando su incapacidad para "hacerla en la vida y en la carga que era para su familia" y sin saber cómo, "apareció de pronto en casa de un tío" que vive en otra ciudad, adonde fue a buscarlo su hermano José, para traerlo nuevamente a este hospital.

El estado en que lo encontró éste fue el siguiente: confuso, incoherente, dormía de día y deambulaba por las noches; recogía basura del suelo, que comía o guardaba en los bolsillos de la camisa; totalmente sucio, se negaba a bañarse e ingería su propio semen y excrementos.

Historia personal y familiar

El paciente proviene de una familia con escasos recursos económicos, pero preocupada por lograr la mejoría social y económica de sus miembros, a través de impulsarlos a lograr la mayor escolaridad posible. El padre, de 57 años de edad, obrero, es descrito por el paciente como "difícil" para relacionarse, alcohólico y mujeriego, datos confirmados por el hermano anteriormente mencionado, que además lo señala como autoritario, violento, agresivo, golpeaba furiosamente con el cinturón o reatas mojadas a los hijos cuando hacían travesuras de niños. En la actualidad se muestra frío, distante, ajeno a todo aquello de sus hijos que no le aporte dinero, depende de ellos y evade cualquier responsabilidad familiar. Se embriaga diariamente después del trabajo y sólo llega a la casa a dormir la borrachera. Con respecto a la enfermedad de Juan se muestra indiferente, atribuyéndola a herencia materna, pues en esta familia hay varios enfermos mentales y numerosos matrimonios consanguíneos.

La madre, de 50 años, es descrita tanto por el paciente como por su hermano como buena y abnegada, pero poco comunicativa, demasiado metida en sí misma. El primero recuerda con gratitud, cómo lo salvaba de la ira de su padre. Ha estado internada en sanatorios psiquiátricos en tres ocasiones, al parecer por quiebras psicóticas. Las dos primeras ocasiones antes del nacimiento de Juan.

Éste es el quinto de diez hermanos. El primero, profesionista, casado, de 28 años, es el principal sostén económico de la familia, a pesar de radicar fuera del lugar de origen. Juan lo admira por considerarlo triunfador, bien considerado en casa, lo toma como ejemplo y escucha y obedece sus consejos y recomendaciones. Después de él nació una niña muerta debido a un padecimiento gastrointestinal infeccioso a los 5 meses de edad. La hermana siguiente, también casada, tiene 25 años, vive fuera del hogar, y el paciente nunca ha tenido buena relación con ella, por ser demasiado "criticona, egoísta y acusona". Él la evita lo más que puede. José, que trajo al paciente al hospital, tiene 23 años, radica en D. F. por sus estudios, y expresa sentirse reponsable del estado de Juan, por no haber insistido en la necesidad de que prosiguiera tratamiento cuando fue dado de alta del internamiento anterior. El paciente por un lado se siente agradecido con este hermano, pero se llena de resentimiento, que expresa en interminables quejas, porque no satisface todas sus peticiones de dulces, cigarros, ropa, paseos, etc., siendo evidente que quisiera ser adoptado como hijo por él. Cuando Juan tenía un año de edad nació una niña que murió por bronconeumonía un año después. Tanto de ella como de otra hermana nacida después y también muerta en la primera infancia se habla tan poco dentro de la familia, que ni el paciente ni su hermano saben cuándo nació la última. Los tres hermanos vivos restantes, tienen respectivamente 16, 14 y 13 años. La primera es mujer y los dos restantes varones. Juan dice a veces, llevar buena relación con todos, aunque en términos superficiales. Pero en ocasiones refiere cómo se burlan de él, lo llaman tonto y loco y se niegan a permitirle estar en la sala de la casa junto con sus compañeros de escuela. Niega que tales tratos le enojen, expresando en cambio sentimientos de culpa por avergonzarlos con su manera de ser. Su hermano informó que, ante este trato, Juan pasaba horas llorando, pero que ocasionalmente se ha enfrentado con gritos y gesticulaciones violentas a su padre y ha golpeado al hermano menor y a algunos condiscípulos.

Según la madre, Juan fue alimentado al pecho, a libre demanda durante un año, sin problemas para el destete, que tampoco existieron en relación con el control de esfínteres, logrado entre los dos y tres años de edad, sin empleo de métodos punitivos. El padre lo describió, en aquella época , como un niño "alegre, cariñoso y comunicativo". El paciente sólo recuerda que hasta los cuatro años gustaba de andar desnudo y metido entre las faldas de su madre. Ingresó a la escuela por primera vez a los siete años, cursando hasta cuarto año con muy buenas calificaciones, y en medio del aprecio de los "cuates". El resto de su historia personal se encuentra tan inextricablemente ligado a la patología existente, que ha sido consignado como parte del padecimiento actual.

Estado mental

Juan es un joven muy alto, desgarbado, con una expresión un tanto infantil y traviesa que provoca simpatía y contrasta con el resto de su actitud bizarra. Despeinado, con el pelo cubierto de menuzas de pan, ceniza y polvo, su ropa se encuentra descuidada y sucia, especialmente la bolsa de la camisa de la pijama, de la que sobresalen fragmentos de envolturas de cigarros y trozos de papel arrugados y manchados, a los que llama "papeles, documentos", cuya función quedará descrita en la transcripción de su comunicación. Camina siempre encorvado, lentamente, se detiene con brusquedad ante la puerta del consultorio y gira varias veces sobre sí mismo antes de entrar, estereotipia que repite ante la silla que elige para sentarse. Al dar la mano presenta un manerismo consistente en colocar el hombro en extensión, y el antebrazo en supinación, con la palma de la mano hacia arriba, lo que obliga a quien lo saluda a colocarse a su lado y no de frente. Gira la cabeza hacia un lado con un movimiento de torsión extrema. En el curso de las entrevistas, se levanta con frecuencia, caminando a grandes pasos por el consultorio, dando vueltas alrededor de la entrevistadora, y mirando sobre su hombro los libros o papeles que ésta puede tener enfrente. A pesar de esta conducta, su actitud no es atemorizante. Se echa la ceniza de su cigarro dentro de la bolsa de la camisa, y come la que cae sobre el escritorio de la entrevistadora, mostrándola antes de ingerirla y llamándola "mendura". Aunque su atención se encuentra predominantemente fijada a sus procesos internos, es capaz de dirigirla hacia la entrevistadora. Habla continuamente, con escasa relación a las preguntas que se le dirigen, incoherente especialmente al inicio de la entrevista, su pensamiento se organiza cuando, dentro de la incoherencia, la entrevistadora es capaz de captar lo que quiere decir. Presenta neologismos, perseverancia y asociación ocasional por consonancia: "rareza, extrañeza". El contenido del pensamiento gira predominantemente alrededor de quejas hipocondriacas e ideas de referencia. Las primeras abarcan zumbidos de oídos; "tronidos" en las articulaciones; ruidos y aire en la cabeza; dolores musculares, especialmente en la nuca; "estiramientos" de los músculos de las piernas; cefalea; palpitaciones "raras" en el corazón; y sensación de que éste deja de latir. Las ideas de referencia consisten en creer que cuando se encuentra con alguien se ríen de él y lo critican, dicen que está loco y es tonto. Hay además ideas delirantes de persecución y grandeza: se siente vigilado y cree que escupiendo sobre un mapa puede lograr que los estados de la República se hagan más grandes; también considera que puede convertirse en un cerebro fenomenal para beneficiar a la humanidad, a cuyo fin "recojo, guardo e ingiero basuras, semen y excremento".

El siguiente es un ejemplo de su discurso: "Me siento de la fregada. Estoy con una idea constante, se contrastan los pensamientos como un circuito corto. El médico me dijo que estoy fregado del gañote. Estaba trabajando en la constructora, ahí donde fabrican furgones, express carga, cada rato me pegaba un fierro. Traigo papeles documentos, me los ingiero, me los absorbo y luego como digo me ha de hacer bien porque así cambiarlo de parecer así. Digo y el médico otro no va a venir, el mero mero. Le quiero decir que me absorbo así, pues, donde sea hago unos movimientos como si estuviese empinado en la pared viendo unas menduras y luego quisiera estar en lo remoto, donde hubiera chivas, unos hilachos trapos ya usados, pero que ya estén enterrados en la tierra. Digo, voy a hacer experimentos de contagio, así para experimentar, revisar esos papeles documentos y vidrios con menduritas, papeles, periódicos, tragándolos. En el baño me masturbaba y luego que dicen que el semen me lo embarraba acá en las barbas y lo absorbía por los oídos, por los vínculos entrantes y así. ¿Ya me entendió? Que me como el semen, excremento, substancias gargaglentas, rareza, extrañeza, humano ser, ser humano. ¿Dónde está la otra doctora, la cubanota grandotota?..."

Se encuentra desorientado en tiempo, cree hallarse en 1956. Aunque orientado en espacio, confunde frecuentemente a la entrevistadora con un brujo al que consultó hace tiempo y que tiene su mismo apellido. Existen sentimientos de despersonalización consistentes en sentirse cambiado, que no es él mismo. El afecto es predominantemente aplanado, en ocasiones inapropiado, ríe sin causa evidente y es incapaz de decir por qué lo hace.

Clave psicodinámica

Carecemos de datos fidedignos con respecto a la temprana infancia de Juan, dado que las características de los padres, la una psicótica, demasiado "metida en sí misma", y el otro indiferente y poco presente, permiten cuestionar la supuesta normalidad de Juan durante sus primeros años. Sus recuerdos más antiguos, referentes a querer estar siempre entre las faldas de la madre, hablan de una necesidad intensa de contacto con ella y probablemente, de un trastorno en la fase de separación–individuación para el cual pueden contar, tanto una incapacidad de Juan para superar esta etapa del desarrollo, como la impotencia de su madre para constituirse en el objeto primario suficientemente bueno y confiable que permite la diferenciación y posterior separación del hijo. El padre, punitivo y ausente, no constituye tampoco un buen asidero para que el paciente se separe de su madre y configure una identidad adecuada. Es de suponerse que sus crueles castigos debieran haber llenado de rabia a Juan. A pesar de haber actuado agresivamente en ocasiones, en contra de su padre y hermanos, el paciente nunca menciona estas situaciones, ni el enojo que puede haberle provocado el que su madre quisiera administrar su dinero y lo corriera de casa, lo que apunta a la existencia de un superyo que condena la existencia de hostilidad y presiona hacia su represión. El que las tres quiebras agudas del paciente, motivo de sus reclusiones en sanatorios psiquiátricos, se encuentren íntimamente relacionadas con situaciones referentes a la madre, refuerza la hipótesis sugerida de un vínculo simbiótico irresuelto entre ambos, cuya existencia se ve amenazada bien por la enfermedad de la madre, bien por la agresión a ella que despierta el temor a su lejanía o abandono.

Dentro de la configuración familiar anterior, la ruptura de la norma de estudiar para superarse pudiera verse como un intento de lograr una cierta independencia de la madre, al inicio de la pubertad, a los 10 años, pretensión de liberación impedida por la actitud punitiva del padre. El inicio de relaciones homosexuales, con una figura que por su edad y lugar en la familia, puede representar al padre, debilita aún más la tambaleante identidad y al generar culpa, vergüenza y temor al castigo, desencadena el proceso patológico actual, porque impone la tarea de lidiar tanto con estas emociones, como con el temor y la rabia ligadas a las amenazas del seductor. La sintomatología emergente expresa simultáneamente culpa, vergüenza y castigo, a través del retraimiento, depresión y apatía, que en vez de motivar la preocupación de la familia, y la atención adecuada a Juan, provocan castigos y burlas por parte de padre y hermanos menores, con lo que aumenta la rabia, descargada en forma impulsiva, y a su vez la culpa, constituyéndose un círculo vicioso permanente que perpetúa los síntomas y presiona hacia su producción reiterada. La precoz despersonalización que acompaña el cuadro puede verse, tanto como una defensa para negar ser él quien se somete homosexualmente, como la expresión del trastorno en la identidad. A pesar de lo anteriormente dicho, la relación homosexual parece haber proporcionado alguna satisfacción al chico que, carente de afectos, e ncuentra alguien que le ofrece regalos, interés y contacto corporal, pues al suspenderse, es substituida por masturbación compulsiva, a partir de los 13 años, lo que a su vez provoca un incremento de la culpa, expresándose el temor al castigo en forma de miedo a destruirse. Temor confirmado cuando, a los 14 años, está a punto de ahogarse. Su incapacidad para establecer relaciones con personas, y su cada vez más franco alejamiento de la realidad, impiden la salida adecuada a la sexualidad, que se descarga a través de masturbación compulsiva y bestialismo que generan aún más culpa, haciéndolo sentirse indigno. Dentro de estas circunstancias de simbiosis irresuelta, identidad tambaleante, agresión reprimida, culpa, vergüenza y temor al castigo por el ejercicio de una sexualidad que parece ser una de las pocas actividades placenteras para el paciente, a pesar de sus efectos perturbadores, sobreviene una quiebra psicótica de la madre, que probablemente fue vivida como abandono y castigo, y lleva a Juan a convivir con unas tías que repitiendo los procedimientos punitivos del padre, lo hacen víctima de nuevas agresiones con el consecuente aumento en la necesidad de reprimir su propia rabia, desintegrándose en forma tan definitiva la conducta, afectos, y pensamiento del paciente, que es innegable su quiebra psicótica y es internado por primera vez. Desde entonces, su aislamiento de las relaciones interpersonales y de la realidad, su devaluación y sensaciones de despersonalización y destrucción internas, comienzan a compensarse a través de los fenómenos restitutivos constitutivos por sus ideas de referencia y grandeza, sus rituales, estereotipias, manerismos, y neologismos, su ingestión de semen, basuras y excremento, etc. El internamiento previo al actual permite una cierta reintegración, al grado de colocarlo en condiciones de volver a estudiar y empezar trabajar. Sin embargo, la interrupción de la terapia, antes de lograr una remisión más completa de la sintomatología que evidenciaba la fragilidad en la restauración de un equilibrio tan largamente perturbado, una identidad tan mal estructurada, y una relación con la madre tan conflictiva, dejó al paciente con pocos recursos para lidiar con los requerimientos de la vida cotidiana, y en especial con la posibilidad de enfrentar rechazos de su madre, amenazantes por todo lo anteriormente mencionado, situaciones que de no resolverse desencadenarán quiebras que, como la actual, constituyen un progreso en el deterioro del paciente.

Impresiones diagnóstica y pronóstica

Reacción esquizofrénica crónica, con predominio de rasgos hebefrénicos. El empleo de defensas hasta de quinto orden, la larga evolución del padecimiento, sin periodos verdaderamente libres de perturbación desde su inicio, los escasos logros sobre los que pudiera apoyarse la lucha por evitar una desintegración aún mayor, y la falta de interés de la mayor parte de la familia en el paciente, constituyen elementos que ensombrecen el pronóstico. Dentro de este panorama, los recursos sobre los que puede apoyarse una terapia son su juventud, su disposición para asistir a las entrevistas y entablar relación con las enfermeras del servicio, así como su liga dependiente con su hermano José, que implican a pesar de la desintegración existente, un asidero posible para intentar el retorno a la realidad.

Recomendaciones

Psicofármacos. Estudio psicológico para determinar otras potencialidades utilizables con miras a fortalecer sus funciones yoicas, y psicoterapia tres veces por semana, encaminada en un primer tiempo, a establecer la relación que permita lograr la comprensión de sus manifestaciones patológicas. La meta última sería proporcionarle los elementos necesarios para permitir la disminución de la culpa ante sus manifestaciones sexuales y agresivas. No se considera que en el tiempo habitual de internamiento sea posible conseguir modificaciones dignas de tomarse en cuenta, en cuanto al vínculo simbiótico con su madre.

BIBLIOGRAFÍA

Bleger, J. (1985): *Temas de psicología*. Buenos Aires: Ediciones Nueva Visión.

Menninger, K. (1952): *A Manual for Psychiatric Case Study*. 2a. edición. Nueva York: Grune & Stratton. 1962.

Capítulo X

LA ENTREVISTA CON PACIENTES PSICÓTICOS

Si recordamos la definición de entrevista clínica psicodinámica propuesta en el capítulo II en términos del procedimiento técnico tendiente a desarrollar un proceso de comunicación, en el seno de un vínculo interpersonal entre entrevistado y entrevistador, cuya meta es el establecimiento de una relación de trabajo, a través de la cual se busca esclarecer los conflictos psíquicos, presentes y pasados, que perturban el equilibrio actual del entrevistado, la entrevista con pacientes psicóticos implica modificaciones tanto en relación con la meta última de esclarecimiento de los conflictos psíquicos presentes y pasados, como en cuanto a la técnica hasta aquí descrita.

Aunque con pacientes psicóticos ambulatorios puede ser factible la obtención de datos confiables referentes a la historia personal y familiar, en muchos de ellos, así como en la mayoría de quienes padecen un internamiento, los trastornos del pensamiento, percepción, afecto y conducta impiden generalmente, obtener una secuencia congruente de hechos, que nos permita rastrear desde la infancia hasta el momento actual, el desarrollo de las diversas dificultades en el vivir cotidiano que desembocan en el padecimiento actual. Grandes segmentos, si no es que la totalidad de la vida, quedan inmersos en delirios e interpretaciones delirantes de los hechos reales, los que si bien nos aportan un valiosísimo conocimiento con respecto a los afectos y pensamientos predominantes del paciente, no constituyen los elementos más o menos confiables que nos aporta el neurótico para reconstruir su pasado. Ante situación tal, la prudencia aconseja abandonar la meta de obtener un relato más o menos fidedigno con respecto a la vida previa del paciente, e incluso en relación con las precisiones que, sobre el padecimiento actual, se han asentado en el capítulo VI.

Si tomamos en consideración además, el temor y renuencia del psicótico al establecimiento de relaciones interpersonales, a pesar de la terrible necesidad que tiene de ser aceptado y valorado; los obstáculos que enfrenta para reconocer y controlar las frustraciones, sus afectos, deseos e impulsos; y el cúmulo de maniobras defensivas que pone en juego para evitar ser nuevamente herido, rechazado, devaluado, sometido, manipulado, etc., nos encontramos con dificultades especiales de abordaje que, junto con las mencionadas en el párrafo anterior, determinan la necesidad de establecer, en la medida de lo posible, una relación interpersonal de aceptación, confiabilidad y respeto con el paciente, como primera y tal vez única meta de la entrevista. Pudiendo obtener de los familiares o acompañantes del enfermo, los datos necesarios para lograr un panorama inicial sobre su vida previa al padecimiento que da lugar a la demanda de entrevista. Con lo anterior no se implica la prohibición de explorar con el paciente cuanto se pueda de él mismo, simplemente se establece un orden distinto de prioridades.

En la entrevista con pacientes psicóticos, es necesario tener presente que, por incomprensibles que parezcan de entrada sus gestos, actos y palabras, constituyen comunicaciones llenas de significado, son expresiones deformadas, tendientes a encubrir pensamientos y afectos adecuados a su relación con el ambiente y con las personas con las que se enfrentan, porque se teme que la expresión directa de tales ideas y sentimientos provoquen un nuevo rechazo. Es a la comprensión de estas comunicaciones, tanto o más que al conocimiento de los síntomas e historia personal y familiar del paciente, a los que el entrevistador debe poner atención. Se observará de ser posible, pero sin provocarla propositivamente, la forma que el paciente tiene de expresar ansiedad y de protegerse de ella, a través de su sintomatología que constituye en realidad, un intento defensivo. A la postre, gracias a la correcta observación del momento en que surgen, y de las características formales que asumen los síntomas, visualizados como operaciones defensivas, es posible comprender las causas que motivan la angustia del paciente, esclarecimiento que no forzosa y necesariamente debe darse en unas cuantas entrevistas.

Sin embargo, ni en toda una serie de ellas será obtenible tal meta, si no se ofrecen al psicótico respeto, intento de comprensión, tolerancia y aceptación. Incluso si la meta terapéutica es simplemente el establecimiento de un régimen medicamentoso, pues la desconfianza con respecto a las intenciones del médico tratante, puede hacer que el paciente reciba como veneno y no como bálsamo sus prescripciones. Es de sobra conocida la agudeza del esquizofrénico para detectar la falsedad en las actitudes de quien se le acerca, lo que puede despertar nuevas defensas al contacto lesivo, produciéndose un mayor aislamiento, desintegración o agresión. Por tanto, el entrevistador debe tener especial cuidado en ser honesto y veraz en su aproximación a estos pacientes. Lo que implica informarles, dado el caso, que el entrevistador no será el encargado de su tratamiento, y que el motivo de la entrevista es recabar la mayor cantidad de datos posible, con el fin de que su futuro terapeuta pueda entender el porqué de su padecimiento y establecer el tratamiento más adecuado. Igualmente, cuando la entrevista se realiza simplemente con fines didácticos, el paciente debe ser informado sobre tal finalidad, respetando su posible negativa para prestarse a nuestros fines, que no son los suyos. Sin embargo, a pesar del retraimiento narcisista de los pacientes esquizofrénicos, su necesidad, no reconocida frente a sí mismos, ni frente al entrevistador, de contacto y comprensión humanos, o bien su pasividad rayana en ocasiones en obediencia automática y su indiferencia hacia los estímulos provenientes del mundo externo, de los cuales la persona del entrevistador es solamente un ejemplo más, los hacen prestarse, muy frecuentemente, a la entrevista de la que esperan una solución mágica a su angustia y necesidades, o a la que se enfrentan por temor a sufrir nuevos castigos, rechazos y agresiones.

Además de lo anterior, debe tenerse en cuenta que debido a la existencia de una regresión severa, originada por el montante excepcional de angustia con la que debe lidiar el psicótico, su pensamiento y conducta han dejado de estar regidos por la lógica habitual y común al resto de las personas, resultando tanto su lenguaje como sus acciones, y los afectos que acompañan a unos y otras, difíciles de entender inicialmente. Esta incomprensión inicial preocupa más al entrevistador que al paciente, el cual es capaz de valorar, en términos positivos, la aceptación e interés que aquél puede mostrarle si realmente los siente, esforzándose, en ocasiones, por hacer comprensibles sus comunicaciones. Pero también puede percibir la angustia o el miedo que su conducta genera en su interlocutor, situación que, confirmando sus temores de ser destructivo y rechazable, provocará una mayor desintegración en su conducta y pensamiento que pueden llevar, finalmente, a negarse a la entrevista, a incrementar su retraimiento, o a violentos estallidos de odio, dentro de los cuales es posible un ataque al entrevistador. Por ello es recomendable no intentar abordar al paciente mientras se tiene miedo de él, o suspender la entrevista iniciada, si el entrevistado adopta una actitud amenazante refractaria a la confrontación que pueda hacérsele, como se muestra en el siguiente ejemplo:

En una ocasión realicé una entrevista en la consulta externa de un servicio de psiquiatría, con un paciente de quien se sabía por su madre, que había estado internado ya en tres ocasiones previas, debido a brotes psicóticos agudos, que se iniciaban con estallidos de violencia incontrolable y se acompañaban de ideas delirantes de persecución. Durante la entrevista con la madre, el paciente se mostraba atento pero indiferente a lo que se decía de él. Al quedarnos solos y preguntarle qué pensaba sobre lo que su madre había dicho, confirmó el relato previo, siendo evidentes, en el intento de establecer un contacto con él, a través de las invitaciones para que hablara de diversos temas, su aplanamiento afectivo, desorientación en tiempo, pensamiento concreto, empobrecido, sus fallas en el juicio de realidad y su interpretación delirante de ciertos segmentos de la misma, que configuraban un cuadro de esquizofrenia crónica indiferenciada. Después de obtener de él datos de su dificultad para controlar su rabia contra su madre, a la que insultaba cuando ella le negaba comida, dinero, o permiso de salir a la calle y a la cual había golpeado ya violentamente en tres ocasiones recientemente, le pregunté si creía que lejos de ella se sentiría más tranquilo, respondiéndome que sí. Exploré con él las posibilidades de vivir en algún otro sitio, y no encontrándolas, le pregunté qué le parecería internarse en un hospital. Me cuestionó:

P. ¿De qué?

T. Un hospital psiquiátrico.

P. (*Sacando de una de las bolsas de sus pantalones una navaja de muelle, dirigiéndola hacia mí, y comenzando a levantarse de su asiento*): ¿Es obligado?

T. Yo no voy a forzarlo a internarse, así que puede guardar su navaja si quiere seguir hablando conmigo.

P. No quiero. (*Y navaja en mano abandonó el consultorio, atacando al guardia que intentó detenerlo, al verlo correr armado, a la salida de la clínica*). Aun un paciente con tan pobre control sobre sus impulsos, puede ser capaz de reconocer que su conducta es inapropiada, aunque su desconfianza le impida creer totalmente en el respeto a sus opiniones por parte de quien lo entrevista, en función de las numerosas experiencias opuestas al respecto que ha padecido. La huida de este paciente, que interrumpe la entrevista, expresa al mismo tiempo su desconfianza hacia mí y su deseo de protegerme en contra de la agresión con la que intentaba defenderse de ser nuevamente internado. Congruente con mi declaración de no forzarlo, no hice ni el menor gesto para detenerlo. En cambio el guardia del servicio, por su propia iniciativa, al verlo salir armado a la calle intentó sujetarlo, recibiendo una cortada leve en un brazo, que lo obligó a soltar su presa. Finalmente la madre consiguió su propósito de librarse de él, internándolo con la ayuda de los enfermeros del hospital psiquiátrico del que era derechohabiente. Este ejemplo ilustra con claridad la aseveración previa con respecto al aspecto defensivo de la conducta y otros síntomas psicóticos. La violencia del paciente, si bien excesivamente intensa, descontrolada y, por tanto perturbadora de la adaptación, poseía un estímulo desencadenante y un sentido: el oponerse a ser sometido, forzado a realizar acciones en contra de sus deseos. En el intento por establecer algún tipo de comunicación con pacientes psicóticos, debe tenerse siempre presente que nos encontramos frente a personas con un montante excesivo de angustia, con muy poca tolerancia a la frustración, con problemas severos en el control de las pulsiones sexuales y agresivas, que interpretan los hechos de la realidad a que se enfrentan a través de una lógica regresiva, primitiva, en la que predominan pensamientos mágicos y omnipotentes, que se expresan a través de pensamientos, gestos y acciones a primera vista incomprensibles, y cuyo significado es posible desentrañar después de un contacto prolongado con ellos, como lo han mostrado con claridad, a partir de los trabajos pioneros de S. Freud, (1911, 1915, 1922 y 1923); Bleuler, (1911); Arieti, (1965); Searles, (1960); Fromm Reichmann, (1962); Sechehaye, (1947); Kasanin, H. S. Sullivan y Goldstein, (1939); Jacobson, (1966); Rosen, (1953); Hill, (1968); y Grinberg, (1977) entre otros autores, a quienes remito al lector para obtener una visión más amplia y precisa sobre la interpretación y tratamiento de los fenómenos psicóticos.

Para intentar establecer una relación que permita, a la postre, la comprensión de las manifestaciones patológicas del paciente, el entrevistador debe estar dispuesto a trabajar en condiciones muy distintas a las señaladas en los capítulos previos. Así, en vez de enfrentar los silencios como resistencias, debe respetar el deseo del paciente de estar callado, de no mirarlo, sentarse o acostarse en el suelo, deambular por el sitio de la entrevista, o negarse a entrar a él y preferir hablar en su propia cama, el jardín del lugar donde se encuentre recluido, o cualquier otro sitio que elija. Como lo señala Fromm–Reichmann (1962), nada importa excepto "hacer sentir al paciente suficientemente cómodo y seguro, para que abandone su aislamiento narcisista defensivo y use al médico para restablecer el contacto con el mundo". Si el entrevistador va a constituir uno de los puentes a través de los que el paciente reinicie el contacto con la realidad, no puede permanecer pasivo ante él. Pero su actividad debe ser mesurada, no intrusiva, porque el psicótico, a pesar de su abrumadora soledad y necesidad de contacto humano, teme la cercanía de la gente porque ésta lo amenaza con volver a enfrentarlo con las frustraciones de la vida real, que ponen de manifiesto su incapacidad para lidiar con ellas, o constituye un peligro de ver repetirse los rechazos y agresiones que sus peculiaridades y síntomas han despertado en el pasado y también puede ser temible el acercamiento porque genera o incrementa la sensación de pérdida de límites entre el paciente y el mundo externo, lo cual perturba el sentimiento de identidad. Este último motivo hace también imprescindible que el entrevistador se presente y, en el caso de que el paciente lo identifique falsamente, se ocupe de disipar tal confusión antes de continuar la entrevista, bien insistiendo en su presentación, bien investigando por qué cree el paciente que es algún otro personaje.

Si se niega a hablar, el entrevistador puede optar por hacerle saber que permanecerá también en silencio a su lado, estancia que le permitirá hacer una serie de observaciones, o bien puede ser él quien hable, de temas banales o de lo que crea entender de la conducta del enfermo. Si éste se sienta en el suelo, y tal posición resulta aceptable para el entrevistador, también puede adoptarla, y mientras camina con él, puede intentar saber por qué le resulta aversivo el consultorio, se niega a abrir los ojos o a abandonar el lecho si tal es el caso.

Si en la entrevista en general, el entrevistador debe ser un observador cuidadoso, en el encuentro con psicóticos con mutismo, la observación puede ser la única herramienta con la que se cuente para percatarse de su condición, de la existencia de funciones yoicas indemnes, y del grado de alejamiento de la realidad y de rechazo hacia los estímulos del mundo externo, entre los que el entrevistador queda incluido. Deben observarse y evaluarse todas las palabras, cambios de actitudes y semblante del paciente. Cada uno de estos elementos es importante y tiene sentido para él, y a través de su registro cuidadoso, el entrevistador puede lograr entender alguno de ellos, transmitiendo su comprensión verbal o preverbalmente, por ejemplo, estrechando la mano que se le ofrece, así sea en forma tan bizarra como se mostró en el ejemplo de historia clínica del capítulo anterior, o repitiendo cualquier gesto o ademán que le parezca significan un saludo. La duración de la entrevista estará dada por la tolerancia del paciente a la misma, permitiéndole suspenderla cuando exprese, en una u otra forma, su deseo de hacerlo, lo que no implica abstenerse de investigar el posible motivo de tal interrupción.

La falta de represión del psicótico, su intolerancia a la frustración y muy especialmente, el fuerte contenido mágico y omnipotente de su pensamiento, condicionan el que, en ocasiones, el entrevistador sea percibido como el salvador anhelado, o el encargado de satisfacer las más diversas demandas y deseos del paciente, lo que se expresa a través de peticiones inmediatas de concesiones en la alimentación, medicación, suministro de cigarros, golosinas, y permisos para recibir visitas, abandonar el hospital, etc., que el entrevistador podrá satisfacer dentro de límites razonables, por ejemplo, ofreciendo el cigarro o el dulce solicitados. Cuando no pueda o no deba conceder tales demandas, deberá explicar en forma veraz el porqué de la negativa, de modo tal que el paciente pueda percatarse de la racionalidad de la restricción. Por ejemplo: "Entiendo que quiera tener aquí a su esposa, pero además de que no contamos con un lugar para que ella se quede, su presencia podría perturbar a otros pacientes".

No repetiré aquí los datos de observación que durante la entrevista se obtienen con respecto a la actitud, verbalización, mímica y conducta del paciente, reseñados en capítulos previos y que dan cuenta de su estado mental en general. Sin embargo, y a pesar de que la respuesta a nuestras preguntas al respecto de lo observado, pueda dar por resultado un discurso incomprensible es permisible hacer algunas con la finalidad de iniciar un intento de comprensión de las manifestaciones bizarras del paciente, cuidando de que tales intervenciones no interrumpan el discurso iniciado por el entrevistado, no sean excesivas, ni se hagan con un tono de reproche o burla. La atención a las respuestas verbales y preverbales del paciente frente a nuestras comunicaciones, permite detectar, a través de la aparición o intensificación de la incoherencia, manerismos, estereotipias y otros trastornos conductuales y afectivos, los temas y afectos que incrementan la angustia del paciente, y la forma en la que la maneja, indicadores invaluables sobre la forma de acercarse inicialmente a él para establecer la relación de aceptación, confianza relativa y respeto, imprescindibles para el abordaje psicoterapéutico subsecuente. En algunos textos de psiquiatría antiguos, se establece la regla de no hacer preguntas sobre delirios y alucinaciones, con el fin de "evitar la cristalización de ideas delirantes en delirios sistematizados", punto de vista que confunde la supresión de un material con su eliminación de la conciencia, cuando por el contrario, el poder tener acceso a tal material, permite tanto comprender los motivos de la quiebra psicótica, como transmitir al paciente la aceptación y el interés del entrevistador en él, como una persona cuyas experiencias previas han provocado un sufrimiento desorganizante, cuyas manifestaciones poseen un sentido que debe desentrañarse. Esta disposición, sumada a la paciencia del entrevistador, su constancia y deseos de entablar contacto con el enfermo sin presionar o tratar de forzar su cooperación, pueden verse recompensados, en ocasiones, aun en algunos casos aparentemente inabordables, como se verá en la siguiente viñeta, en la que, como es lógico suponer, se han cambiado los nombres de personas y lugares para evitar la posibilidad de identificar al paciente de quien se trata.

IDENTIFICACIÓN DEL PACIENTE Y DEL PROBLEMA

El oficial Fernando Garza Lagos, de 35 años, casado, originario de Tepoztlán, y radicado en Tlaxcala, ingresó a la sala de Psiquiatría un 24 de diciembre, conducido por los enfermeros de la ambulancia que lo trasladó de Tlaxcala a esta ciudad, por petición del comandante de su corporación. Su estudio se inició el 3 de enero. Algunos datos del mismo, fueron aportados por su esposa, que lo acompañó durante su traslado y por las enfermeras del servicio.

El paciente fue visto inicialmente en el cuarto de aislamiento, en donde fue colocado por presentar agitación motriz incontrolable, que lo hacía golpearse la cabeza contra las paredes, logrando hacerse una herida en el cuero cabelludo, de unos 10 cms de longitud y uno de profundidad que requirió posteriormente sutura, pues las enfermeras fueron incapaces de lograr su cooperación para conducirlo a la sala de curaciones, ya que cuando lo invitaban a acompañarlas se acostaba en el suelo, tapándose de cabeza a pies con las cobijas, y si intentaban tocarlo, amenazaba con golpearlas y terminaba azotando su cabeza contra las paredes. Tomaba sus alimentos y medicinas sólo si se dejaban cerca de él, cuando consideraba que nadie lo veía. Así pudieron administrársele gangliopléjicos, sin necesidad de sujetarlo entre varias personas, como sucedió cuando se intentó la vía parenteral. Con este tratamiento cedió el cuadro agitado, así como el insomnio que lo acompañaba, cayendo en un cuadro estuporoso con mutismo.

En estas condiciones se iniciaron las primeras 16 entrevistas, que duraban unos cuantos minutos. A pesar de no encontrarse ya agitado el paciente, se realizaron con la puerta del cuarto de aislamiento abierta. Siempre que llegaba yo, Fernando estaba acostado en su lecho cubierto de pies a cabeza con las cobijas, y a pesar de su renuencia a demostrar que percibía mi presencia, la rigidez de su postura, y la tensión muscular que percibía bajo las cobijas me demostraban que estaba consciente de mi aparición. En nuestro primer encuentro me presenté con mi nombre y apellidos, esperé unos momentos su respuesta, y al no obtenerla, comenté que no había desayunado aún (después de observar los alimentos en la charola de servicio), preguntándole si quería que se la acercara yo más para que pudiera tomar lo que desease. Nuevamente obtuve el silencio por respuesta. Pero en las entrevistas siguientes, no volví a encontrar los alimentos intactos. Mi siguiente intervención fu informar al paciente que a partir de ese día, 3 de enero de 19.., yo estaría encargada de su tratamiento, que se le seguirían administrando los medicamentos prescritos por el doctor X., y que yo iría todos los días, excepto los domingos a platicar con él, para saber cómo se encontraba y lo que había provocado su internamiento en el hospital X de la ciudad de México. En este primer encuentro, me mantuve de pie al lado del lecho de Fernando, que según la norma de los cuartos de aislamiento, consistía en un colchón colocado en el piso para evitar que los pacientes ahí recluidos se golpeen arrojándose al suelo. Misma razón por la que estas habitaciones carecen de cualquier otro mobiliario. Esperé de pie durante algunos minutos más cualquier respuesta del paciente y al no obtenerla, dije: "parece que hoy no quiere hablar conmigo, Fernando. Muy bien, vendré a verlo mañana, para ver si quiere platicar". Esperé otro poco, con la finalidad de darle tiempo a ceder en su mutismo, si le era posible, pero al no obtener la más mínima señal de ello, me despedí diciendo "hasta mañana". En el curso de esta primera entrevista, que duró aproximadamente 15 minutos, observé que tras la puerta había una buena cantidad de bolitas de migajón, cuya presencia registré mentalmente, sin aludir a ellas en ninguna forma. La intervención reseñada tenía la finalidad de establecer un primer contacto con un paciente prácticamente desconocido, cuyo rechazo a los estímulos provenientes del mundo externo se expresaba a través de su mutismo y de una clara actitud evitativa, manifestada por su forma de cubrirse de la cabeza a los pies. Síntomas que debían respetarse tanto para mostrarle que el contacto conmigo no entrañaba peligro alguno, como para no suscitar una mayor desintegración. Mi presentación, a través de la enunciación de mi nombre, y de la función que desempeñaría a su lado, así como los informes sobre la fecha y el lugar en el que se encontraba, tenían la intención de introducir elementos de realidad que se constituyeran en cimientos de una posible orientación en tiempo, espacio y persona, que era factible estuvieran perturbadas por la condición delirante con la que el paciente había ingresado al servicio. Mientras la observación de que no había desayunado y el ofrecimiento de acercarle la charola de alimentos, fueron intentos de transmitirle mi interés en él y el deseo de prestarle alguna ayuda, así fuera en los términos tan concretos que le proponía. En cambio, investigar sobre las bolitas de migajón me pareció inadecuado, porque no teniendo la más mínima sospecha de a qué obedecía su presencia, mis preguntas podían sonar a crítica con respecto a la limpieza del lugar. Las enfermeras me informaron que Fernando usaba con ese fin el pan que se le proporcionaba en las tres comidas, lo que irritaba a la afanadora encargada de la limpieza, que ya "le había llamado la atención" al paciente al respecto, sin ningún resultado.

Durante 14 entrevistas más, seguí una táctica similar a la descrita, con muy pequeñas variaciones. Llegaba, daba los buenos días, decía mi nombre y preguntaba a Fernando si quería hablar conmigo ese día. Como no lo hacía, le decía la fecha y hacía algún comentario sobre el clima: "hoy hace mucho frío, está nublado, o hace un hermoso día soleado...¿no le gustaría ver el sol?" Sin que de nuevo obtuviera ninguna respuesta. Sin embargo, poco a poco, Fernando parecía menos tenso bajo las cobijas, relajamiento que disminuyó mi propia angustia frente a él, permitiéndome una mayor aproximación física, de modo que, a partir de la cuarta o quinta entrevista y hasta la novena, me colocaba a recitar mi soliloquio hincada junto a su lecho. A partir de la décima me sentaba en el suelo al alcance de sus manos y ojos, en el caso de que quisiera verme o tocarme. La entrevista terminaba siempre con la enunciación de la fecha, la promesa de mi regreso al día siguiente, o el anuncio de mi ausencia si el próximo día era domingo. Noté en la cuarta o quinta entrevista la desaparición de las bolitas de migajón tras la puerta. Durante nuestro décimosexto encuentro, a mi ritual "Buenos días, Fernando soy..." Fernando completó, con voz monótona, como quien repite una lección aprendida, y sin salir de debajo de las cobijas: "la doctora Díaz... hoy es 20 de enero de 19..." Le expresé mi placer por su disposición para hablar conmigo ese día, y le pedí que me dijera lo que quisiera, obteniendo el siguiente relato:

F. Me sentía un monstruo con una cabeza inmensa y mucha fuerza...sentía que el mundo se iba a acabar, porque cada cabeza es un mundo y la mía me estallaba...las voces me decían que si tragaba saliva mataba... al hablar... saliva...La proyectaba hasta el toreo y oía cómo se derrumbaban las paredes...

E. Creía que si hablaba tragaba saliva y mataba.

F. Muy corrosiva, decían que era el monstruo Ursus, con dos cabezas y dos corazones...

Al final de esta entrevista, que duró aproximadamente 20 minutos, y se suspendió porque Fernando expresó estar cansado, al despedirme, me extendió la mano, que sacó de las cobijas con que se cubría. Se la estreché, y aproveché la ocasión para preguntarle si me permitía ver cómo se encontraba su herida de la cabeza. Se descubrió sólo hasta la frente. Le informé que tenía una herida grande, que comenzaba a infectarse y necesitaba curación, invitándolo a acompañarme a la sala de curaciones, donde el interno atendería su lesión. Se levantó envuelto en la cobija y al verlo intentar caminar así, le pregunté si quería que yo lo condujera. Asintió con la cabeza, le anuncié que lo tomaría del brazo, y en esta forma llegamos al cuarto de curaciones, dentro del cual permanecí explicándole cuanto se le hacía y el estado de su herida y cara, sin que él profiriera palabra o queja, ni abriera los ojos. Presentaba un severo edema de toda la cara, que posteriormente se entendió como el origen de su sensación de tener la cabeza inmensa. Al terminar la curación nuevamente lo guié a su habitación y me despedí. Continuaron las entrevistas, ahora sí en forma de diálogo, y tres días después de establecido el contacto verbal, abandonó las cobijas, abrió los ojos, salió del separo y acudió al consultorio, para iniciar sesiones psicoterapéuticas, a través de las cuales se esclarecieron las circunstancias desencadenantes de su padecimiento en la siguiente forma:

Cuatro o cinco meses antes de su internamiento, el comandante de su corporación, con el que llevaba excelentes relaciones, fue substituido por un anciano general rígido, regañón e intransigente, que ridiculizaba a sus oficiales frente a la tropa. Fernando reconoció que el mal trato era igual para todos los oficiales, pero él lo resentía más que nadie, al grado de estar a punto de retar al comandante, intención de la que pudo ser disuadido por sus compañeros. Dio salida a su resentimiento poniendo apodos al jefe. Un mes antes de su quiebra recibió orden de trasladarse a otra ciudad, por haber exceso de personal en su corporación. Consideró que el cambio era obra de la mala voluntad del general, temiendo ser mal informado ante su nuevo jefe. Comenzó a sentirse angustiado y nueve días antes de emprender el viaje a su nuevo lugar de trabajo, empezó a embriagarse diariamente. Pocos minutos después de abordar el tren a Puebla, comenzó a alucinar que de un tubo salían las voces de unos pasajeros que le habían invitado a compartir una botella de licor. Decían que él y su esposa eran "p... y que perdería pronto a su mujer, porque al fin que ya no podía con ella". Al llegar a Puebla notó que toda la gente sabía mucho de él y le gritaban: "ahórquenlos, les llegó la hora". En el hotel escuchó la voz de su padre y de su hermano Manuel, que le informaron de la muerte de su madre, y discutían con el encargado de la administración que el verdadero apellido del paciente era Martínez y no Garza. Ambos le reclamaban haberse cambiado su verdadero apellido (hecho cierto). El hermano le gritaba: "Viva Fernando Martínez, Fernando Martínez no es p..., pero Fernando Garza sí". El paciente intentó calmarlos diciéndoles que ambos eran la misma persona y prometiendo cambiarse el apellido. La voz de Manuel lo perdonó, pero alucinó la figura del padre que lo llamó cobarde y amenazó con colgarlo de un árbol, junto con su esposa, mientras su hermano soplaba sobre su hijo mayor para convertirlo en monstruo, y sobre él para transformarlo en mujer. Al sentir que el aire se le metía por los pantalones, se despojó de ellos para defender su pene cubriéndolo con las manos. La esposa lo hizo vestirse de nuevo y lo llevó a la enfermería del cuartel. En ella, una voz que no pudo reconocer, le informó que, por orden del general había sido violado por tres soldados. Ante la persecucíon de su hermano y el general, que querían matarlo, huyó de la enfermería y se escondió desnudo en una zanja. Veía continuamente parejas en coito, encontrando entre ellas a su madre y a su esposa. Se encontraba en constante peligro de destrucción mediante un "gas", cuya procedencia ignoraba, pero que le arrojaban para transformarlo en monstruo de dos cabezas y dos corazones, y un "humito" gracias al cual se dormiría, quedando a merced de la tropa, que lo violaría, después de lo cual se le caería el miembro, y no podría entrar así "ni siquiera al purgatorio". Se protegía de todas estas amenazas, que continuaron durante la fase inicial de su internamiento, poniendo migajón y papeles en las rendijas de su habitación. La desesperación ante su transformación corporal lo hacía golpearse contra las paredes, pensando que si le dolía, es que aún no era un monstruo.

Pudo determinarse también que Fernando se sentía culpable, con anterioridad a su quiebra, por ver poco a su padre, con el que había vivido algunos años, después que sus padres se separaron. Seducido por las promesas de su madre de comprarle regalos y juguetes, regresó a vivir con ella y aceptó ser adoptado por su nuevo esposo, perdiendo el apellido del padre. Queriendo tanto a éste como a la madre, en su delirio se sentía un monstruo con dos cabezas y dos corazones. Su culpa frente a la sexualidad, provenía de una época de promiscuidad sexual, previa a su matrimonio. La supuesta violación a manos de la tropa, correspondía a la humillación que sintió debido a los insultos del general frente a los soldados, sintiéndose poco hombre (convertido en mujer en sus alucinaciones), por no haber respondido al mal trato como consideraba era su deber.

Fernando salió del hospital con remisión completa de su sintomatología y continuó en terapia conmigo durante tres años más, sin presentar recaídas.

BIBLIOGRAFÍA

Arieti, S. (1965): *Interpretación de la esquizofrenia*. Barcelona: Editorial Labor.

Bleuler, E. (1911): *Demencia precoz. El grupo de las esquizofrenias*. Buenps Aires: Ediciones Hormé. 1960.

Freud, S. (1911): Psycho–Analytic Notes on an Autobiographical Account of a Case of Paranoia (Dementia Paranoides). *S. E.* XII: 1–82. Londres: Hogarth Press. 1974.

——————(1915): A Case of Paranoia Running Counter to the Psycho- Analytic Theory of the Disease. *Ibid.* XIV: 261–172.

——————(1922): Some Neurotic Mechanisms in Jealousy, Paranoia and Homosexuality. *Ibid.* XWIII: 211-134.

——————(1923): A Seventeenth-Century Demonological Neurosis. *Ibid.* XIX: 67–108.

Fromm–Reichmann, F. (1962): *Psicoterapia en las psicosis.* Buenos Aires: Ediciones Hormé,

Grinberg, L. (1977): *Prácticas analíticas comparadas en las psicosis.* Buenos Aires: Editorial Paidós.

Hill, L. B. (1968): *Psicoterapia en la esquizofrenia.* Buenos Aires: Editorial Paidós.

Jacobnson, E. (1966): *Conflicto psicótico y realidad.* Buenos Aires: Editorial Proteo.

Kasanin, J. A. (1939): *Lenguaje y pensamiento en la esquizofrenia.* Buenos Aires: Ediciones Hormé. 1958.

Lacan, J. (1975): *De la psicosis paranoica en sus relaciones con la personalidad.* México: Siglo XXI Editores. 1976.

Mahler. M. (1968): *Simbiosis humana: las vicisitudes de la individuación.* 2a. edición. México: Editorial Joaquín Mortiz, S. A. 1980.

Rosen, J. N. (1953): *Direct Analysis: Selected Papers.* Nueva York: Grune & Stratton.

Searles, H. F. (1960): *The Nonhuman Environment. In normal Development and in Schizophrenia.* Nueva York: International Universities Press, Inc.

Sechehaye, M. A. (1947): *La realización simbólica.* 2a. edición. México: Fondo de Cultura Económica. 1964.

BIBLIOGRAFÍA GENERAL

Aguirre Beltrán, G. (1963): *Medicina y magia.* México: Dir. de Publicaciones del I. N. I.

Alexander, F. G. y Selesnick, S. T. (1970): *Historia de la Psiquiatría.* Barcelona: Spaxs.

Belsasso, G. (1967): "Visión histórica de la Psiquiatría en México". Tragajo presentado en la reunión conjunta de la Soc. de Neurol. y Psiq. de Minnesota, con la Soc. Mex. de Neurol. y Psiq. de México.

Buentello, E. (1940): "Estudio de un caso diagnosticado como cleptomanía. Consideraciones en torno del problema". *Arch. Neurol. y Psiq Méx.* 3(4): 595–602.

Castillo, M. A. (1971): "El médico a través de la historia". *Rev. Fac. Med. Méx.* 14(3): 253–258.

Calderón Narváez, G. (1965): "Conceptos psiquiátricos en la medicina azteca contenidos en el Códice Badiano, escrito en el siglo XVI". *Rev. Fac. Med. Méx.* 12(2): 119–125.

Fernández del Castillo, F. (1966): "Bernanrdino Alvarez iniciador de la atención neuropsiquiátrica en México". *Gaceta Méd. Méx.* 46: 1013–1022.

Foucault, M. (196): *El nacimiento de la clínica.* México: SigloXXI Editores.

——— (1967): *Historia de la locura en la época clásica.* México: Fondo de Cultura Económica.

Freud, S. (1895): The Psychotherapy of Hysteria. *S. E.* II: 153–307. Londres: The Hogarth Press. 1966.

——— (1923): The Ego and the Id. *S. E..* XIX: 3–68. Ibid.

——— (1925): Inhibitions, Symptoms and Anxiety. *S. E.* XX: 77–178. Lbid.

Guevara Oropesa, M: Explicación de un caso sobrenatural: Historia de un mitómano. *Arch. Neurol y Psiq. Méx.* 2(1): 1–10.

Hernández Torres, A. (1971): Efemérides históricas de la Medicina en México. *Rev. Fac. Med. Méx.* 14(2): 163–167.

Jones, E. (1953): *Life and Work of Sigmund Freud.* New York: Basic Books.

Kraepelin, E.: *Introducción a la clínica psiquiátrica.* México: Editorial Aleph, S. A. 1971.

Laín Entralgo, P. (1961): *La historia clínica. Historia y teoría del relato patológico.* 2a. edición. Madrid–México: Salvat Editores.

———— (1963): *Historia de la medicina contemporánea.* Barcelona: Editorial Científico–Médica.

Laplanche, J. y Pontalis, J. B. (1971): *Diccionario de psicoanálisis.* Barcelona: Editorial Labor.

Luna Husillos, R. (1970): "El médico a través de la historia". *Rev. Fac. Med. Méx.* 12(3): 211–217.

Pinel, P. (1804): *Tratado médico filosófico de la enajenación del alma o manía.* Madrid. Imprenta Real.

Ramírez Moreno, S. (1946): Anexos psiquiátricos en los hospitales generales. *Rev. Méx. Psiq. Neurol y Med. Legal.* 13(75 y 76): 15–28.

Rulfo, J. F. (1970): "Un hombre y un hospital general". *Rev. Fac. Med. Méx.* (1971): "El médico a través de la historia". *Rev. Fac. Med. Méx.* 14(5): 387–392.

Somolinos Dárdais, G. (1968): "La enseñanza de la medicina en la Real y Pontificia Universidad de México". *Rev. Fac. Med. Méx.* 11(1): 76–88.

Zilboorg, G. y Henry, G. W. (1968): *Historia de la psicología médica.* Buenos Aires: Editorial Psique.

Esta obra se terminó de imprimir
en septiembre de 2006, en los Talleres de

IREMA, S.A. de C.V.
Oculistas No. 43, Col. Sifón
09400, Iztapalapa, D.F.